现代物流教程

主　审　王光辉
主　编　崔玉泉
副主编　李亚东　黄文超　耿兆勇　张文恬

山东大学出版社
SHANDONG UNIVERSITY PRESS
·济南·

图书在版编目(CIP)数据

现代物流教程/崔玉泉主编.—济南:山东大学出版社,2023.10

ISBN 978-7-5607-8017-7

Ⅰ.①现… Ⅱ.①崔… Ⅲ.①物流—高等学校—教材
Ⅳ.①F252

中国国家版本馆CIP数据核字(2023)第217772号

策划编辑 祝清亮
责任编辑 李昭辉
封面设计 王秋忆

现代物流教程
XIANDAI WULIU JIAOCHENG

出版发行 山东大学出版社
社　　址 山东省济南市山大南路20号
邮政编码 250100
发行热线 (0531)88363008
经　　销 新华书店
印　　刷 山东和平商务有限公司
规　　格 787毫米×1092毫米 1/16
　　　　 12.25印张 259千字
版　　次 2023年10月第1版
印　　次 2023年10月第1次印刷
定　　价 42.00元

前　言

在当今社会的经济发展中，供应链问题起着非常重要的作用，如何实现整个供应链的协调一直是人们关注的一大热点问题。供应链的协调是经济能够快速发展的一个非常重要的关键影响因素，协调的供应链可以加快经济的发展，协调不畅或者不协调的供应链则会延缓经济的发展。

由于供应链中各个参与企业都是以追求自身利益的最大化为目标的，这就很可能导致无法实现供应链整体利益的最大化。要想实现供应链整体利益的最大化，就需要协调供应链中的各个参与企业，让供应链中的某些参与企业放弃追求自身利益的最大化，从而实现供应链整体利益的最大化。为此，需要协调供应链中的各个参与企业，通过签订契约的方式来约束供应链中的各个参与企业，因此，契约是实现供应链的整体利益最大化的较为有效的方式。

本书分为上下两篇，上篇主要介绍了供应链中的几个基本契约，如批发价格契约、回购契约、收益共享契约、量折扣契约等，讨论了在需求发生变化的情况下几种契约的作用，如价格影响需求情况下的契约形式、努力程度影响需求情况下的契约形式、需求信息更新情况下的契约形式等，还讨论了多个报童模型的情形、单个库存的情况、多个库存的情况、信息不对称的情况以及内部市场等问题。下篇研究讨论了供应链中的库存风险问题，存在战略客户及承诺契约情形下的供应链问题，供应链中的契约及利益分享、期权等问题，含努力程度及信息更新情形下的承诺契约问题，防止信息泄露的供应链契约问题等。

笔者编写本书的出发点是希望能够让供应链领域的相关学习和研究人员较快地深入该领域，并且通过学习和研究，能够尽快进入该领域的前沿。本书适合运筹、物流、供应链等领域及其他相关研究领域的高年级本科生、研究生作为教材使用，也可供相关研究人员参阅。

本书的出版得到了山东大学研究生院、山东大学数学学院的大力支持，在此表示感谢。本书在编写过程中难免会有很多错误或不恰当的地方，希望广大读者多提宝贵意见。

编者

2023年3月1日

目　录

上篇　协调供应链契约问题

下篇　供应链契约相关文献分析

上篇

协调供应链契约问题

第一章　协调供应链问题研究概述

最优的供应链绩效要求执行一系列精确的行动，要求各成员的利益服从整体的利益。不过，这些行动并不总是符合供应链成员的最优利益。也就是说，供应链成员主要关注优化自己的目标，追求他们自身利益的最优化，这种自我服务往往导致不良的绩效，使整个供应链的利益达不到最优。然而，如果供应链中的企业通过签订契约的方式（如转移支付契约等）进行协调，使每个企业的目标与供应链的目标一致，则可以获得最优绩效，即实现供应链利益的整体最优化。

在此，先来回顾并综述一下具有契约特性的激励冲突管理的供应链文献。笔者将在第二章中讨论若干供应链模型，大致按照复杂性增加的顺序列出。在每个模型中，都确定了供应链的最优行动方案。在每一种情况下，企业都可以实施这些行动方案。也就是说，每个企业都可以获得确定最优行动所需的信息，而最优行动对每个企业来说都是可行的，是可以实现的。然而，企业缺乏实施这些行动的动力。为了创造这种动力，需要对企业进行激励，企业可以通过签订契约等方式获得激励，如签订建立转移支付方案的契约来调整其贸易条件。

笔者在本篇下面的几章中给出了许多不同的契约类型，并讨论说明了它们的优点和缺点。其中，一种重要的模型研究的是单一供应商向单一零售商销售物品的情况，该零售商面临的问题就是“报童问题”，或者说“报童模型”。在该模型中，零售商在需求随机的销售季节之前从供应商处订购单一产品，供应商在收到零售商的订单后开始生产，并在销售季节开始时将生产的产品交付给零售商。零售商选择订购多少取决于贸易条件，即零售商和供应商之间的契约。此外，零售商没有额外的补货机会。

报童模型并不复杂，但对于研究供应链协调中的如下三个问题来说较为重要：

第一，哪些契约能够协调供应链？如果供应链的最优行动集合是纳什均衡，即没有一个企业会单方面偏离供应链最优行动集而获利，则称这种情况为可以用一个契约来协调供应链。在理想情况下，最优行动也应该是唯一的纳什均衡，否则企业可能会“协调”一组次优行动。在报童模型中，协调的操作对象是零售商的订货量（在某些情况下，如后文将要讨论到的，供应商的生产数量也需要协调）。

第二，哪些契约具有足够的灵活性（通过调整参数）而允许在企业之间任意分配供应链的利润？如果一个协调契约可以任意分配租金或利润，那么将总是存在一个帕累托支配非协调契约的契约，即每个企业的利润都没有下降，而且至少有一家企业在协调契约的帮助下获得了严格意义上的利润增加。

第三，哪些契约值得采纳？虽然协调和灵活的租金分配具有可取的特点，但这些属性的契约管理费用往往很高。因此，契约设计者实际上可能更喜欢提供一个简单的契约，即使该契约不能达到优化供应链的目的。如果契约效率高（契约的效率等于契约中供应链的利润与供应链的最佳利润之比），并且契约设计者获得了供应链利润的最大份额，那么这个简单的契约将是特别可取的。

本篇第三章扩展了报童模型，允许零售商在选择库存数量的同时选择零售价格。在这种情况下，协调机制更加复杂，因为为了使一个行为目标（如订货量）一致而提供的激励可能会导致另一个行为目标（如价格）的扭曲。不难理解，一些协调基本报童模型的契约在此设置中不再能达到协调的目的，而其他契约则可以继续达到这一目的。

本篇第四章通过允许零售商付出较大的努力（具有较高成本的努力）来增加需求，以此扩展了报童模型。协调机制是具有挑战性的，因为零售商的努力是不可收缩的，也就是说，企业不能根据所选择的努力程度来编写契约（原因稍后会讨论）。此外，与零售价格一样，协调机制是复杂的，因为使零售商的订货量决策保持一致的激励可能会扭曲零售商的努力决策行为。

本篇第五章研究了两个模型，每个模型都由一个供应商向多个竞争零售商销售产品。与价格和努力程度模型不同的是，协调机制需要多个企业实施的多个行动的一致性（即通过协调使多个企业在多个行动上都是一致的），而价格和努力模型有多个行动，分别由单个企业（零售商）实施。更具体地说，这里的协调需要缓和下游企业的竞争。

本篇第六章研究了有一个零售商面临随机需求的问题，但有两次补货机会。早期生产的产品（第一次补货）比后期生产的产品（第二次补货）成本更低，但早期的信息量较少，因为需求预测是在第二次补货之前获得更新的。协调机制要求零售商得到适当的激励来平衡这种贸易。

本篇第七章研究了一个无限水平随机需求模型，其中零售商在一个固定的交货时间后从供应商处获得补货，这是一个与前几章所叙不同的单期亏损销售模型。在含有努力程度的模型中，协调机制要求零售商选择一个“更高的行动”，即要求有一个更大的基础库存水平。一般来说，这种“更高的行动”的成本意味着更多的库存费用，但与含努力程度的模型不同的是，供应商可以检验零售商的库存水平，从而可以与零售商分担持有更多的库存成本。

本篇第八章通过让供应商持有库存，增加了单一地点基础库存模型的丰富性，尽管在这种情况下供应商持有库存的成本低于零售商持有库存的成本。需要指出的是，前几章的重点主要是协调下游企业的行动，但在本章的模型中，供应商的行动也需要协调，而且这种协调是很重要的。更具体地说，在单一位置模型中，唯一的关键问题是供应链中的库存数量问题，但在本章中，供应链的库存在供应商和零售商之间的分配也是很重要的。

本篇第九章讨论了假设背离了企业同意具有固定转让价格的契约的问题。在许多供应链中，企业在达成一些相关协议之前就同意某项契约中的安排，这些企业可以为每一种可能的意外事件指定转移支付，但这些契约是相当复杂的；相反，企业可以同意在相关信息披露后，通过内部市场设定转让价格。

本篇第十章讨论了让一个企业获得另一个企业所不具有的重要信息，即私有信息的问题。例如，制造商对某一产品的需求预测可能比其供应商更准确。在前面的模型中，供应链协调要求每个企业执行最优行动，但由于这些最优行动依赖于私有信息，故供应链协调也需要准确的信息共享。信息共享具有一定的挑战性，因为存在提供虚假信息的动机，意在影响其他方所采取的行动。例如，制造商可能希望提供乐观的需求预测，以便让供应商提供更多的产能。

最后，笔者总结了从前面这些论述中得到的主要见解，并为未来的研究提供了一般性的指导意见。

本篇每一章都展示了一个或多个简单的供应链模型，以帮助分析和突显出供应链中的潜在激励冲突。通常遵循相同的分析方法，即首先识别能够协调供应链的契约类型，对每种契约类型确定其实现协调的参数集，并评估每种协调契约类型可能的利润分配范围，如供应链中的每一位成员通过一个协调契约可以获得供应链利润的比例是多少；然后探讨执行问题，如契约类型是否符合法律限制，不遵守契约条款的后果是什么，契约的行政负担是什么(比如需要收集什么类型的数据以及收集数据的频率)，等等。每一章最后都以扩展延伸和针对相关研究的讨论结尾。

虽然本篇对供应链契约文献进行了广泛的处理和整理，但并没有涉及相关文献中某些类型的论文。至少有六类与供应链密切相关的论文在此没有直接进行讨论：第一类是关于数量折扣的论文，因为对这类论文已有较多的讨论；第二类是单个企业在特定契约条款下的最优采购决策问题的论文；第三类是对无契约供应链协调的研究论文；第四类是没有明确考虑协调的分散供应链运作的论文；第五类是没有直接讨论关于特许经营的论文，主要是因为这些论文通常不含操作细节方面的内容；第六类是关于垂直约束与社会福利和反垄断问题的论文。

第二章　报童模型的协调问题

本章研究的是一个供应商和一个零售商在供应链中的协调问题。假设有一个需求随机的销售季节，零售商有一个机会在销售季节开始之前从供应商处订购货物。在标准批发价格契约条件下，由于零售商忽略了自己的行为对供应商利润的影响，因此没有订购足够的货物以实现整个供应链总利润的最大化。所以，协调机制要求激励零售商增加其订单，以满足整个供应链的利益最大化。

本章提出了几种不同的契约类型来协调整个供应链的利益最大化问题，并讨论了任意分配其整体利润的几种情况。讨论的主要契约类型为批发价格契约、回购契约、收益共享契约、数量弹性契约、销售回扣契约和数量折扣契约等。

在介绍报童模型之前，首先需要引入"遵约制度"的概念。遵约制度决定了不遵守契约的后果。例如，假设供应商不能强迫零售商接受比零售商订单更多的产品，即供应商不能强卖，否则零售商可以利用起诉等方式来阻止供应商任何进行强卖的企图。不过，是否要求供应商交付零售商订单中的全部货物还有待进一步商榷。遵约制度很重要，因为它影响着协调供应链的契约类型。当然，存在与一种遵约制度相协调的契约方式，而不是其他的契约方式。

第一节　模型与分析

假设在报童模型中有两个企业，一个是供应商企业，另一个是零售商企业。零售商企业面临着这样的问题：其必须在具有随机需求的单一销售季节开始之前确定一个订货量。设$D(D>0)$为销售季节的需求，$F(x)$是需求的分布函数，$f(x)$是$F(x)$的分布密度函数，分布函数$F(x)$是可微的并严格递增，且$F(0)=0$。另设$\overline{F}(x)=1-F(x)$和$\mu=E[D]$；市场的零售价格为p，供应商的每单位生产成本为c_s，零售商的每单位边际成本为c_r，$c_s+c_r<p$。零售商的边际成本产生于采购单位，而不是销售单位。

对于某一个需求要求，如果零售商不能满足（即存在缺货现象），则会产生商誉罚款成本g_r（即零售商的缺货成本），而供应商的类似成本为g_s（即供应商的缺货成本）。为方便计算，设$c=c_s+c_r$，$g=g_s+g_r$。零售商在销售季节结束时未售出的每单位的收益为v（$v<c$，v是任何补救费用的净额）。假设供应商的净残值不大于v，那么供应链对零售商的剩余库存进行回收就是最优的。从后文的分析中得到的定性分析或结论可以

看出，供应链的最优性并不取决于回收剩余库存对零售商或供应商来说是不是最优的（供应链契约文献通常通过假设“一个单位的净残值在任意一个企业都是相同的”来回避这个问题）。关于报童模型的更广泛的论述可参见相关文献（Silver，Pyke，Peterson，1998；Nahmias，1993）。

在供应链中，供应商与零售商之间经常会进行博弈，博弈中发生的一系列事件大多包括：供应商向零售商提供一份契约；零售商的选择是接受或拒绝契约；假设零售商接受了契约，则零售商向供应商提交订货量 q，而供应商在销售季节前生产产品，并按照零售商所下的订单交付货物；季节需求发生时，零售商最后根据双方约定的契约进行企业间的转移支付，将费用支付给供应商。如果零售商拒绝履行契约，则博弈结束，每家企业都会支付一笔违约金，或因为拒绝合作而付出相应的代价。

为了便于解释说明，后面的讨论都是以指定供应商（而不是零售商）的方式来制定契约，这样做并不影响后续的分析。提供契约的企业并不重要，因为我们寻求的是确定一组协调供应链机制并在其间任意分配利润的契约。如果某一家企业被指定提供唯一的报价，那么这家企业就会提供最优惠的契约，而另一家企业也会接受。此外，在实践中，任何一家企业提出的单一报价都不太可能被视为最终报价。相反，在达成某种协议之前，企业可能会提出多个报价并进行还价。相关谈判过程的细节一般不在供应链文献中讨论，目前也没有学者在这方面进行深入的探讨。

在谈判过程结束时，一般来讲，实际达成的契约取决于企业的相对谈判能力，这是一个容易理解但难以量化的概念。企业的整体实力、企业的外在信誉与形象等都会影响企业的谈判结果，企业的市场势力和形象一样，可以反映在“观察者的眼中”，也可以更加具体化。模拟市场势力的一个标准方法是假设其中一个企业具有外生的保留利润水平，即企业只接受能产生该保留水平的契约。企业的保留水平越高，企业的市场势力就越大。

有的学者（Ertogral，Wu，2001）对企业的谈判过程表述得更加明确：谈判分几轮进行，其中任何一家企业都可以提出报价，但如果在一轮谈判结束时报价不被对方接受，那么谈判失败的概率是固定的，即企业只剩下它们预定的利润。不过，考虑保留水平的方法并不能完全令人满意，因为有时候会出现很多其他情况，如很有可能一个企业在正在研究的关系之外的机会并不独立于该企业在关系之内的机会。当然，也不应该期望企业外部机会的价值是先验确定的（van Mieghem，1999；Rochet，Steal，2002）。

除了保留水平方法外，一些研究人员还通过改变签订契约的企业或选择行动的时间等方式来调整市场势力。一般来说，如果一个企业首先提出一个报价，那么提出的这个报价无论是被对方接受还是放弃，或者这个企业首先选择自己的行动，如果企业承诺了自己的行动，那么这个企业就有更大的市场势力。当一个人想要精确地预测谈判过程的特定结果时，这些选择就很重要了，而在报童模型中并没有考虑这种情况。当然，对这个问题还需要进一步开展研究。

我们接着来看对报童模型的描述。假设每个企业都是风险中性的，因此每个企业都会使预期利润最大化。同时,假设参与企业存在信息共享,这就意味着双方在博弈开始时拥有相同的信息,即双方都知道所有的成本、参数和规则等方面的信息。当然,博弈论还关注更高层次的问题,如企业A是否知道企业B知道所有的信息,企业B是否知道企业A知道企业B知道所有的信息,等等。已知的供应链契约文献中尚未深入探讨这个问题。在国外提出的一个模型(Rubinstein,1989)中,对不完全的常识具有反直觉的含义。

可以假设供应商不能强迫零售商支付超过零售商订货量的交付数量,这是非常合理的假设。但问题是,供应商是否可以比零售商订购的数量少交货?在现实中,无法交付零售商订购的全部货物可能有许多超出供应商控制的原因,如无法预见的生产困难或关键部件的供应短缺等。这种短缺也可能是由于供应商自身利益的原因所导致的。考虑到这种动机,零售商可以假设供应商在自愿遵约的情况下经营,这意味着供应商交付的金额(不超过零售商的订单)在给定契约条款的情况下使其利润最大化;或者零售商可以认为供应商永远不会选择比零售商的订购数少交付货物,因为这样做导致的后果是非常严重的(如被起诉或蒙受名誉损失等)。我们可以把这种制度称为强制遵约。

实际上,遵约制度几乎肯定介于前述的两种极端情况之间。然而,在除强制遵约之外的任何制度中,如果契约的条款鼓励供应商这样做,那么可以预期供应商在其交付数量上会有所保留。换句话说,任何协调供应链与自愿遵约的契约肯定是与强制遵约的契约不相同的,但反过来却不是这样,因为契约可能无法协调供应商的行动。因此,自愿遵约是更保守的假设,甚至有可能过于保守。

本章采取的假设是供应商被迫遵守契约,但检查供应商是否有动机背离拟议的契约条款。采用这种看似矛盾的假设是为了简化分析:自愿遵约要求通过注释来跟踪两个条件(零售商的订货量和供应商的生产数量),而强制遵约只需要注释一个条件(零售商的订货量或供应商的生产数量)。关于遵约制度的更多讨论可以参见相关文献(Cachon,Lariviere,2001)。

设$S(q)$是预期销售额(期望销售额),则其可表示如下

$$S(q)=q\left[1-F(q)\right]+\int_0^q yf(y)\mathrm{d}y=q-\int_0^q F(y)\mathrm{d}y \tag{2-1}$$

上式是由分部积分法得到的结果,设$I(q)$是预期剩余库存或期望剩余库存,$I(q)=(q-D)^+=q-S(q)$;设$L(q)$是期望缺货损失(丢失)的销售函数,$L(q)=(D-q)^+=\mu-S(q)$;设T为期望从零售商到供应商的转移支付。转移支付这一功能的实现可能取决于一些观察结果(如订货量、剩余库存等,后文也有论述),则零售商的利润函数$\pi_r(q)$为

$$\pi_r(q)=pS(q)+vI(q)-g_rL(q)-c_rq-T \tag{2-2}$$

整理得

$$\pi_r(q)=(p-v+g_r)S(q)-(c_r-v)q-g_r\mu-T \tag{2-3}$$

供应商的利润函数为

$$\pi_s(q)=g_sS(q)-c_sq-g_s\mu+T \tag{2-4}$$

供应链的利润函数为

$$\Pi(q)=\pi_r(q)+\pi_s(q)=(p-v+g)S(q)-(c-v)q-g\mu \tag{2-5}$$

有了上面的利润函数，就可以对其中的一些变量进行标准化处理。例如，设$\hat{p}=p-v+g_r$为调整后的价格，$\hat{c}=c-v$为调整后的生产成本，$\hat{T}=T+(c_r-v)q$为调整后的转移支付函数，$\hat{\pi}_r(q)=\pi_r(q)+g_r\mu$为零售商的调整后利润函数，$\hat{\pi}_s(q)=\pi_s(q)+g_s\mu$为供应商的调整后利润函数。这些调整后的利润函数可以简化为$\hat{\pi}_r(q)=\hat{p}S(q)-\hat{T}$和$\hat{\pi}_s(q)=g_sS(q)-\hat{c}q+\hat{T}$。

虽然这些函数有更清晰的表述，但在定义了给定契约的转移支付时需要注意，契约的条款（如批发价、回购率等）必须根据调整后的参数给出。然而，当调整后的契约条款被包括在内时，这些调整所获得的表意清晰度常常会丧失，导致经济含义不十分清晰，有的变量甚至失去了原来的正确含义。因此，为了更清晰地反映各量的经济含义，笔者使用未调整的利润函数来分析。

设q^o为整个供应链的最优订货量，即$q^o=\arg\max\Pi(q)$。为了避免出现一些不合理的情况，假设$\Pi(q^o)>0$。由于分布函数F是严格递增的，供应链的利润函数Π是严格的凹函数，且最优订货量是唯一的，因此q^o满足

$$S'(q^o)=\overline{F}(q^o)=\frac{c-v}{p-v+g} \tag{2-6}$$

设q_r^*为零售商的最优订货量，即$q_r^*=\arg\max\pi_r(q)$。显然，零售商的订单情况取决于所选择的转移支付方案T。

式(2-6)所示的模型可以用于对许多契约类型的分析，其中最简单的应用是批发价格契约，在这种契约类型中，供应商只向零售商收取固定的批发价。下一节将研究具体的契约形式。研究结果表明，批发价格契约一般不能协调供应链。因此，接下来的分析主要集中在两个问题上：第一，什么是批发价格契约的效率（将其定义为供应链利润与供应链最优利润的比率）；第二，供应商在供应链利润中所占的份额。

更复杂的契约形式包括批发价格加上一些通常取决于实际需求的调整量模式（数量折扣契约是一个例外）。正如在前文中所提到的那样，所有这些契约类型的分析方式都是相同的：首先确定协调供应链中零售商行为的契约参数集；然后评估供应链中上游和下游企业之间可能的利润分配范围；最后检查契约是否在自愿遵约的情况下实现协调，即确定供应商是否有动机交付少于零售商的订货量的货物。

第二节　批发价格契约

在供应链的批发价格契约中，供应商按采购的货物单位向零售商收取费用，设单位货物的收取费用为w，则有$T_w(q,w)=wq$。读者可参阅相关研究人员(Lariviere，Porteus，2001)在报童模型背景下对该契约问题进行的更完整的分析。也有学者(Bresnahan，Reiss，1985)研究了需求确定的批发价格契约问题。由于零售商的利润函数$\pi_r(q,w)$在q中是严格的凹函数，因此零售商的唯一最优订货量满足

$$(p-v+g_r)S'(q_r^*)-(w+c_r-v)=0 \tag{2-7}$$

由于$S'(q)$是递减的，$q_r^*=q^o$，故仅当$w=(\dfrac{p-v+g_r}{p-v+g})(c-v)-(c_r-v)$时很容易确认$w\leqslant c_s$。也就是说，只有当供应商获得非正利润时，批发价格契约才能实现协调，当然在实际操作当中供应商肯定不会同意这样做。因此，供应商显然倾向于给出更高的批发价。批发价格契约通常不被认为是一种能实现协调的契约，正如国外某些学者(Cho，Gerchak，2001；Bernstein，Chen，Federgruen，2002)所讨论的，当边际成本不恒定时，边际成本定价并不一定导致供应商的利润为零。有学者(Spengler，1950)最早提出了“双重边际”问题：在这种串联供应链中，由于存在两个边际，且企业在决策时没有考虑整个供应链的边际，因此存在协调失败的问题。

尽管批发价格契约并不能协调整个供应链，但由于批发价格契约在实践中普遍存在，因此还是非常值得研究的。这一事实本身就表明了它有可取之处，如批发价格契约很容易管理等。因此，如果与协调契约相关的额外行政负担超过了供应商的潜在利润增长，那么供应商可能更喜欢批发价格契约，而不是协调契约。

从式(2-7)可知，零售商的最优订货量满足

$$F(q_r^*)=1-\frac{w+c_r-v}{p-v+g_r} \tag{2-8}$$

由于函数F是严格递增且连续的，所以w和q_r^*之间存在一对一的映射关系。因此，若设$w(q)$是唯一的批发价，则由此可以导致零售商订购q_r^*单位的货物，即存在以下关系

$$w(q)=(p-v+g_r)\bar{F}(q)-(c_r-v) \tag{2-9}$$

则供应商的利润函数可以表示成

$$\pi_s[q,w(q)]=g_sS(q)+[w(q)-c_s]q-g_s\mu \tag{2-10}$$

很明显，遵约制度与这个契约无关：对于一个固定的批发价格(不小于c_s)，供应商的利润在q中是不减少的，或者说是增加的，所以供应商肯定会生产和交付零售商订购的任

何数量的订单。

供应商的边际利润为

$$\frac{\partial \pi_s[q, w(q)]}{\partial q} = g_s S'(q) + w(q) - c_s + w'(q)q$$
$$= (p - v + g_r)\bar{F}(q)\left[1 + \frac{g_s}{p - v + g_r} - \frac{qf(q)}{\bar{F}(q)}\right] - (c - v) \tag{2-11}$$

当上述条件随q减小时，由于供应商的利润函数是单峰的，$\bar{F}(q)$是q的减函数，所以当$qf(q)/\bar{F}(q)$增大时，$\pi_s[q, w(q)]$随q的增加而减少。具有该性质的需求分布称为“增加广义故障率(IGFR)分布”或“失败率分布”。需要指出的是，许多常用的需求分布函数都是IGFR分布，如正态分布、指数分布、威布尔分布、伽马分布和功率分布(幂率分布)等。因此，在IGFR分布中有一个重要的销售数量，即q_s^*，它是使供应商的利润最大化的销售量。实际上，供应商一般将批发价设定为$w(q_s^*)$，并且它们很清楚零售商会订购q_s^*单位。

虽然$\pi_s[q_s^*, w(q_s^*)]$是供应商能够期望的最好的结果，但实际上零售商可能坚持多于$\pi_r[q_s^*, w(q_s^*)]$的结果。例如，零售商可能通过在其商店中销售一些其他产品的方式来获取更多的利润，也就是说，其机会成本大于$\pi_r[q_s^*, w(q_s^*)]$。在这种情况下，供应商需要向零售商提供更慷慨的条件来让零售商多订购供应商提供的产品。在批发价格契约下，零售商的利润函数是q的增函数，即

$$\frac{\partial \pi_r[q, w(q)]}{\partial q} = -w'(q)q = (p - v + g_r)f(q),\ q > 0 \tag{2-12}$$

因此，供应商可以通过降低批发价来增加零售商的利润(这一点不会让人感到意外)。只要零售商坚持小于供应链取最优利润时零售商所获得的利润，那么零售商的最小利润要求实际上就增加了整个供应链的总利润。对于$q \in [q_s^*, q^o]$，供应链的利润是q的增函数，零售商的利润也是q的增函数。因此，增加零售商的利润实际上可以改善供应链绩效。不过，这种改善是以牺牲供应商的利益为代价的，可以参见国外学者对市场势力如何在几个零售市场上变化的讨论和实证证据(Messinger，Narasimhan，1995；Ailawadi，2001；Bloom，Perry，2001)。

适用于批发价格契约的两个绩效评价指标是契约效率$\Pi(q_s^*)/\Pi(q^o)$和供应商的利润份额$\pi_s[q_s^*, w(q_s^*)]/\Pi(q_s^*)$。从供应商的角度来看，如果这两个指标都很高，那么批发价格契约将是一个有吸引力的选择。这两个比率的乘积就是供应商在供应链的最优利润中所占的份额，即

$$\frac{\pi_s[q_s^*, w(q_s^*)]}{\Pi(q^o)} = \frac{\pi_s[q_s^*, w(q_s^*)]}{\Pi(q_s^*)} \cdot \frac{\Pi(q_s^*)}{\Pi(q^o)} \tag{2-13}$$

为了说明这一结果是可能实现的，可以假设 $g_r = g_s = 0$，并且需求遵循功率分布（幂率分布）：$F(q) = q^k$，对于 $k > 0$ 和 $q \in [0,1]$ 成立。在这种情况下，批发价格契约的效率为 $(k+1)^{-(1+1/k)}(k+2)$，供应商的利润份额为 $(k+1)/(k+2)$，变异系数为 $[k(k+2)]^{-1/2}$（Lariviere，Porteus，2001）。注意，变异系数在需求服从参数为 k 时是减少的，即变异系数是 k 的减函数，但批发价格契约的效率及供应商的利润份额两个指标都在需求服从参数为 k 时增加。事实上，当 $k \to \infty$ 时，变异系数趋近于零，这两个指标或者说两个测度的值都趋近于1。然而，从表2-1中可以看出，供应商在供应链利润中所占份额的增长速度要快于供应链效率的增长速度。

表2-1　需求分布参数为 k 的幂分布时，批发价格契约履行情况

需求分布参数 k	0.2	0.4	0.8	1.6	3.2
效率 $\Pi(q_s^*)/\Pi(q^o)$	73.7%	73.9%	74.6%	76.2%	79.1%
供应商的份额 $\pi_s[q_s^*, w(q_s^*)]/\Pi(q_s^*)$	54.5%	58.3%	64.3%	72.2%	80.8%
变异系数	1.51	1.02	0.67	0.42	0.25

对这种模式的一种解释是，零售商的利润代表了对承担风险的补偿。在批发价格契约中，供应商的利润没有变化，但零售商的利润随着需求的实现而变化。随着变异系数的减小，零售商面临的需求风险越小，其薪酬也就越低。然而，由于风险规避行为，零售商的利益没有得到补偿（参见风险规避模型）。如果零售商是厌恶风险的，那么供应商将不得不提供更多的补偿；相反，零售商正因为供需不匹配的风险而得到了补偿，这一论点适用于广泛的需求分布（Lariviere，Porteus，2001）。

有学者（Anupindi，Bassok，1999）对该模型进行了有意义的扩展。假设供应商向零售商销售产品，该零售商面临着无数相同的销售季节。在一个销售季节结束时，剩余的库存会产生持有成本，但库存可以转移到下个销售季节。零售商在销售季节之间提交订单，供应商能够立即补充货物。在每个销售季节，零售商都需要面对一个报童模型，即如何在销售损失和库存持有成本之间做出取舍。因此，零售商的最优库存策略是订购一个固定水平的货物量，这也是报童模型的解决方案。但由于库存从一个销售季节延续到另一个销售季节，供应商在每个销售季节的平均销售额等于零售商每个销售季节的平均销售额，即供应商的利润函数为 $[w(q)-c]S(q)$。在这种假设下，对供应商的最优批发价格的分析过程将更加复杂，因为现在供应商的利润与零售商的销售额 $S(q)$ 成比例，而不是与其订货量 q 成比例。然而，由于 $S(q)/S'(q) > q$，故供应商的最优批发价低于单季模型的最优批发价，其表达式为 $S(q)/S'(q) > q$，简化为 $qF(q) > \int_0^q F(y)\mathrm{d}y$，该公式显然成立。因此，多个销售季节的批发价格契约的效率甚至优于单销售季节模式。

有学者（Debo，1999）研究了一次性报童模型的重复版本，即零售商没有从一个时期到另一个时期持有库存。该研究证明，如果供应商的贴现率不太高，即供应商关心未来的利润，那么仅在一个批发价格契约下，是可能做到供应链协调的。合作是通过使用"惩罚叛逃者"的触发策略实现的。该模型的无限期扩展不具有期终效应，即库存不被回收的情况。

还有学者(Cachon，2002)研究了具有超额库存和需求更新的模型的两期版本：零售商可以在销售季节之前提交一份订单，并为该订单中的每单位向供应商支付 w_1。然后，供应商在销售季节开始前生产并交付零售商的第一个订单。在销售季节，零售商可以从供应商那里订购额外的产品。如果供应商有库存，那么供应商交付这些产品，并向零售商收取每单位 w_2 的费用，$w_2 \geqslant w_1$。

供应链可以以两种模式运作：一种模式与单周期模型相匹配(Lariviere，Porteus，2001)，只允许执行销售季节开始前的初始订单，这种模式被称为"推"，因为所有的库存风险都被推给了零售商，即由零售商承担处理剩余库存的成本；另一种模式被称为"拉"，即零售商只在销售季节订货，所以现在供应商承担所有的库存风险。"推"和"拉"的组合是提前购买折扣($w_1 < w_2$)，即零售商提交初始订单以利用提前购买折扣，而供应商在销售季节预期零售商的订单时，生产的数量超过了初始订单量。研究表明，如果企业同时考虑"推"和"拉"契约，而不是仅仅考虑"推"或"拉"契约，那么供应链的效率会显著提高。此外，还存在预购折扣协调供应链并在其间任意分配利润的情况。

国外有学者(Dong，Rudi，2001)研究了两个报童模型的批发价格契约以及它们之间的库存转运问题。他们发现，供应商通常能够获得转运的大部分好处，而零售商的利益则因转运而受到损害，这与其他学者的发现是一致的(Lariviere，Porteus，2001，当然不完全相同)，即需求变化较小时，供应商的境况会更好，零售商的境况会更差。

与转运相关，也有学者(Chod，Rudi，2002)研究了一个供应商将单一资源出售给下游企业，而下游企业可以利用该资源生产多种产品的情况。还有学者(Gilbert，Cvsa，2000)研究了存在需求不确定性和投资成本高昂情况下的批发价格契约问题，意在研究如何降低生产成本。他们的研究表明，在允许批发价格根据市场需求调整的有利灵活性和提供激励措施以降低生产成本的必要性之间存在一种取舍关系。

第三节　回购契约

在回购契约中，供应商向零售商收取每单位 w 的批发费用，但对于销售季节结束时零售商剩余的每单位产品，供应商向零售商支付 b 单位的费用，则模型中的转移支付为

$$T_b(q, w, b) = wq - bI(q) = bS(q) + (w - b)q \tag{2-14}$$

当然，零售商不应该从剩余库存中获利，所以假设 $b \leqslant w$。读者可参阅相关学者在报童模型背景下对回购契约的详细分析(Pasternack，1985)。

回购契约也被称为"退货策略"，但这两个名称都有一定的误导性，因为它们都暗示

着销售季节结束后剩下的商品将实际返还给供应商。如果供应商的净残值大于零售商的净残值,就会发生这种情况。然而,如果零售商的残值较高,则零售商会“打捞”这些商品,而供应商会将这些商品归于零售商,这种情况有时被称为“降价钱”(Tsay,2001)。一个重要的隐含假设是,供应商能够核实剩余商品的数量,这种监测的成本不会抵消契约带来的好处。

在回购契约中,零售商的利润表示为

$$\pi_r(q,w_b,b)=(p-v+g_r-b)S(q)-(w_b-b+c_r-v)q-g_r\mu \tag{2-15}$$

现在考虑一组回购参数集合$\{w_b,b\}$,使$\lambda\geqslant 0$,则有

$$p-v+g_r-b=\lambda(p-v+g) \tag{2-16}$$

$$w_b-b+c_r-v=\lambda(c-v) \tag{2-17}$$

通过与式(2-5)的比较,可以看出此时零售商的利润函数是

$$\pi_r(q,w_b,b)=\lambda(p-v+g)S(q)-\lambda(c-v)q-g_r\mu \tag{2-18}$$

化简得

$$\pi_r(q,w_b,b)=\lambda\Pi(q)+\mu(\lambda g-g_r) \tag{2-19}$$

由上式可知,应使$q_r^*=q^o$,这对零售商来说是最优的。

供应商的利润函数为

$$\pi_s(q,w_b,b)=\Pi(q)-\pi_r(q,w_b,b)=(1-\lambda)\Pi(q)-\mu\left[\lambda g_s-(1-\lambda)g_r\right] \tag{2-20}$$

所以,回购契约在$\lambda\leqslant 1$时与自愿遵约保持一致。当$\lambda=1$或$\lambda=0$时会产生一些歧义,因为此时q^o对供应商或零售商来说是最优的,但其他数量也是最优的,因此协调是可能的,但得到的最优解不再是唯一的纳什均衡。

有趣的是,自愿遵约实际上增加了供应链的稳健性。假设零售商不是理性的,其订购量$q>q^o$。由于允许供应商交付的数量少于零售商的订货量,这时供应商可以纠正零售商的错误,只交付q^o单位货物给零售商。然而,由于零售商可以拒绝接受超过其订购量的商品数量,所以如果其订购量少于q^o,那么供应商就不能纠正零售商的错误了。进一步讨论协调方案对不合理排序的鲁棒性可以参见相关文献(Chen,1999;Porteus,2000;Watson,2002)。

零售商的利润随λ增加而增加,供应商的利润随λ增加而减少,因此λ参数起到了在两家企业之间分配供应链利润的作用。若零售商赚取整个供应链的利润,即$\pi_r(q^o,w_b,b)=\Pi(q^o)$,则有

$$\lambda=\frac{\Pi(q^o)+\mu g_r}{\Pi(q^o)+\mu g}\leqslant 1 \tag{2-21}$$

而若供应商获得整个供应链的利润，$\pi_s(q^o, w_b, b) = \Pi(q^o)$，则有

$$0 \leqslant \lambda = \frac{\mu g_r}{\Pi(q^o) + \mu g} \tag{2-22}$$

因此，假设$\lambda = 0$和$\lambda = 1$都是可行的，那么在这组协调契约下及参数的变化范围内，所有可能的利润分配都是可行的。

值得注意的是，供应链的协调需要同时调整批发价格和回购率，这对谈判过程有影响，如假设企业同意一个特定的批发价格。给定任何固定的批发价格，协调回购率不是使供应商或零售商的利润最大化的回购率。换句话说，双方都有动机主张非帕累托最优（即非协调）契约。如果参与者同意一个非帕累托最优契约，那么根据帕累托最优的定义，将存在某种协调契约，可以让双方都获得更多的利益。但是，该协调契约具有一个不对称的批发价。对管理者来说，关键的教训是，永远不应该按顺序协商这些参数（也就是说先同意第一个参数，然后再考虑第二个参数）。相反，谈判应该总是允许同时改变参数批发价和回购率。

由式(2-18)可知，参数λ可以粗略地解释为零售商在供应链利润中的份额；当$g_r = g_s = 0$时，它就是零售商的份额。注意，参数λ实际上并不是回购契约的一部分，介绍这一参数是为了叙述得更清楚。大多数供应链契约文献都没有明确定义一个可比较的参数。相反，更常见的是用一个契约参数表示另一个，如下式所示

$$w_b(b) = b + c_s - (c - v)\left(\frac{b + g_s}{p - v + g}\right) \tag{2-23}$$

此外，协调参数通常由一阶条件确定。上面所采取的方法是首选的，因为它运用得更普遍。例如，策略空间不一定是连续的，不一定有唯一的最优值；即使在这个模型中满足所有这些条件，供应链成本函数也不一定是连续的，这也是为什么一阶条件方法有效的原因。

一般来说，只要每个企业的利润是供应链利润的仿射函数，契约就可以协调零售商和供应商的行为。实际上，这些企业最终得到了类似于利润分享安排的东西。有研究表明(Jeuland，Shugan，1983)，利润分享可以协调供应链，但企业间并没有为实现利润分享而建立一个特定的契约。还有研究表明(Caldentey，Wein，1999)，当每个企业收到其他企业的固定份额的效用时，才会发生利润分享。在这种情况下，每个企业都与其他企业进行交易，如果企业数量太多，可能会导致行政负担。

有大量关于回购契约的文献，其中有的(Padmanabhan，Png，1995)描述了报童模型中没有包括的几种退货策略的动机：供应商可能希望制定退货策略，以防止零售商对剩余商品打折，从而削弱供应商的品牌形象。例如，时装供应商有大量的营销预算，以提高其服装的流行度。如果其服装在季末可以在打折货架上找到，那么就很难让消费者相信该款服装很受欢迎；或者供应商可能希望接受退货，以重新平衡零售商之间的库

存。有许多文献考虑了在一个集中系统中进行库存再平衡的问题(Lee,1987;Tagaras, Cohen,1992)以及分散系统中的库存再平衡问题(Rudi,Kapur,Pyke,2001;Anupindi, Bassok,Zemel,2001)。

有研究(Padmanabhan,Png,1997)发现,供应商会使用回购契约来操纵零售商之间的竞争,也有学者(Emmons,Gilbert,1998)研究了供应商与设定零售价的零售商签订回购契约的问题。泰勒(Taylor,2000a)将回购契约与销售回扣契约结合起来,以协调报童模型与需求依赖努力程度的问题。多诺霍(Donohue,2000)在一个模型中研究了回购契约,该模型具有多个生产机会和改进的需求预测问题。还有学者(Anupindi,Bassok, 1999)证明,回购契约可以协调两个零售商的供应链问题,其中消费者在零售商之间寻找库存。泰勒等(Lee,Padmanabhan,Taylor,2000)以一种近似于回购的方式提出了价格保护策略,不过泰勒也发现(Taylor,2001),价格保护不同于回购。他论证了与任意分配利润供应链的协调,发现除了在零售价格随时间下降时回购外,还需要价格保护。

在资本密集型产业的背景下,有学者(Wu, Kleindorfer,Zhang,2002)研究了类似于回购契约的契约:有一个供应商和一个买家,买方预留Q个容量单位作为一种费用s,并为使用的每个容量单位支付另一费用g。这类似于批发价格为$w=s+g$,回购率为$b=g$的回购契约:买方为保留的每单位产能支付$s+g$,为未利用的每单位产能收取g。买方的需求取决于契约参数和不确定的额外的能力:如果现货容量小于g,那么买方只通过现货市场满足其需求,但当现货价格较高时,买方使用储备容量和现货市场的最优组合。

第四节　收益共享契约

在收益共享契约中,供应商向零售商收取每单位费用w_r,加上零售商给供应商一个占其收入一定比例的收益。假设所有收益都是共享的,即打捞收益也由各企业共享(也可以设计协调收益共享契约,其中只有固定收入是共享的),如果ϕ是零售商在供应链中所占的收入比例,那么$(1-\phi)$就是供应商在供应链中所占的收入比例。有学者(Cachon,Lariviere,2000)在更一般的背景下对这些契约进行了分析。

在收益共享契约中,与收入分成的转移支付是

$$T_r(q, w_r, \phi)=[w_r+(1-\phi)v]q+(1-\phi)(p-v)S(q) \tag{2-24}$$

零售商的利润函数为

$$\pi_r(q, w_r, \phi)=[\phi(p-v)+g_r]S(q)-(w_r+c_r-\phi v)q-g_r\mu \tag{2-25}$$

现在考虑一组收益共享契约$\{w_r, \phi\}$,使$\lambda \geqslant 0$且满足

$$\phi(p-v)+g_r=\lambda(p-v+g) \tag{2-26}$$

$$w_r+c_r-\phi v=\lambda(c-v) \tag{2-27}$$

有了这些条件,零售商的利润函数是

$$\pi_r(q, w_r, \phi) = \lambda \Pi(q) + \mu(\lambda g - g_r) \tag{2-28}$$

所以q^o是零售商的最优订货量。供应商的利润是

$$\pi_s(q, w_r, \phi) = \Pi(q) - \pi_r(q, w_r, \phi) = (1-\lambda)\Pi(q) - \mu(\lambda g - g_r) \tag{2-29}$$

所以q^o是当$\lambda \leqslant 1$时供应商的最优生产数量。零售商的利润是随λ的增加而增加,供应商的利润是随λ的增加而减少。很容易确定式(2-21)和式(2-22)为λ提供了参数值的变化范围,使零售商的利润等于供应链的利润,供应商的利润等于供应链的利润。因此,这些收益共享契约可以协调供应链,以及在参数的变化范围内任意分配其利润。

式(2-28)与式(2-18)之间的相似性表明,收益共享与回购契约之间存在密切的联系。事实上,在这种情况下它们是等价的。考虑一个协调的回购契约$\{w_b, b\}$,根据该契约,零售商购买物品时,每单位要支付$w_b - b$,出售每单位额外支付b(回购契约的常见描述是零售商购买时,每单位要支付w_b,未售出每单位获得b的信用额,这与无论需求实现情况如何,购买时每单位要支付$w_b - b$,售出每单位额外获得b的信用额相同)。通过收益共享,零售商为购买的每单位支付$w_r + (1-\phi)v$,为售出的每单位支付$(1-\phi)(p-v)$。因此,当满足下列条件时收益共享与回购契约等价

$$w_b - b = w_r + (1-\phi)v \tag{2-30}$$

$$b = (1-\phi)(p-v) \tag{2-31}$$

换句话说,收益共享契约$\{w_r, \phi\}$为两家企业在需求实现时产生的利润与下面的回购契约相同

$$w_b = w_r + (1-\phi)p \tag{2-32}$$

$$b = (1-\phi)(p-v) \tag{2-33}$$

虽然这些契约在这种情况下是等价的,但在更复杂的情况下,它们的路径是不同的。

还有其他几篇论文也研究了收益共享契约的问题,如莫特梅尔(Mortimer,2000)提供了一个详细的计量经济学研究收益共享契约在视频租赁行业的影响问题分析。她发现,采用这些契约使供应链利润增加了7%。丹娜和斯皮尔(Dana,Spier,2001)在一个完全竞争的零售市场的背景下研究了这些契约。帕斯特纳克(Pasternack,1999)研究了一个单一零售商的报童模型,在该模型中,零售商可以购买一些具有收益共享的商品,而其他商品则具有批发价格契约(该模型中没有考虑供应链协调问题)。还有研究人员(Gerchak, Cho,Ray,2001)考虑了一个视频零售商决定购买多少磁带和保留多长时间的问题。收益共享协调了他们的供应链,但只提供了利润的一部分,他们通过增加许可费来重新分配利润。有的学者(Wang,Jiang,Shen,2001)还考虑了与寄售收益共享的问题(即$w_r = 0$)。

第五节 数量弹性契约

在数量弹性契约中，供应商向零售商收取每单位w_q的费用，但随后补偿零售商未售出货物单位的损失。具体来说，零售商在季节结束时从供应商那里得到一部分收益，其值的积分等于$(w_q+c_r-v)\min(I,\delta q)$，其中$I$是剩余库存的数量，$q$是购买的单位数量，$\delta\in[0,1]$是一个契约参数(Yüksel，Lee，2002，其中退货阈值是绝对数量，而不是零售商订单的百分比)。因此，数量弹性契约对零售商的一部分订单给予充分保护，而回购契约对零售商的全部订单给予部分保护(零售商继续回收剩余库存，这就是为什么残值不包括在每个单位的信用中)。如果供应商没有补偿零售商的每单位成本c_r，那么零售商将只得到部分补偿的有限数量的单位，这被称为备份协议。

塔萨(Tsay，1999)在一个类似于此种情况的模型中研究了数量弹性契约下的供应链协调问题。在他以往的研究中，零售商在提交最终订单之前(即在决定返回多少之前)收到一个不完美需求信号；而在这个模型中，零售商收到一个完美信号，即零售商观察到了实际需求。然而，由于生产是在了解任何需求信息之前进行的，所以塔萨提出的集中解决方案也是一个报童模型。如果零售商只在季节结束时返回商品，那么需求信号对分析或结果都不重要，因为到那时需求信号就不再相关了；然而，如果零售商能够在观察到需求信号之后，在销售季节开始之前返回商品，那么需求信号就很重要。由于所产生的库存已经沉没，供应链的最优解决方案是无论接收到什么信号，都将所有库存保存在零售商那里。允许零售商返回库存(或者说允许零售商取消一部分初始订单)会产生一个"库存搁浅问题"：库存可能滞留在供应商那里，无法用于满足市场上的需求。在这种情况下，塔萨认为，数量弹性契约实际上可能阻碍供应链协调。在另一个模型中，塔萨(Tsay，1999)假设强制遵约，这种假设确实有一些实际意义。

在数量弹性契约下，转移支付$T_q(q,w_q,\delta)$可表示为

$$T_q(q,w_q,\delta)=w_q q-(w+c_r-v)\int_{(1-\delta)q}^{q}F(y)\mathrm{d}y \tag{2-34}$$

式中的最后一项是供应商给零售商未售出单位货物的补偿，直到达到δq单位的限制为止。零售商的利润函数为

$$\pi_r(q,w_q,\delta)=(p-v+g_r)S(q)-(c_r-v)q-T_q(q,w_q,\delta)-\mu g_r \tag{2-35}$$

整理得

$$\pi_r(q,w_q,\delta)=(p-v+g_r)S(q)-(w_q+c_r-v)q+(w_q+c_r-v)\int_{(1-\delta)q}^{q}F(y)\mathrm{d}y-\mu g_r$$

为了实现供应链协调，零售商利润函数的一阶条件对q^o成立是必要的(但不是充分的)，即存在下列关系

$$(p-v+g_r)S'(q^o)-(w_q+c_r-v)\left[1-F(q^o)+(1-\delta)F(1-\delta)q^o)\right]=0 \tag{2-36}$$

令 $w_q(\delta)$ 为满足式(2-36)的批发价，则有

$$w_q(\delta)=\frac{(p-v+g_r)\left[1-F(q^o)\right]}{1-F(q^o)+(1-\delta)F\left[(1-\delta)q^o\right]}-c_r+v \tag{2-37}$$

$w_q(\delta)$ 确实是一个协调批发价格，如果零售商的利润函数是凹的，即

$$\begin{aligned}\frac{\partial^2\pi_r\left[q,w_q(\delta),\delta\right]}{\partial q^2}&=-\left[p+g_r-w_q(\delta)-c_r\right]f(q)\\&-\left[w_q(\delta)+c_r-v\right]\left\{(1+(1-\delta)^2f\left[(1-\delta)q\right)\right]\right\}\leqslant 0\end{aligned} \tag{2-38}$$

当 $v-c_r\leqslant w_q(\delta)\leqslant p+g_r-c_r$ 时上式成立，这个范围满足 $\delta\in[0,1]$，因为

$$w_q(0)=(p-v+g_r)\overline{F}(q^o)+v-c_r \tag{2-39}$$

$$w_q(1)=p+g_r-c_r \tag{2-40}$$

$w_q(\delta)$ 随 δ 增加而增加。

为了实现供应链协调，供应商也必须希望向零售商交付 q^o。供应商的利润函数为

$$\pi_s\left[q,w_q(\delta),\delta\right]=g_sS(q)+\left[w_q(\delta)-c_s\right]q-\left[w_q(\delta)+c_r-v\right]\int_{(1-\delta)q}^{q}F(y)\mathrm{d}y-\mu g_s \tag{2-41}$$

同时有

$$\frac{\partial\pi_s\left[q,w_q(\delta),\delta\right]}{\partial q}=g_s\left[1-F(q)\right]+\left[w_q(\delta)-c_s\right]-\left[w_q(\delta)+c_r-v\right] \tag{2-42}$$

$$\begin{aligned}\left\{F(q)-(1-\delta)F\left[(1-\delta)q\right]\right\}&=g_s\left[1-F(q)\right]-c+v\\&+\left[w_q(\delta)+c_r-v\right]\left\{1-F(q)+(1-\delta)F\left[(1-\delta)q\right]\right\}\end{aligned} \tag{2-43}$$

供应商利润函数的一阶条件对 q^o 是满足的，即

$$\frac{\partial\pi_s\left[q^o,w_q(\delta),\delta\right]}{\partial q}=g_s\left[1-F(q^o)\right]-c+v+(p-v+g_r)\left[1-F(q^o)\right]=0 \tag{2-44}$$

然而，在 q^o 处的二阶条件的符号是模糊的，即

$$\frac{\partial^2\pi_r\left[q,w_q(\delta),\delta\right]}{\partial q^2}=-w_q(\delta)\left\{f(q)-(1-\delta)^2f\left[(1-\delta)q\right]\right\}-g_sf(q) \tag{2-45}$$

事实上，q^o可能是一个局部最小值，也就是说上面的值是正的。当$g_s=0$且$(1-\delta)^2f\left[(1-\delta)q^o\right]$大于$f(q^o)$时就会出现这种情况，当$\delta$较小，$f\left[(1-\delta)q^o\right]$较大和$f\left[(1-\delta)q^o\right]$较小时也可能出现这种情况。第二种情况发生在$(1-\delta)q^o\approx\mu$和需求变化很小的时候，也就是说大多数密度函数集中在平均值附近。第三种情况发生在$f(q^o)$位于分布尾部时，即临界分形较大时。例如，q^o是以下参数的局部最小值：D是正态分布的，$\mu=10,\sigma=1,p=10,c_s=1,c_r=0,g_r=g_s=v=0$且$\delta=0.1$。因此，即使批发价格为$w_q(\delta)$，在数量弹性契约下，也不能保证供应链在自愿遵约条件下的协调。渠道协调是在强制遵约的情况下实现的，因此供应商的行为是无关的。

假设数量弹性契约协调渠道为$a\left[w_q(\delta),\delta\right]$，现在考虑它如何分配利润。

当$\delta=0$时，零售商至少获得供应链最优利润，公式如下

$$\begin{aligned}\pi_r\left[q,w_q(0),0\right]&=(p-v+g_r)S(q)-\left(\frac{p-v+g_r}{p-v+g}\right)(c-v)q^o-\mu g_r\\&=\Pi(q^o)+g_s\left[\mu-S(q^o)+\bar{F}(q^o)q^o\right]\\&\geqslant\Pi(q^o)\end{aligned}\tag{2-46}$$

当$\delta=1$时，供应商至少获得供应链的最优利润，其值为

$$\begin{aligned}\pi_s\left[q,w_q(1),1\right]&=g_sS(q^o)+(p+g_r-c)q^o-(p+g_r-v)\int_0^qF(y)\mathrm{d}y-\mu g_s\\&=\Pi(q^o)+\mu g_r\\&\geqslant\Pi(q^o)\end{aligned}\tag{2-47}$$

假设利润函数在δ处是连续的，可以得出$\Pi(q^o)$的所有可能分配都是可能的。

有许多论文研究了数量弹性契约或与之密切相关的契约。塔萨和洛夫乔伊(Tsay，Lovejoy，1999)在一个比前文所述的更复杂的环境中研究了数量弹性契约，包括它们有多个地点、多个需求期、交货时间和需求预测更新等情况。与此相比，巴萨克等(Bassok，Anupindi，1997b)对单阶段系统的这些契约进行了深入分析，并给出了更一般的假设(他们把自己的契约称为“滚动期限弹性契约”)。在多周期模型中，可以观察到这些契约抑制了供应链订单的可变性，这是单周期模型没有捕捉到的一个潜在的有益特征。

还有学者(Cachon，Lariviere，2001；Lariviere，2002)研究了数量弹性契约与预测共享之间的交互作用。在前者(Cachon，Lariviere，2001)的研究中，下游企业比上游供应商有更好的需求预测，但需要说服上游供应商接受其预测是真实的。数量弹性契约中的最小承诺是一个非常有效的解决这个问题的方法。在后者(Lariviere，2002)的研究中，上游企业希望鼓励下游企业发挥适当的作用来提高其需求预测。

普兰贝克和泰勒(Plambeck，Taylor，2002)研究了具有多个下游企业的数量弹性契约和事后重新谈判问题。对于多个零售商的情况，一个零售商的需求可能超过其初始订

单 q，而另一个零售商的需求可能低于其最小承诺 δq，这就为重新谈判契约创造了机会，从而影响最初签署的契约和所采取的行动。

第六节　销售折扣契约

在销售折扣契约中，供应商向零售商收取每单位 w_s 费用，但是在 t 阈值以上，每卖出一个单位的物品，就会给零售商一个 r 折扣。泰勒（Taylor，2002a）和克利希南等（Krishnan，Kapuscinski，Butz，2001）研究了这种契约形式，后者将其称为"降价津贴"。他们考虑的两个模型都比这里考虑的模型更复杂，尤其是他们都允许零售商努力增加需求：在泰勒的研究中，努力程度与订货量同时选择，而克利希南等则关注零售商选择订货量的情况，观察到需求信号，然后施加努力。因此，如果需求信号相对于订货量较强，那么零售商就不需要付出太多努力。

销售折扣契约的转移付款为

$$T_s(q, w_s, r, t)=\begin{cases} w_s q,\ q<t \\ (w_s-r)q+r\left[t+\int_t^q F(y)dy\right],\ q\geqslant t \end{cases} \tag{2-48}$$

当 $q\geqslant t$ 时，零售商为购买的每单位产品支付 w_s-r 费用；对于购买的前 t 个单位，每单位额外增加 r 费用；对于未售出超过 t 阈值的单位，每单位额外减少 r 费用。此时零售商的利润函数为

$$\pi_r(q, w_s, r, t)=(p-v+g_r)S(q)-(c_r-v)q-g_r\mu-T_s(q, w_s, r, t) \tag{2-49}$$

为了使该契约实现供应链协调，整个供应链的最优值点 q^o 必须至少是一个局部极大值点，即

$$\frac{\partial \pi_r(q^o, w_s, r, t)}{\partial q}=(p-v+g_r)\overline{F}(q^o)-(c_r-v)-\frac{\partial T_s(q^o, w_s, r, t)}{\partial q}=0 \tag{2-50}$$

如果 $t\geqslant q^o$ 只满足 $w_s=c_s-g_s\overline{F}(q^o)$ 的上述条件，则供应商显然是不能接受的，因为此时供应商的收益为零或负值。因此，该契约只有在实现 $t<q^o$ 供应链协调的情况下才有意义，所以假设 $t<q^o$。

定义 $w_s(r)$ 为满足式(2-50)的批发价为：

$$w_s(r)=(p-v+g_r+r)\overline{F}(q^o)-c_r+v \tag{2-51}$$

给定批发价格，对于 $q>t$，二阶条件确认零售商的利润函数 $\pi_r[q, w_s(r), r, t]$ 在 q 处是严格凹的，所以 q^o 是一个局部极大值。但是，对于 $q\leqslant t$，$\pi_r[q, w_s(r), r, t]$ 在 q 中是严格凹的，并且由于在 $q=t$ 处存在"扭曲"，所以 $\pi_r[q, w_s(r), r, t]$ 在 q 中不必是单峰的。令

$\bar{q}=\arg\max_{q\leqslant t}\pi_r[q,w_s(r),r,t]$。因此有必要证明存在协调契约，使$q^o$比$\bar{q}$更受零售商青睐。将$w_s(r)$代入零售商的利润函数

$$\pi_r[q,w_s(r),r,t]=\Pi(q)+g_s[\mu-S(q)+q\bar{F}(q^o)]-rq\bar{F}(q^o)+\begin{cases}0(q<t)\\ rq-r\left[t+\int_t^q F(y)\mathrm{d}y\right](q\geqslant t)\end{cases}\tag{2-52}$$

和

$$\pi_r[q^o,w_s(r),r,t]=\Pi(q^o)+g_s[\mu-S(q^o)+q^o\bar{F}(q^o)]+r\left[q^oF(q^o)-t-\int_t^{q^o}F(y)\mathrm{d}y\right]\tag{2-53}$$

当$t=0$时，零售商的收益大于$\Pi(q^o)$，因此q^o肯定是最优的。当$t=q^o$时，零售商的利润函数对于$t\geqslant q^o$是递减的；$\bar{q}$对于零售商至少和q^o一样好。假设$\pi_r[q^o,w_s(r),r,t]$随t的增加而减少，则在$[0,q^o]$范围内一定存在某个t，使$\pi_r[q^o,w_s(r),r,t]=\pi_r[\bar{q},w_s(r),r,t]$。

现在考虑利润的分配问题。我们已经确定，当$t=0$时，零售商的收入大于$\Pi(q^o)$，因此，必须有一个t使$\pi_r[q^o,w_s(r),r,t]=\Pi(q^o)$，即零售商赚取整个供应链的利润。当$t=q^o$时，零售商赚取$\pi_r[\bar{q},w_s(r),r,t]$，$r$足够大时可以使其利润为零；供应商赚取整个供应链的利润。事实上，通常会有一组契约可产生任何利润分配模式，因为销售折扣契约具有丰富的参数，这些参数足以协调一个行动并重新分配收益或租金。

现在考虑供应商的生产决策。在协调销售折扣契约条件下，供应商的利润函数为

$$\pi_s[q,w_s(r),r,t]=-g_s[\mu-S(q)]-c_sq+T_s[q,w_s(r),r,t]\tag{2-54}$$

对于$q>t$，有

$$\frac{\partial\pi_s(q,w_s(r),r,t)}{\partial q}=g_s\bar{F}(q)-c_s+w_s(r)-r+rF(q)=(r-g_s)[F(q)-F(q^o)]\tag{2-55}$$

只有当$r<g_s$时，上述对$q\leqslant q^o$才是正的。但是，如果$r\leqslant g_s$，那么$w_s(r)<c_s$，供应商不能从$r<g_s$中获得正利润。因此，必须是$r>g_s$，这意味着供应商在超过t时交付给零售商的每单位产品都会蒙受损失：零售商有效地为超过阈值t的每单位产品支付给供应商$w_s(r)-r$费用，从式(2-51)开始，有

$$w_s(r)-r=c_s-v-g_s\bar{F}(q^o)-rF(q^o)<c_s\tag{2-56}$$

因此，销售折扣契约并不能协调供应链的自愿遵约行为。

第七节　数量折扣契约

数量折扣有很多种。本节考虑“全部单位”数量折扣，即转移支付 $T_d(q)=w_d(q)q$，其中 $w_d(q)$ 为单位批发价格，随 q 的减少而减少。此时零售商的利润函数为

$$\pi_r[q, w_d(q)]=(p-v+g_r)S(q)-[w_d(q)+c_r-v]q-g_r\mu \tag{2-57}$$

一种获得协调的方法是选择支付计划，使零售商的利润等于供应链利润的一个常数部分。具体来说，设

$$w_d(q)=[(1-\lambda)(p-v+g)-g_s]\frac{S(q)}{q}+\lambda(c-v)-c_r+v \tag{2-58}$$

如果 $\lambda \leqslant \bar{\lambda}$，则上述式子随 q 的增加而减少，其中

$$\bar{\lambda}=\frac{p-v+g_r}{p-v+g} \tag{2-59}$$

因为每单位产品订单的销售额为 $S(q)/q$，也就是说，每单位产品订单的销售额随 q 的增加而减少。零售商的利润函数是

$$\begin{aligned}\pi_r[q, w_d(q)]&=\lambda(p-v+g)S(q)-\lambda(c-v)q-g_r\mu\\&=\lambda[\Pi(q)+g\mu]-g_r\mu\end{aligned} \tag{2-60}$$

因此，对于零售商和供应商来说，q^o 是最优的。与回购契约和收益共享契约一样，参数 λ 的作用是在两家企业之间分配整个供应链的利润。然而，λ 的上界阻止了将太多的利润分配给零售商的数量折扣。从技术上讲，即使 $\lambda>\bar{\lambda}$，$w_d(q)$ 计划继续协调，但是 $w_d(q)$ 随 q 的增加而增加。在这种情况下，零售商支付数量溢价。可以参阅汤姆林（Tomlin，2000）提出的同时具有数量折扣和数量溢价契约的模型。

第八节　讨　论

本章研究了五个契约，其中两个是等价的（收益共享和回购契约），以协调报童模型和分配整个供应链的利润。每个契约都通过诱导零售商订购比批发价格契约更多的商品来协调整个供应链。收益共享和数量弹性契约通过给零售商一些下行保护来实现这一点，即如果需求低于 q，零售商将获得一些退款。销售折扣契约通过给予零售商上行激励来做到这一点，即如果需求大于 t，零售商会以低于生产成本的价格购买高于 t 的产品。数量折扣是通过调整零售商的边际成本曲线来协调供应链的，这样供应商在每单位上的

收益就会逐渐减少。然而,尚未有学者对为什么一种契约形式应该遵守另一种契约形式进行过论证。

各种协调供应链契约的管理费用可能不相等。批发价格契约很容易描述,并且要求企业之间只进行一次交易。数量折扣也只需要单笔交易,但描述起来比较复杂。其他协调契约的管理成本更高:供应商必须在季节结束时监控零售商留下的商品数量,或者将剩余的商品运回供应商那里,具体取决于这些商品被回收到哪里。因此,行政成本论证并不能解释在回购、收益共享和数量弹性契约之间的选择,但可以解释数量折扣或批发价格契约的选择。

尽管各种契约模型采用的是风险中性假设,但契约在风险方面确实有所不同。除数量折扣契约外,每一个协调契约的风险都存在在两个企业之间进行风险转移的问题:随着零售商利润份额的减少,零售商的风险减小,供应商的风险增大。因此,这些契约可以为规避风险的零售商提供一些保险,但对规避风险的供应商来说代价高昂。读者可参阅相关学者对单一企业报童模型中风险的讨论(Eeckhoudt,Gollier,Schlesinger,1995;Schweitzer,Cachon,2000;Chen,Federgruen,2000)。

确实有学者(Agrawal,Seshadri,2000)研究了风险厌恶在供应链契约中的影响。他们认为,零售商之间的风险规避为分销商提供风险中介服务提供了动力。在他们提出的模式中,分销商提供一份契约,其中包括固定费用、批发价格、退货率和对紧急订购的产品的额外费用,以满足超出零售商订货量的需求。还有学者(Plambeck,Zenios,2000)提供了一个包含风险规避在内的委托-代理模型。

如果零售商选择的订货量不是q^o,则供应商的需求不确定性与一些协调契约的风险可能会对供应商产生影响。例如,如果供应商向零售商提供慷慨的回购,那么供应商不希望零售商订购太多的产品。在自愿遵约的情况下,供应商可以通过只提供运输q^o来避免这种过多订购的错误。但在强制遵约的情况下,供应商承担了非理性零售商的全部风险,即使是风险中性的供应商也可能选择避免这种风险。然而,在自愿遵约的情况下,即使每个人都很理性,供应商也可能比零售商的订单量少发货:收益共享和数量折扣总是在自愿遵约的情况下协调供应商的行动,数量弹性契约通常但不总是协调供应商的行动,而销售折扣契约从不这样。

现在考虑这些契约在不竞争的异质零售商环境中的应用,也就是说,一个零售商的行为对任何其他零售商都没有影响,这可能是因为地理上的分散所致。一般来说,供应商在法律上有义务向零售商提供相同的契约条款,因此,供应商最好向所有的零售商提供相同的契约,或至少提供相同的契约菜单。如果只提供一个契约,那么只要协调契约的集合不依赖于不同零售商之间的某些变化,其就会协调所有零售商。例如,协调收益分配契约不依赖于需求分配,而是依赖于零售商的边际成本。因此,单一的收益共享契约可以协调具有异质性需求的零售商,但不一定能协调具有不同边际成本的零售商。然而,在某些情况下,单一契约可以容纳异质性。考虑依赖于需求分布的数量弹性契约,且

两个零售商的需求存在规模因子的差异：设零售商i的需求分布为$F_i(x|\theta_i)=F(x/\theta_i)$，其中$\theta_i$为规模参数。因此，相同的批发价格协调不同的零售商，$w_q(\delta|\theta_i)=w_q(\delta|\theta_j)$。

如果供应商缺乏有关该参数的信息，那么契约对某些参数的独立性也是有利的。例如，供应商不需要知道零售商的需求分布来协调供应链（如收益共享契约），但供应商需要知道零售商的需求分布来协调供应链，如数量弹性契约、销售折扣契约或数量折扣契约等。

在现实中，也可能存在这样的情况：供应商希望通过提供契约菜单来划分零售商。例如，有学者（Lariviere，2002）研究了这样一个模型，其中一个供应商销售给一个零售商，这个零售商可能会努力提高他的需求预测。供应商考虑了提供两种类型的契约是否有用，一种是针对有努力的零售商，另一种则是针对没有努力的零售商。由于协调的回购契约独立于需求分布，因此这种分离要求供应商提供非协调的回购契约，即必须牺牲供应链效率来诱导预测。数量弹性契约确实依赖于需求分配，因此可以用两个协调的数量弹性契约构建菜单，即不需要牺牲供应链效率。令人惊讶的是，除非预测结果非常昂贵，否则供应商使用回购契约的菜单仍然更好，即使这会牺牲一些效率。

总而言之，供应链协调契约的集合相当大，甚至很可能存在其他类型的协调契约。虽然可以识别出契约之间的一些差异（如不同的管理成本、不同的风险暴露等），但它们都不足以令人信服地解释为什么应该采用某一种形式而不是另一种形式。更多的理论可能无法提供答案。我们现在需要一些数据和实证分析来支持所采取的契约类型。

第三章　需求依赖价格的协调报童模型

在报童模型中，零售商仅通过其库存决策来影响销售，但在现实中，零售商可能通过许多不同的行为影响销售，其中最具影响力的可能是零售商的定价行为。本节研究需求依赖价格的报童模型中的协调问题，一个关键点就是协调零售商订货量的契约是否也协调了零售商的定价。结果表明，在协调零售商订货量的契约协调零售商定价的情况下，回购、数量弹性和销售折扣契约等并不会让整个供应链实现协调。这些契约之所以陷入困境，是因为它们提供的协调零售商数量行为的动机扭曲了零售商的定价决策。如果没有商誉处罚，则收益共享契约可以实现协调($g_s = g_r = 0$)。在善意惩罚下，存在一个单一的协调收益共享契约，该契约只提供单一的供应链利润分配。

数量折扣契约做得更好，它能协调供应链和分配利润，即使 $g_r \geqslant 0$，但 $g_s = 0$ 仍是需要的。在此，需要考虑引入另一种契约的情况——价格折扣契约，该契约可以协调供应链和任意分配利润，它本质上是一个具有价格或有参数的回购契约。也就是说，价格折扣契约是一个只有在零售商选择其价格后才设置参数的回购契约，当存在商誉处罚或有契约的概念时，也适用于收益共享契约。

第一节　模型与分析

此处用到的模型与上一节中的模型相同，只是现在零售商除了选择订货量外，还选择了其价格。设 $F(q|p)$ 为需求的分布函数，其中 p 为零售价格。我们很自然地假设随机需求函数随价格的上升而下降，即 $\partial F(q|p)/\partial p > 0$。在现实的模型中，零售商可以在整个季节中调整价格，可能每次调整都要收取费用。这种动态定价策略将允许零售商调整其价格以反映需求情况，例如，如果需求低于预期，零售商可以加速价格打折。即使在不考虑供应链协调的情况下，这种动态定价问题也是相当复杂的。因此，为了获得初步的见解，假设零售商在决定进货的同时确定价格，并且整个季节的价格都是固定的。

整个供应链的整体利润为

$$\Pi(q,p) = (p - v + g)S(q,p) - (c - v)q - g\mu \tag{3-1}$$

式中，$S(q,p)$ 是给定库存数量 q 和价格 p 的预期销售额（期望销售额），$S(q,p)$ 的计算公式是

$$S(q,p)=q-\int_0^q F(y|p)\mathrm{d}y \tag{3-2}$$

集成的整个供应链的利润函数不必是凹的或单峰的(Petruzzi,Dada,1999)。假设存在一个有限的(但不一定是唯一的)最优数量价格对$\{q^o,p^o\}$,给定q,设$p^o(q)$为供应链的最优价格,则以下一阶条件对于协调整个供应链是必要的(但不是充分的)

$$\frac{\partial \Pi[q,p^o(q)]}{\partial p}=S[q,p^o(q)]+[p^o(q)-v+g]\frac{\partial S[q,p^o(q)]}{\partial p}=0 \tag{3-3}$$

如果供应链契约在$p^o(q)$处不能满足一阶条件,或者只有在参数不能协调数量决策时才能够满足$p^o(q)$处的一阶条件,则契约不能协调供应链。

考虑数量弹性契约,则零售商的利润函数为

$$\begin{aligned}\pi_r(q,p,w_q,\delta)=&(p-v+g_r)S(q,p)-(w_q+c_r-v)q\\&+(w_q+c_r-v)\int_{(1-\delta)q}^q F(y|p)\mathrm{d}y-\mu g_r\end{aligned} \tag{3-4}$$

对于价格的协调,必须保持如下的一阶条件,

$$\begin{aligned}\frac{\partial \pi_r[q,p^o(q),w_q,\delta]}{\partial p}=&S[q,p^o(q)]+[p^o(q)-v+g_r]\frac{\partial S[q,p^o(q)]}{\partial p}\\&+(w_q+c_r-v)\int_{(1-\delta)q}^q \frac{\partial F[y|p^o(q)]}{\partial p}\mathrm{d}y=0\end{aligned} \tag{3-5}$$

式(3-5)中的第二项不小于式(3-3)中的第二项,所以只有当第三项是非正数时,上述公式才成立。但是第三项是非负的,有一个协调供应链的批发价w_q,所以只有当$g_s=0$且其中一个$w_q=v-c_r$或$\delta=0$时,协调才会发生,当然两个条件都是可取的。对于$w_q=v-c_r$,供应商赚取的利润是负的($w_q<c_s$),所以供应商当然不能更好地执行协调契约。当$\delta=0$时,数量弹性契约只是一个批发价格契约,因此零售商的数量行为不是最优的(假设供应商希望获得正利润)。因此,数量弹性契约不能协调需求依赖价格的报童模型。在这种情况下,销售折扣契约的表现并不好。

基于上述分析,有了下面这个契约

$$\begin{aligned}\frac{\partial \pi_r[q,p^o(q),w_s,r,t]}{\partial p}=&S[q,p^o(q)]+[p^o(q)-v+g_r]\frac{\partial S[q,p^o(q)]}{\partial p}\\&-r\int_t^q \frac{\partial F[y|p^o(q)]}{\partial p}\mathrm{d}y\end{aligned} \tag{3-6}$$

由于最后一项在$r>0$和$t<q$时为负,因此零售商的价格低于最优价格。如果在销售折扣契约中增加一些东西来诱导零售商提高价格,那么协调可能会实现。回购可以提供这种平衡,即回购降低了剩余库存的成本,因此零售商不需要为创造销售额而大幅

降价。

现在考虑一下回购契约本身。零售商的利润函数为

$$\pi_r(q,p,w_b,b)=(p-v+g_r-b)S(q,p)-(w_b-b+c_r-v)q-g_r\mu \tag{3-7}$$

为了协调供应链，供应链的最优价格必须满足如下的一阶条件

$$\frac{\partial\pi_r[q,p^o(q),w_b,b]}{\partial p}=S[q,p^o(q)]+[p^o(q)-v+g_r-b]\frac{\partial S[q,p^o(q)]}{\partial p}=0 \tag{3-8}$$

但是比较式(3-8)和式(3-3)，可见式(3-8)只在$b=-g_s$时成立，这可能违反$b\geqslant 0$的约束。另外，在$b=-g_s$的情况下，供应商$w_b(-g_s)=c_s-g_s$不能接受协调批发价。因此，回购契约不能协调需求依赖价格情况下的报童模型，相关研究(Marvel，Peck，1995；Bernstein，Federgruen，2000)也证明了这一结果。虽然有学者(Bernstein，Federgruen，2000)认识到回购契约并不协调这个模型，但他们仍然证明，$b>0$的回购契约可能仍然比批发价格契约表现得更好。

在这种情况下，回购契约不能协调供应链，因为协调契约的参数依赖于价格。由式(3-5)和式(3-8)可知，协调契约的参数为

$$b=(1-\lambda)(p-v+g)-g_s \tag{3-9}$$

$$w_b=\lambda c_s+(1-\lambda)(p+g-c_r)-g_s \tag{3-10}$$

对于固定的λ，协调供应链的回购率与批发价格p在上面式子中呈线性关系。因此，如果b和w_b取决于所选择的零售价格，或者如果b和w_b在零售商承诺价格之后(但在零售商选择q之前)被选择，则回购契约可以协调需求与价格相关的报童模型。这就是前述研究(Bernstein，Federgruen，2000)的价格折扣共享契约，其在实践中也被称为“票据退回”。需要注意的是，如果零售商降低价格，则会获得更低的批发价格，也就是说，供应商与零售商分担价格折扣的成本。为了确认该契约协调供应链，将上述契约参数代入下面的零售商利润函数

$$\begin{aligned}\pi_r(q,p,w_b,b)&=\lambda(p-v+g)S(q,p)-\lambda(c-v)q-g_r\mu\\&=\lambda[\Pi(q,p)+g\mu]-g_r\mu\end{aligned} \tag{3-11}$$

因此，对于零售商和供应商来说，$\{q^o,p^o\}$对于$\lambda\in[0,1]$是最优的。

现在考虑收益共享契约。在收益共享契约中，零售商的利润如下

$$\pi_r(q,p,w_r,\phi)=[\phi(p-v)+g_r]S(q,p)-(w_r+c_r-\phi v)q-g_r\mu \tag{3-12}$$

协调供应链需要满足以下条件

$$\frac{\partial \pi_r[q,p^o(q),w_r,\phi]}{\partial p}=S[q,p^o(q)]+\left[p^o(q)-v+\frac{g_r}{\phi}\right]\frac{\partial S[q,p^o(q)]}{\partial p}=0 \quad (3\text{-}13)$$

有两个重要的情况需要考虑：第一个具有 $g_r=g_s=0$，第二个具有至少一个正商誉（或信誉）成本。从第一种情况开始，$g_r=g_s=0$，在这种情况下，对于任何收益共享契约，都有

$$\frac{\partial \pi_r(q,p,w_r,\phi)}{\partial p}=\frac{\partial \Pi(q,p)}{\partial p} \quad (3\text{-}14)$$

因此，无论选择哪种收益共享契约，零售商都选择 $p^o(q)$。在完全自由选择 ϕ 和 w_r 参数的情况下，收益共享能够将零售商的数量决策与零售商价格固定时使用的完全相同的契约集相协调。

在前面已经提到，在固定价格的情况下，报童的收益共享契约和回购契约是等价的，对于每一个协调的收益共享契约，都存在一个回购契约，该契约为所有需求实现产生相同的利润分配。在这里，契约产生了不同的结果。之所以会出现这种差异，是因为在回购契约中，零售商的收入份额 $(1-b/p)$ 取决于价格，而根据定义，收入份额与价格无关。然而，价格或有回购契约（又称价格折扣契约）同样等价于收益共享：如果 $g_r=g_s=0$，则协调收益共享契约产生

$$\pi_r(q,p,w_r,\phi)=\lambda \Pi(q,p) \quad (3\text{-}15)$$

价格或有回购契约在任何数量和价格下都能获得相同的利润，

$$\pi_r[q,p,b(p),w_b(p)]=\lambda \Pi(q,p) \quad (3\text{-}16)$$

对于第二种情况（$g_r>0$ 或 $g_s>0$），收益共享就不那么成功了。根据式(3-13)，只有 $\phi=g_r/g$ 才能实现供应链的协调。在只有一个协调契约的情况下，收益共享契约只能提供一个利润分配，尽管在此结果下双方都可能获得正利润，这与回购契约的单一协调结果不同。在此我们再次看到，由于协调参数通常依赖于零售价格，因此出现了协调的困难，即

$$\phi=\lambda+\frac{\lambda g-g_r}{p-v} \quad (3\text{-}17)$$

$$w_r=\lambda(c-v)-c_r+\phi v \quad (3\text{-}18)$$

对零售价格的依赖只有在特殊情况 $\phi=\lambda=g_r/g$ 时才会消除，但即使在这种情况下，如果像回购契约一样，收益共享契约的参数取决于零售商的价格，所有利润分配的协调也会恢复。在这种情况下，收益共享契约再次等同于价格折扣契约：价格折扣是或有回购，或有回购等同于收益共享。

最后要考查的契约形式是数量折扣契约。在数量折扣契约的情况下，零售商保留了

所有的收益，因此只有零售商的边际成本曲线被调整。因此，数量折扣不会扭曲零售商的定价决策。在许多情况下，这是理想的状态。为了解释得更清晰，在数量折扣契约下零售商的利润函数是

$$\pi_r[q, w_d(q), p] = (p - v + g_r)S(q,p) - [w_d(q) + c_r - v]q - g_r\mu \tag{3-19}$$

如果 $g_s = 0$，那么有

$$\frac{\partial \pi_r[q, w_d(q), p]}{\partial p} = \frac{\partial S(q,p)}{\partial p} + (p - v + g_r)S(q,p) = \frac{\partial \Pi(q,p)}{\partial p} \tag{3-20}$$

所以 $p^o(q)$ 对零售商来说是最优的。另外，如果 $g_s > 0$，则零售商的定价决策需要进行扭曲协调，而数量折扣契约则不需要（当 $g_s > 0$ 时，可以设计一个数量折扣来纠正这种扭曲，但需要更仔细的分析）。

假设 $g_s = 0$ 时还需要保证数量决策的协调。同样的时间表也可以用于固定的零售价格，但现在的时间表是在假设选择最优价格的情况下设计的，即

$$w_d(q) = [(1-\lambda)(p^o - v + g) - g_s]\frac{S(q,p^o)}{q} + \lambda(c - v) - c_r + v \tag{3-21}$$

其中 $p^o = p^o(q^o)$。由此可见存在以下关系

$$\begin{aligned}\pi_r[q, w_d(q), p] = &(p - v + g_r)S(q,p) - \lambda(c - v)q - g_r\mu \\ &-[(1-\lambda)(p^o - v + g) - g_s]S(q,p^o)\end{aligned} \tag{3-22}$$

所以 p^o 对零售商来说是最优的，即

$$\frac{\partial \pi_r[q, w_d(q), p]}{\partial p} = \frac{\partial \Pi(q,p)}{\partial p} \tag{3-23}$$

给定 p^o 被选中，则有

$$\begin{aligned}\pi_r[q, w_d(q), p^o] &= \lambda(p^o - v + g)S(q,p^o) - \lambda(c - v)q - g_r\mu \\ &= \Pi(q,p^o) + g\mu - g_r\mu\end{aligned} \tag{3-24}$$

因此 q^o 对于零售商和供应商来说是最优的。当选择 p^o 时，由于零售商的定价决策不被扭曲，且零售商的数量决策被调整，因此可以实现供应链的协调。

第二节　模型讨论

在许多情况下，零售商对自己的定价有一定的控制权。然而，协调零售商订购数量决策的激励可能会扭曲零售商的价格决策，这发生在回购、数量弹性和销售折扣契约中。由于数量折扣将所有的收入都留给零售商，所以它不会造成这样的扭曲。

当零售商的定价决策不应该被扭曲时，它是一种资产，即 $g_s = 0$。当 $g_r = 0 = g_s$ 时，

收益共享不会扭曲零售商的定价决策。在这种情况下,用于协调固定价格的数量决策的收益共享契约集继续协调具有可变价格的数量决策。然而,当存在商誉或信誉成本时,协调收益共享参数一般取决于零售价格。

通过单一的收益分配契约消除了这种依赖性,因此只有通过单一的利润分配才能实现协调。通过使参数取决于所选择的零售价格,可以通过任意利润分配而恢复协调。例如,根据所选择的价格提供收益共享契约菜单。这种方法也适用于回购契约,即价格或有回购契约(也称为"价格折扣共享契约")协调定价的报童模型。事实上,就像回购和收益共享等同于一个固定的零售价格一样,价格或有回购和收益共享在没有商誉成本的情况下也是等价的。当存在商誉成本时,价格或有回购等价于价格或有收益共享契约。

第四章　需求依赖努力程度的协调报童模型

虽然零售商可以通过降低价格来增加市场对产品的需求，但其也可以采取其他措施来刺激需求：零售商可以雇佣更多的销售人员，提高他们的培训标准，增加投放广告，更好地保持产品展示的吸引力，增强商店内部的氛围（如采用更丰富的装修材料、铺设更宽的通道等），在商店内给产品一个更好的库存位置，等等。所有这些活动都是有成本的，因此供应商和零售商之间存在冲突。无论零售商在这些活动上付出多大的努力，供应商都希望零售商付出更多的努力。问题是，这些活动对两家企业都有好处，但对其中一家来说成本很高。

努力成本的分摊是努力协调问题的一种解决方案。例如，供应商可以支付零售商的部分广告费用，或者可以补偿零售商的部分培训费用。要使费用分摊成为一种有效的战略，需要具备以下几个条件：供应商必须能观察到（不需要太多麻烦）零售商实际参与了成本高昂的活动（因此供应商知道应向零售商支付多少补偿），零售商的努力必须能够向法院核实（因此任何成本分摊都是可执行的），并且该活动必须直接使供应商受益。在许多情况下，这些条件都能够得到满足。例如，供应商通常可以观察和核实零售商是否在当地报纸上登了广告。此外，如果广告主要介绍供应商的产品，那么广告的好处主要是针对供应商的。国外有学者（Netessine，Rudi，2000a）提出了一个协调契约，其中包括在一个模型中分享广告成本，该模型与本节中的模型非常相似。在另一项研究（Wang，Gerchak，2001）中，零售商的货架空间可以被认为是一个努力变量；该项研究还允许供应商对零售商的努力进行补偿，在这一模式中，这种补偿是以库存补贴的形式出现的。还有学者（Gilbert，Cvsa，2000）研究了另一种模型，在这种模型中，努力是可以观察到的，但不是可以验证的。

在很多情况下，努力的成本分摊并不是有效的。例如，供应商可能不会为仅仅宣传零售商品牌形象的广告付费。在这种情况下，广告提高了对零售商所有产品的需求，而不仅仅是供应商的产品。此外，有许多需求改善活动的成本太高，供应商无法观察到。例如，经常访问一家商店以确保供应商的产品展示保持在供应商满意的水平，这样做成本可能太高。

本部分研究在没有直接转移支付的情况下协调供应链行动的挑战。结果表明，大多数采用标准报童模型的协调契约在这种情况下不再能实现协调，因为它们提供的协调零售商数量决策的激励扭曲了零售商的努力决策。只有数量折扣契约能继续协调供应链。实际上，数量折扣契约可以协调选择数量、价格和努力程度的零售商。

第一节　模型与分析

为了对零售商的努力程度进行建模，我们先假设一个努力水平e，总结代表零售商的所有活动，假设$g(e)$为零售商施加努力水平e的成本，其中$g(0)=0$，$g'(e)>0$，$g''(e)>0$。为了避免混淆和简化符号，假设没有商誉成本，$g_r=g_s=0$，$v=0$和$c_r=0$。设$F(q|e)$是给定努力水平e的需求分布函数，其中需求随努力程度随机增加，即$\partial F(q|e)/\partial e<0$。假设零售商在选择订货量的同时选择其努力水平。最后，假设供应商无法验证零售商的努力水平，这意味着零售商无法签署约束零售商选择特定努力水平的契约。

含有努力程度的整个供应链的利润为

$$\Pi(q,e)=pS(q,e)-cq-g(e) \tag{4-1}$$

式中，$S(q,e)$是给定努力水平e的预期销售额或期望销售额，其公式为

$$S(q,e)=q-\int_0^q F(y|e)\mathrm{d}y \tag{4-2}$$

整个供应链（集成渠道）的利润函数不必是凹的或单峰的。对于可处理性，假设集成渠道解决方案表现良好，即$\Pi(q,e)$是单峰的，且在有限参数下最大化。例如，如果$S(q,e)$随着e的增长而增长得足够快，而$g(e)$又不是充分凸，则无限努力可能是最优的，这是相当不现实的。

设q^o和e^o为最优订货量和工作量（最优努力程度），给定订货量下的最优努力$e^o(q)$使供应链的净努力成本最大化，这发生在下面条件成立的前提下，即

$$\frac{\partial \Pi\left[q,e^o(q)\right]}{\partial e}=p\frac{\partial S\left[q,e^o(q)\right]}{\partial e}-g'\left[e^o(q)\right]=0 \tag{4-3}$$

在回购契约下，零售商的利润函数为

$$\pi_r(q,e,w_b,b)=(p-b)S(q,e)-(w_b-b)q-g(e) \tag{4-4}$$

对于所有的$b>0$，它是这样的

$$\frac{\partial \pi_r(q,e,w_b,b)}{\partial e}<\frac{\partial \Pi(q,e)}{\partial e} \tag{4-5}$$

因此，e^o不是$b>0$时零售商的最优努力水平，但是需要$b>0$来协调零售商的订货量，所以在这种情况下回购契约不能协调。

在数量弹性契约下，零售商的利润函数为

$$\pi_r(q,e,w_q,\delta)=pS(q,e)-w_q\left[q-\int_{(1-\delta)q}^{q}F(y|e)\mathrm{d}y\right]-g(e) \tag{4-6}$$

对于所有$\delta>0$(用于协调零售商的数量决策)，有

$$\frac{\partial\pi_r(q,e,w_q,\delta)}{\partial e}<\frac{\partial\Pi(q,e)}{\partial e} \tag{4-7}$$

因此，零售商选择了比最优努力更低的努力，即数量弹性契约在这种情况下也不能协调供应链。

收益共享和销售折扣契约的表现也不佳，可以用$\phi<1$表示，即

$$\frac{\partial\pi_r(q,e,w_r,\phi)}{\partial e}<\frac{\partial\Pi(q,e)}{\partial e} \tag{4-8}$$

因此，零售商的最优努力低于供应链的最优努力。对于销售折扣契约，其可表现为$r>0$和$q>t$，即

$$\frac{\partial\pi_r(q,e,w_s,r,t)}{\partial e}>\frac{\partial\Pi(q,e)}{\partial e} \tag{4-9}$$

这意味着零售商付出了太多的努力。虽然销售折扣契约本身并不协调，但泰勒(Taylor，2000)证明，如果将其与回购契约相结合，它可以协调供应链渠道：回购降低了零售商努力的动机，这抵消了零售商仅通过销售折扣来努力的过度动机。然而，四个参数会导致一个复杂的契约。也有人(Krishnan，Kapuscinski，Butz，2001)研究了销售折扣契约与回购的组合，但他们的研究允许零售商在观察需求后选择努力。

最后要考虑的是数量折扣。正如在定价模型中一样，在努力模型中，协调可以通过让零售商获得努力的全部报酬来实现，这就是收入函数，因为零售商要支付努力的全部成本。因此，数量折扣应该让零售商保留收入，但收费的边际成本基于预期收入的最优努力。为了解释这一点，假设转移支付为$T_d(q)=w_d(q)q$，其中有如下条件成立

$$w_d(q)=(1-\lambda)p\left[\frac{S(q,e^o)}{q}\right]+\lambda c+(1-\lambda)\frac{g(e^o)}{q} \tag{4-10}$$

式中$\lambda\in[0,1]$。假设$S(q,e^o)/q$随q的增加而减少，那么这确实是一个数量折扣计划。如前所述，这几乎肯定不是唯一的协调数量折扣契约。

零售商在数量折扣契约下的利润函数为

$$\pi_r(q,e)=pS(q,e)-(1-\lambda)pS(q,e^o)-\lambda cq-g(e)+(1-\lambda)g(e^o) \tag{4-11}$$

与依赖价格的报童模型一样，零售商选择供应链最优努力，因为零售商保留所有已实现的收益。给定最优努力e^o，则零售商的利润函数为

$$\pi_r(q,e^o)=\lambda pS(q,e^o)-\lambda cq-\lambda g(e^o)=\lambda\Pi(q,e^o) \tag{4-12}$$

因此,零售商的最优订货量为 q^o,任何利润分配都是可行的,供应商的最优产量为 q^o。在这种情况下,很容易设计出一个数量折扣契约来协调报童模型与依赖于价格和努力的需求,即

$$w_d(q)=(1-\lambda)p^o\left[\frac{S(q,e^o)}{q}\right]+\lambda c+(1-\lambda)\frac{g(e^o)}{q} \tag{4-13}$$

同样,零售商保留了所有的收入,从而优化了价格和努力。此外,由于数量折扣计划取决于供应链的最优价格和努力水平,而不是取决于所选择的价格和努力,因此供应链的数量决策不会被扭曲。

第二节　模型讨论

当企业不允许在零售商的努力水平上直接签约时,需求依赖于努力水平的供应链模型的协调是复杂的,也就是说,任何为零售商指定努力水平的契约要么是不可验证的,要么是不可执行的。回购、收益共享、数量弹性和销售折扣契约都不能协调零售商的行为,因为它们都扭曲了零售商努力的边际激励。就像克利斯南等所做的研究(Krishnan, Kapuscinski,Butz,2001)那样,即使零售商是在观察到需求信号后才做出选择,这种扭曲也会发生。数量折扣契约确实协调了这个系统,因为零售商承担了产生努力的全部成本,但也获得了努力水平所带来的全部收益。

在市场营销和特许经营文献中,许多论文阐述了零售商努力的基本模型。例如,供应商可以使用昂贵的电子商务来增加需求(Chu,Desai,1995),如品牌建设广告,但努力水平的影响会发生滞后现象。本研究有两个时期的模型,供应商的一个时期的努力水平只会增加第二个时期的需求;此外,它们还丰富了零售商的努力水平模型,包括两种类型的努力,即增加短期(即当期)销售的努力和增加长期客户满意度及需求的长期努力(即第二期销售)。这些模型允许供应商通过支付其部分努力成本和(或)通过基于其努力水平的结果向零售商付款来补偿零售商,也就是说,客户满意度得分高的相应奖励奖金。

问题在于,如何确定这两种补偿的适当组合。拉尔(Lal,1990)的研究也考虑了供方权益,但努力水平又不可强制执行。尽管收益共享(以特许权使用费的形式)会不断扭曲零售商的努力决策,但它为供应商的努力提供了一个有用的激励:如果供应商的利润不直接依赖于零售销售,那么供应商将不会实施努力。拉尔(Lal,1990)也考虑了一个具有多个零售商和水平溢出效应的模型:一个零售商的需求由于增强努力程度而增加,可能会增加其他零售商的需求。这种溢出效应会导致"搭便车"现象,即一个零售商在没有发挥自己努力的情况下,由于他人的努力而获得更高的需求。拉尔建议,特许经营权授权方可以通过施加昂贵的监督努力和惩罚没有充分努力的特许经营权授权方来控制"搭便

车”的问题。

虽然到目前为止，提到的模型都在努力增加需求，但努力程度可以使其他供应链得到改善。在这方面主要讨论了两个领域的问题：减少有害物质消耗的努力和提高产品质量的努力。

还有学者（Corbett，de Croix，2001）研究了危险材料供应商和在其产品中使用该材料的制造商之间的共享节约契约。假设产品是一种间接材料，也就是说，制造商的收入与产品的使用量无关。例如，汽车制造商增加车辆上的油漆用量不会带来更多的收入（假设增加的油漆用量不会带来质量的改善）。然而，在传统的契约中，供应商的收入取决于所用材料的数量，例如，油漆供应商的收入与制造商购买的油漆数量成比例。我们还假设制造商和供应商都可以付出昂贵的努力来减少生产制造商每一单位产出所需的材料数量。显然，制造商有需要努力的动机，因为使用更少的材料可以降低采购成本。但如果供应商的收入在消费中增加，那么供应商肯定没有减少制造商消费的动机。然而，供应商的努力会减少消耗，这也是相当合理的，而且供应商甚至可能比制造商更有效地减少消耗（也就是说，供应商减少固定数量的消耗的努力成本低于制造商的努力成本）。因此，供应链的最优努力水平很可能使双方都努力减少消耗。

上述模型在需求依赖努力水平的报童模型上增加了几个转折：两家企业都可以付出努力，而不是只有一家企业；努力水平会伤害一家企业而帮助另一家企业。而在报童模式中，两家企业都从努力中获益。考虑到这种结构，不再可能将所有的成本和所有的收益分配给一家企业，就像报童模型中的数量折扣契约那样。因此，这些企业共享节约契约（与收益共享契约相关）不能协调它们的供应链，但它们无法确定哪个契约将协调它们的供应链模型。

有几篇论文研究了供应链中的努力水平如何影响质量。在雷尼尔斯和塔皮埃罗的研究（Reyniers，Tapiero，1995）中，只有一个供应商和一个买家。供应商可以在两种生产过程中进行选择：一种的特点是成本高但质量也高（以低缺陷概率的形式出现），另一种的特点是成本低但质量也低（以高缺陷概率的形式出现）。在这个模型中，生产过程的选择可以作为工作量的代理。买方可以测试供应商交付的每个部件，但测试成本会很高。通过测试发现的有缺陷的部件需要由供应商支付额外的费用，即内部故障费用。如果买方不进行测试而设备有缺陷，则买方将产生外部故障成本。该模型允许一个包含内部故障的批发价格回扣和外部故障补偿的契约，也就是说，供应商向买方支付买方外部故障成本的一部分。内部故障对供应商造成的成本（修理成本加上返利成本）比外部故障（对买方的补偿）要低，所以如果买方测试的部件比例更高，供应商就会受益。

在巴曼等人（Baiman，Fischer，Rajan，2000）的研究中，供应商可以付出昂贵的努力水平来提高质量，而买方通过测试来获得不完美的质量信号。这两个努力水平都是连续变量，而不是雷尼尔斯和塔皮埃罗的研究中的离散努力水平。如果测试表明产品有缺陷，买方就会产生内部故障成本；如果测试表明产品没有缺陷（因此买方接受了产品），那么如果产品确实有缺陷，就会产生外部故障成本。巴曼等人的研究表明：当两种努力水平都是可收缩的时，可以实现最优供应链绩效。如果企业能够验证外部和内部的失败，并根据这些失败承诺转移支付，那么也有可能实现最优绩效。巴曼等人还将他们的模型扩展到产品架构问题。采用模块化设计，企业可以将外部故障归咎于某一特定企业：要么是供应商制造了有缺陷的部件，要么是供应商制造了好部件，但买方因处理或组装不当而导致了缺陷。然而，在一个集成的设计中，不可能将产品的失败归咎于他人。因此，产品架构会影响契约设计和供应链绩效，可参见诺瓦克等人(Novak，Tayur，2002)关于努力问题和质量失败责任归属问题的另一个模型和实证研究。

有些关于质量文献的论述表明，不能直接在努力程度上签约的企业可以在努力的代理上签约(内部或外部失败的频率)，这是围绕潜在的可观察性或可验证性问题的一种解决方案，可参见霍尔姆斯特伦(Holmstrom，1979)提出的另一种带有道德风险和努力信号的供应链模型。

吉尔伯特和苏萨(Gilbert，Cvsa，2000)研究了一个具有可观察到但无法验证的昂贵努力模型，即供应链中的企业可以观察所付出的努力程度的数量，但所付出的努力程度的数量无法向法院验证，因此无法收缩。这种区别可能很重要，因为在他们研究的模型中也是如此。他们有一个确定批发价格的供应商和一个可以投资以降低边际成本的买家。在供应商选择批发价格之前，双方都观察到降低边际成本的投资。买方不能完全获得降低成本的好处，因为供应商将根据观察到的努力程度调整批发价格。因此，买家在降低成本上投入的努力程度比最优少。如果供应商在观察买方降低成本之前承诺一个批发价格，那么供应商可以做得更好。然而，由于需求在他们的模型中是随机的(观察到的需求是随机的，同时也观察到买方的成本降低)，所以观察到需求后选择批发价格是有益的，这与承诺的批发价格的激励效益相冲突。吉尔伯特和苏萨的研究证明实行混合解决方案的效果很好：在观察买方的努力和需求实现之前，供应商承诺了一个批发价上限，在观察之后，供应商选择了一个不大于其批发价上限的批发价，即存在部分批发价承诺和部分弹性。

第五章　协调多个报童模型问题

本节考虑两个模型，涉及一个供应商和多个竞争零售商。第一个模型有一个固定的零售价格，通过在零售商之间分配与其库存成比例的需求来进行竞争。结果表明，由于需求窃取效应，零售商倾向于订购更多的库存，而不是最优的库存：当零售商增加订货量时，每个零售商都不能考虑到另一个零售商的需求减少。因此，只要签订批发价格契约，供应商就可以协调供应链并获得正利润。然而，这种协调契约存在局限性：它只提供了供应链利润的一种划分，而且它甚至不是供应商的最优批发价格契约。相反，回购契约则不具有这些局限性：与最优批发价格契约相比，回购契约使供应商能够达到协调供应链的目的并获得更高的利润。

第二个模型为有零售商竞争的模型，其在质量上产生了非常不同的结果。在该模型中发生的事件顺序是：零售商订购库存，观察市场需求，然后确定市场出清价格。市场出清价格是消费者愿意购买零售商所有库存的价格。因此，当市场需求实现率较低时，零售商可能会在每个单位商品上蒙受损失。零售商能够预料到这种可能性，并通过订购比最优数量少的产品作为回应。因此，与第一种模式的数量分配竞争相比，现在供应商需要一个协调工具来增加零售商的库存。两种考虑方式为转售价格维持和回购契约，任何一种方式都可以使供应商协调供应链，并获取供应链的所有利润。

第一节　固定零售价格的竞争报童模型

考虑单个零售商报童模型（前文中已有描述），并做以下修改：

设 $c_r = g_r = g_s = v = 0$，将零售商数量增加到 $n > 1$；将 D 解释为总零售需求，令 F 继续为需求 D 的分布函数；将零售总需求分配给 n 个企业，并设其与库存数量成正比，即零售商 i 的需求 D_i 为

$$D_i = \left(\frac{q_i}{q}\right) D \tag{5-1}$$

式中，$q = \sum_{i=1}^{n} q_i$，$q_{-i} = q - q_i$。可参见国外的相关模型（Wang，Gerchak，2001），该模型给出了具有确定性需求的比例分配模式。

零售商的需求与比例分配模型完全相关。因此，对所有的零售商来说，要么每个企

业都有超额需求(当$D>q$时),要么每个企业都有超额库存(当$D<q$时)。当客户的搜索成本较低时,这可能是一个合理的模式;如果系统中有一个单位货物,则需要一个单位的客户,并能找到这一个单位的货物。这种搜索不需要每个客户对每个商店进行实际的物理检查。例如,关于可用性的信息可以通过日常活动中自然发生的偶然社会互动在客户之间交换。该模型还假设消费者不关心他们从哪个零售商那里购买商品,也就是说,没有零售品牌偏好。

还有其他的需求分配模型可以维持一个恒定的零售价格,如将独立的随机需求分配给每个零售商,然后再分配零售商的超额需求。有学者在研究中(Netessine,Shumsky,2001)也重新分配了每个零售商的超额需求,但他们增加了一个扭曲。在他们的模型中,零售商实际上是航空企业,他们有两种票价等级。李普曼和麦卡德尔(Lippman,McCardle,1997)采用了一种更一般的需求分配方法,其中包括独立随机需求模型。该方法将总需求表示为一个单一的随机变量,然后使用依赖于需求实现(而不是零售商的订货量)的分割规则来分配需求。零售商的超额需求随后被重新分配。在这些模型中,一些重新分配的需求可能会丢失,也就是说,如果客户访问的第一个零售商没有库存,一些客户可能不愿意继续他们的购物行为。因此,总销售额取决于零售商的总库存以及库存如何在零售商之间进行分配。在比例分配模式下,行业销售不依赖于库存在零售商之间的分配。因此,比例分配模型更易于分析。虽然比例分配模型并不是李普曼和麦卡德尔所采用的分配模型的特例,然而,从模型中得到的定性的见解是一致的。

还有研究者分析了动态分配需求的模型。在冈斯(Gans,2002)的研究中,客户在不完全了解零售商库存水平的情况下搜索零售商。与李普曼和麦卡德尔一样,冈斯也没有考虑渠道协调问题。范·雷钦和马哈扬(van Ryzin,Mahajan,1999)假设客户可能对零售商有不同的偏好,并选择从他们最喜欢的有库存的零售商那里购买。

关于给定比例分配规则问题,集中式供应链对应着一个单一的报童模型。因此,最优订货量由以下公式定义:

$$F(q^o)=\frac{p-c}{p} \tag{5-2}$$

由于集中式的解决方案仍然是一个单一位置的报童模型,因此具有比例分配的多零售商模型是单一零售商模型的一个很好的推广。

在去中心化系统中,我们想要研究零售行为的批发价格契约或回购契约(由于零售价格是固定的,因此在这种情况下存在一个收益共享契约,相当于回购契约)。具有回购契约的零售商i的利润函数为

$$\pi_i(q_i,q_{-i})=(p-w)q_i-(p-b)\left(\frac{q_i}{q}\right)\int_0^q F(x)\mathrm{d}x \tag{5-3}$$

上面也提供了零售商的利润与批发价格契约(即设$b=0$)。二阶条件确定了零售商

的利润函数在其订货量上是严格凹的，因此对于零售商 i，对于每个 q_{-i} 存在一个最优订货量。在博弈论中，零售商 i 对其他零售商的策略（即他们的订货量）有一个独特的最优对策。设 $q_i(q_{-i})$ 为零售商 i 的响应函数，即 q_{-i} 与零售商 i 的最优响应之间的映射。因为零售商有对称的利润函数，所以 $q_j(q_{-j})=q_i(q_{-i}), i\neq j$。

当每个零售商的订货量是一个最优对策时，订货量集合 $\{q_1^*,\cdots,q_n^*\}$ 是分散系统的一个纳什均衡，即对于所有的 i，$q_i^*=q_i(q_{-i}^*)$，其中 $q_{-i}^*=q^*-q_i^*$，$q^*=\sum_{j=1}^{n}q_j^*$。当然，可能不存在纳什均衡，也可能存在多个纳什均衡。如果存在一个独特的纳什均衡，那么它就被认为是去中心化博弈的预测结果。

任何纳什均衡都必须满足每个零售商的一阶条件，即

$$\frac{\partial\pi_i(q_i,q_j)}{q_i}=q^*\left(\frac{p-w}{p-b}\right)-q_i^*F(q^*)-q_{-i}^*\left[\frac{1}{q^*}\int_0^{q^*}F(x)\mathrm{d}x\right]=0 \tag{5-4}$$

对于给定的一个固定 q^*，将 $q_{-i}^*=q^*-q_i^*$ 代入上式，可解出 q_i^*：

$$q_i^*=\frac{q^*\left[\left(\frac{p-w}{p-b}\right)-\frac{1}{q^*}\int_0^{q^*}F(x)\mathrm{d}x\right]}{F(q^*)-\frac{1}{q^*}\int_0^{q^*}F(x)\mathrm{d}x} \tag{5-5}$$

上面给出了每个零售商的均衡订单，条件是 q^* 为均衡总订单量，因此上面描述的平衡只有当 $q^*=nq_i^*$ 时才成立。将式(5-5)代入 $q^*=nq_i^*$，可化简为

$$\frac{1}{n}F(q^*)+\left(\frac{n-1}{n}\right)\left[\frac{1}{q^*}\int_0^{q^*}F(x)\mathrm{d}x\right]=\frac{p-w}{p-b} \tag{5-6}$$

上式左边 q^* 从0（当 $q^*=0$ 时）到1（当 $q^*=\infty$ 时）是 q^* 的增函数，因此，当 $b<w<p$ 时，存在满足式(5-6)的唯一 q^*。换句话说，在这个博弈中存在一个唯一的纳什均衡，其中总订货量 q^* 隐含地由式(5-6)给出，每个零售商的订货量等于 $q_i^*=q^*/n$。

然后我们考虑在 n 时均衡订单量是如何变化的。式(5-6)的左边在 n 时是减少的。因此，在固定的契约条件下，q^* 在 n 时是增加的：一个零售商面对市场需求 D，比多个零售商面对相同的需求（按比例分配）时购买的要少。正如李普曼和麦卡德（Lippman，McCardle，1995）所证明的那样，这种效应不仅仅局限于比例分配模型。由于需求窃取效应，竞争使零售商订购更多的库存：每个零售商忽略了其自身订购更多意味着其他零售商的需求随机减少这一事实。也有学者（Anupindi，Bassok，1999；Mahajan，van Ryzin，2001）注意到了这种效应，但这一效应并不普遍适用。尼特森和鲁迪（Netessine，Rudi，2000b）发现，当有两个以上的零售商且需求不对称时，竞争可能会导致一些零售商库存不足。此外，如果零售商出售的是互补品而不是替代品，那么需求窃取效应就会逆转：每个零售商

都倾向于库存不足，因为它们忽略了自己为其他零售商创造的额外需求。

由于需求窃取效应，供应商可以通过一个批发价格契约来协调供应链并获得正的利润。为了更进一步地解释这一问题，设$\hat{w}(q)$为诱导零售商以批发价格契约（即$b=0$）订购q件的批发价。从式(5-6)可以得出

$$\hat{w}(q)=p\left[1-(\frac{1}{n})F(q)-(\frac{n-1}{n})(\frac{1}{q}\int_0^q F(x)\mathrm{d}x)\right] \tag{5-7}$$

根据定义，$\hat{w}(q^o)$是协调批发价。假设$F(q^o)=(p-c)/c$且$\frac{1}{q}\int_0^q F(x)\mathrm{d}x<F(q)$，则可以看出，当$n>1$时，$\hat{w}(q^o)>c$。因此，供应商通过协调供应链契约获得正利润。在单个零售商模式下，只有当供应商利润为零，即边际成本定价时，供应链的渠道协调才能实现，即$\hat{w}(q^o)=c$。

虽然供应商可以使用批发价格契约来协调供应链，但该契约对供应商来说并不是最优的。具有批发价格契约的供应商的利润函数为

$$\pi_s[q,\hat{w}(q)]=q[\hat{w}(q)-c] \tag{5-8}$$

假设$n>1$，将$\pi_s[q,\hat{w}(q)]$对q进行微分，并在$\hat{w}(q^o)$处估计协调批发价格，有

$$\frac{\partial\pi_s[q^o,\hat{w}(q^o)]}{\partial q}=-\frac{q^o pf(q^o)}{n}<0 \tag{5-9}$$

因此，当$n>1$时，供应商倾向于收取较高的批发价并低于q^o销售，而不是通过批发价$\hat{w}(q^o)$来协调供应链。

虽然供应商不希望使用批发价格契约来协调供应链，但是有协调的回购契约的供应商的利润有可能超过最优批发价格契约的供应商的利润。设$\hat{w}(q^o)$为给定回购率下协调供应链的批发价。由于回购率激励零售商增加订货量，因此必须是$w_b(b)>\hat{w}(q^o)$，也就是说，为了协调供应链，供应商必须使用高于协调批发价格契约的批发价格供货，该价格低于供应商的最优批发价格。由式(5-2)至式(5-6)有

$$w_b(b)=p-(p-b)\left[\frac{1}{n}\left(\frac{p-c}{p}\right)+\left(\frac{n-1}{n}\right)\left(\frac{1}{q^o}\int_0^{q^o}F(x)\mathrm{d}x\right)\right] \tag{5-10}$$

假设$q_i^*=q^*/n$，零售商i在协调的回购契约下的利润为

$$\begin{aligned}\pi_i(q_i^*, q_{-i}^*) &= \frac{[p - w(b)]q^o}{n} - (p-b)\left(\frac{1}{n}\right)\int_0^{q^o} F(x)\mathrm{d}x \\ &= \left(\frac{p-b}{pn^2}\right)q^o\left[p - c - \frac{p}{q^o}\int_0^{q^o} F(x)\mathrm{d}x\right] \\ &= \left(\frac{p-b}{pn^2}\right)\Pi(q^o)\end{aligned} \tag{5-11}$$

有协调契约的供应商利润为

$$\begin{aligned}\pi_s[q^o, w_b(b), b] &= \Pi(q^o) - n\pi_i(q_i^*, q_{-i}^*) \\ &= \frac{p(n-1)+b}{pn}\Pi(q^o)\end{aligned} \tag{5-12}$$

因此，当$b=p$时，供应商可以提取所有的供应链利润。如前所述，$b=0$的协调契约为供应商的利润提供了一个下界，因为供应商在批发价高于$w_b(0)$的情况下可以做得更好。供应商的下界与供应商的最大利润$\Pi(q^o)$之比提供了一种通过使用协调的回购契约可以改善多少的衡量标准，即

$$\frac{\pi_s[q^o, w_b(0), 0]}{\Pi(q^o)} = \frac{n-1}{n} \tag{5-13}$$

因此，随着n的增加，供应商的潜在收益因使用协调的回购契约（而不是最优批发价格契约）而减少。事实上，供应商可以使用批发价格契约在相对较少的零售商中获取供应链的大部分最优利润：对于$n=5$，供应商可获取至少80%的最优利润；对于$n=10$，供应商可获取至少90%的最优利润。马哈扬和范·雷津（Mahajan，van Ryzin，2001）也观察到，下游竞争可以减轻对协调契约的需要。

第二节　市场出清价格下的竞争报童模型

在之前讨论的模型中，研究了零售商的竞争影响需求分配问题。在这里，由邓克尔等人（Deneckere，Marvel，Peck，1997）首先分析的模型中研究了竞争影响零售价格的问题。具体来说，市场价格取决于需求的实现和购买的库存数量。

假设行业需求可以呈现高或低两种状态之一，设q为零售商的总订货量，当需求较低时，市场出清价格为

$$p_l(q) = (1-q)^+ \tag{5-14}$$

当需求高时，对于$\theta > 1$，市场出清价格为

$$p_h(q) = \left(1 - \frac{q}{\theta}\right)^+ \tag{5-15}$$

假设两种需求状态都是等可能的，考虑有零售商的一个连续体在区间[0,1]上索引。在观察到需求实现之前，零售商必须从单一供应商处订购库存。在观察到需求之后，确定市场出清价格。假设是完全竞争，这意味着零售商继续订购库存，直到它们的预期利润为零。剩余库存没有剩余价值，供应商的生产成本为零。邓克尔等人(Deneckere, Marvel, Peck, 1997)的研究表明，该模型的定性观点在连续需求状态空间、一般供应商成本函数和一般需求函数下仍然有效。在另一篇论文中(Deneckere, Marvel, Peck, 2002)，邓克尔等人发现，如果零售商在需求实现之前选择价格，则定性观点也会成立(在该模型中，所有需求分配给价格最低的零售商，所有剩余需求随后分配给价格第二低的零售商，以此类推)。

为了设定一个基准，假设一个垄断者控制了整个系统。在这种情况下，垄断者可以在观察到需求后，选择在市场上出售多少库存。在这一点上，库存成本下降，因此垄断者可实现收入最大化：在低需求状态 $q=1/2$ 时，垄断者以价格 $p_l(1/2)=1/2$ 出售；在高需求状态 $q=\theta/2$ 时，价格相同，$p_h(\theta/2)=1/2$。所以库存订单应该是这两个数量当中的一个。在生产成本为零的情况下，订购 $\theta/2$ 单位是最优的。此外，垄断者在高需求状态下出售其全部存货，但在低需求状态下，垄断者只出售其部分存货。垄断者的预期利润是

$$\Pi^o=(1/2)p_l(1/2)(1/2)+(1/2)p_h(\theta/2)(\theta/2)=\frac{1+\theta}{8} \tag{5-16}$$

现在考虑这样一个系统，在这个系统中，供应商仅以批发价格契约向完全竞争的零售商销售产品。零售商的预期利润是

$$\frac{1}{2}p_l(q)q+\frac{1}{2}p_h(q)q-wq=\begin{cases}\dfrac{q}{2}(2-q-q/\theta)-wq, & q\leqslant 1\\ \dfrac{q}{2}(1-q/\theta)-wq, & q>1\end{cases} \tag{5-17}$$

设 $q_1(w)$ 为 $q\leqslant 1$ 时使上述利润为0的货物数量，即完全竞争下的均衡结果

$$q_1(w)=\frac{2\theta}{1+\theta}(1-w) \tag{5-18}$$

要使 $q_1(w)\leqslant 1$ 成立，必须使 $w\geqslant(1/2)-1/(2\theta)$。设 $q_2(w)$ 是 $q>1$ 时使上述利润为0的货物数量，即

$$q_2(w)=\theta(1-2w) \tag{5-19}$$

要使 $q_2(w)>1$ 成立，必须使 $w<(1/2)-1/(2\theta)$。

设 $\pi_s(w)$ 为供应商的利润函数，从以上结果来看，有

$$\pi_s(w)=\begin{cases}q_1(w)w, & w\geqslant(1/2)-1/(2\theta)\\ q_2(w)w, & w<(1/2)-1/(2\theta)\end{cases} \tag{5-20}$$

设$w^*(\theta)$为供应商的最优批发价格，则有

$$w^*(\theta)=\begin{cases}\dfrac{1}{2}, & \theta\leqslant 3\\ \dfrac{1}{4}, & \theta>3\end{cases} \tag{5-21}$$

和

$$\pi_s[w^*(\theta)]=\begin{cases}\dfrac{\theta}{2(1+\theta)}, & \theta\leqslant 3\\ \dfrac{\theta}{8}, & \theta>3\end{cases} \tag{5-22}$$

所以当$\theta\leqslant 3$时，零售商订购数量为

$$q_1[w^*(\theta)]=\frac{\theta}{1+\theta} \tag{5-23}$$

市场出清价格为

$$p_l[q_1(w^*(\theta))]=\frac{1}{1+\theta} \tag{5-24}$$

$$p_h[q_1(w^*(\theta))]=\frac{\theta}{1+\theta} \tag{5-25}$$

当$\theta>3$时，零售商订购数量为

$$q_2[w^*(\theta)]=\frac{\theta}{2} \tag{5-26}$$

市场出清价格为

$$p_l[q_2(w^*(\theta))]=0 \tag{5-27}$$

$$p_h[q_2(w^*(\theta))]=\frac{1}{2} \tag{5-28}$$

无论θ的值是多少，只要$\pi_s[w^*(\theta)]<\Pi^o$，供应商都不会通过批发价格契约获取最大可能的利润。当$\theta\leqslant 3$时，供应商短缺，因为零售商在低需求状态下销售过多。为了减轻这些损失，零售商订购的数量应少于最优数量，但在高需求状态下，它们无法销售足够的产品。当$\theta>3$时，零售商在高需求状态下销售了最优数量，但由于零售商在低需求状态下销售过多而导致供应商出现短缺。因此，在这两种情况下，出现的问题是竞争导致零售商在低需求状态下大量销售。在低需求状态下，垄断者不会出售所有的库存，但完全竞争的零售商无法如此克制。

为了获得更高的利润，供应商必须设计一种机制，以防止低需求的国家市场出清价格下降到1/2以下。简而言之，供应商必须减少由于库存超过系统需求而导致的破坏性

竞争。邓克尔等人(Deneckere, Marvel,Peck,1997)建议,供应商可通过实施转售价格来维持,即零售商不得以低于规定的价格销售。以$\bar{p}$为价格,当$\bar{p}$高于市场出清价格时,零售商有未售出的库存,因此需求在零售商之间进行分配。假设需求被分配,使每个零售商销售的数量占其订货量的比例不变,即按比例分配。

假设最优市场出清价格始终为1/2,则寻找最优转售价格维持契约应从$\bar{p}=1/2$开始。设$q(t)$为第t个零售商的订货量,$\pi_r(t)$为第t个零售商的期望利润。假设零售商的总订单量为$\theta/2$,即

$$\int_0^1 q(t)\mathrm{d}t=\frac{\theta}{2} \tag{5-29}$$

因此,两种需求状态下的市场价格都是1/2。我们可以证实,零售商确实在均衡状态下订购了$\theta/2$。评估第t个零售商的预期利润为

$$\pi_r(t)=-q(t)w+\frac{1}{2}\left[\frac{1/2}{\theta/2}q(t)\right]\bar{p}+\frac{1}{2}q(t)\bar{p} \tag{5-30}$$

零售商在低需求状态卖出$(1/2)q(t)/(\theta/2)$,在高需求状态卖出$q(t)$。简化以上利润得

$$\pi_r(t)=q(t)\left(\frac{1+\theta}{4\theta}-w\right) \tag{5-31}$$

所以供应商可以收费

$$\bar{w}=\frac{1+\theta}{4\theta} \tag{5-32}$$

考虑到批发价,我们现在必须确认零售商确实订购了$\theta/2$。假设零售商订购了$1/2<q<\theta/2$,那么第t个零售商的预期利润是

$$-q(t)w+\frac{1}{2}\left[\frac{1/2}{q}q(t)\right]\bar{p}+\frac{1}{2}q(t)\left(1-\frac{q}{\theta}\right) \tag{5-33}$$

当批发价格为$\bar{w}$时,上述值在相应区间内减小,直至等于0。因此,在零售商订购$q=\theta/2$的$(\bar{p},\bar{w})$转售价格维持契约下,最优数量在任一状态下都被售出,零售商的预期利润为零。因此,供应商通过该契约赚取Π^o。

转售价格维持可以防止低需求状态下的破坏性竞争,但还有另一种方法可以达到同样的目标:假设供应商拥有一个$b=1/2$的回购契约,因为零售商可以获得$b=1/2$在每个单位的库存,且市场价格不能低于1/2,故市场价格低于1/2的一定是一些零售商愿意低于1/2出售,但如果供应商愿意对所有未售出的单位给出1/2,这是不合理的。因此,零售商在低需求状态下的销售额最多为1/2,在高需求状态下的销售额最多为$\theta/2$。

有回购契约的零售商的利润是

$$\frac{1}{2}\left[p_l(1/2)(1/2)+b(q-1/2)\right]+\frac{1}{2}\left[p_h(q)q\right]-qw \tag{5-34}$$

上式可以简化为

$$q\left(\frac{3}{4}-w-\frac{q}{2\theta}\right) \tag{5-35}$$

假设利润为 $1/2<q<\theta/2$，供应商希望零售商订购 $q=\theta/2$。由上式可知，当 $w=1/2$ 且 $q=\theta/2$ 时，零售商的利润为零。因此，供应商可通过回购来实现系统利润的最大化，回购可以为退货提供全额退款。

尽管转售价格维持和回购契约可达到同一个目标，但是供应商通过回购契约设置了一个更高的批发价格，即 $1/2>(1+\theta)/4\theta$。在低需求状态下，零售商通过回购契约不会产生超额库存的成本，但在转售价格维持方面会产生成本。在这种情况下，回购契约也不同于收益共享契约（这两个契约在单一报童模型中是等价的）。回购契约阻止市场出清价格低于1/2的低需求状态，但收入共享并不阻止破坏性的竞争：在低需求状态下的零售商没有选择使用库存，所以它们仍然试图在市场上出售所有的货物。不过，在一项研究中（Dana，Spier，2001）发现，收入分成确实防止了破坏性的价格竞争，因为在该研究的模型中，零售商为每笔销售（而不是每一笔购买）产生了边际成本。在需求依赖价格的单一报童模型中，这些契约也有所不同。然而，在该模型中，收益共享契约可以协调供应链，而回购契约不能协调供应链。关键的区别是，在单一报童模式下，零售商控制市场价格，而在这种竞争模式下，零售商不控制市场价格。

有趣的是，在两种竞争模式中，回购契约能协调供应链，尽管在第一种竞争模式中，供应商必须阻止零售商订购太多，而在第二种竞争模式中，供应商必须鼓励零售商订购更多。为了解释这一明显的矛盾，契约中的批发价格部分总是减少零售商的订货量，而回购部分总是增加零售商的订货量。因此，根据这两个组成部分的相对强度，回购契约可以增加或减少零售商的订货量。

第三节　模型讨论

零售商竞争给供应链协调带来了一些挑战。由于零售商忽视了自己如何降低竞争对手的需求，因而可能存在一种需求窃取效应，使每个零售商的订货量超过供应链的最优数量。为了实现协调，供应商需要减少零售商的订货量，这可以在批发价格契约高于边际成本的情况下完成。但该批发价格契约只规定了供应链的一部分利润，甚至不是供应商的最优批发价格契约。供应商可以更好地利用回购契约来协调供应链。然而，随着零售商竞争的加剧，相对于更简单的批发价格契约的增量改善迅速减少。与需求窃取效应相反，在破坏性竞争效应存在的情况下，供应商需要增加零售商的订货量。这种情况发生在需求不确定且零售价格设定为出清市场时。当需求高时，零售商可以获得利润，但当需求低时，通过大幅打折来清除库存会导致亏损。零售商预见到了这个问题，并通过减少库存采购来应对。转售价格维持和回购契约都防止了商品出现大幅折扣，因此缓解了这个问题。

还有几篇论文研究了竞争零售商的供应链协调问题。有学者(Padmanabhan，Png，1997)证明，供应商可以通过回购契约来缓解零售竞争，即使是在确定性需求和不完全零售竞争的情况下。在他们的模型中，两个零售商首先订购库存，然后选择价格。零售商i卖$q_i = \alpha - \beta p_i - \gamma p_j$，其中$\alpha$、$\beta$和$\gamma$是常数且$\beta > \gamma$。在只有批发价格契约($b=0$)的情况下，零售商通过价格来最大化收益，因为它们的库存被降低了。当供应商提供全额退货策略($b=w$)时，由于未售出的库存可以全额退货，因此零售商的定价将使利润最大化。零售商在实现收入最大化时会更积极地定价。它们在选择订货量时预测到了这种行为，因此当它们预计价格竞争将更加激烈时会减少订单。因此，对于任何给定的批发价格，零售商都会按照全额退货策略订购更多。由于需求是确定的，在这两种情况下，供应商实际上都不需要接受退货。因此，当需求是确定的时候，供应商最好采用全额退货策略。当需求是随机的时候，供应商可能不喜欢全额退货策略，因为该策略可能会诱导零售商订购过多的库存。然而，有人怀疑供应商可以在这种情况下从部分退货信用中受益，即$b < w$。还有学者为确定性需求和竞争零售商提供了一个更复杂的模型(Bernstein，Federgruen，1999)。

一些学者研究了零售商面临寡头垄断竞争时的协调问题，即零售商在均衡状态下可能获得非零利润。尽管这是一种不可替代的竞争，但需求窃取等情况仍然存在，而建立均衡的存在性和可能的唯一性通常更具挑战性。卡尚和拉里维埃(Cachon，Lariviere，2000)证明了收益共享可以协调在单一维度上竞争的零售商，例如数量竞争的零售商或价格竞争的零售商。如果零售商同时在数量和价格上竞争(例如，一个企业的需求取决于它的价格，可能还取决于它的填充率，而填充率是以数量为代表)，那么收益共享就不成功。然而，丹娜和斯皮尔(Dana，Spier，2001)发现，收益共享确实协调了完全竞争定价的报童模型。还有学者(Bernstein，Federgruen，2000)证明，价格折扣契约的非线性形式协调了竞争零售商的价格和数量。

鲁迪等人(Rudi，Kapur，Pyke，2001)研究了两家零售商各自面临报童模型的情况，发现库存可以在零售商之间运送，但要收取一定的费用。这些运输发生在需求被观察到之后，但在需求丢失之前。因此，如果零售商i有超额库存，而零售商j有超额需求，则零售商i的部分超额库存可以运往零售商j以满足零售商j的超额需求。乍一看，李普曼和麦卡德(Lippman，McCardle，1995)提出的模型中，超额需求的再分配在质量上与该模型中出现的库存的再分配是等价的。但在需求再分配模型中，企业对在零售商之间移动的每个需求单位不产生明确的费用。还有一个区别是，在库存再分配模型中，企业控制着再分配过程，因此只有当总需求超过总库存时，需求才会损失(假设企业设定转移价格，使帕累托改进交易总是发生)。

鲁迪等人(Rudi, Kapur,Pyke,2001)证明了零售商在该模型中可能会订购过多或过少的库存,这取决于再分配库存的转移价格。当接收企业必须支付最大的费用时(所以其在接受转让和遭受损失之间无动于衷),企业订购了太多的库存。每家企业都从出售库存中获利,因此每家企业都倾向于订购过多的产品。当接收方支付最低费用时(所以发送公司在回收超额库存和将其发送给另一家企业之间无动于衷),该企业订购的库存过少(两家企业都不能从超额库存中获利,但可以依赖另一家企业的部分库存)。在这两种极端情况下,存在一组中间转移价格,使企业订购最优数量的库存。

鲁迪等人的模型中没有包括供应商。供应商可以是库存再分配的促进者。例如,在他们的模型中,企业出售超额库存的价格与企业购买超额库存的价格相同。但对于供应商来说,这些价格不一定相同:供应商可以以同一价格购买超额库存(回购),然后以不同的价格(可能不同于最初的批发价)重新分配。供应商的加入也会改变每个零售商的库存问题。在他们的模型中,每个零售商只期望出售一部分超额库存,因为其他零售商只购买足以满足其超额需求的商品。有了回购契约,供应商随时可以以固定价格购买所有的超额库存。

阿努平迪、巴索克和泽梅尔研究了一个具有多个地点的一般库存再分配博弈模型(Anupindi, Bassok,Zemel,2001)。他们采用一种“合作”分析方法进行研究:对一些决策采用合作博弈理论的概念进行分析,而对另一些决策则采用非合作博弈理论的概念进行分析。

也有学者(Lee,Whang,2002)认为,在销售季节的中间点有一个供应商和免费的库存再分配(鲁迪等人提出的模型中,再分配发生在季节结束时,即收到一个完美的需求信号之后)。在他们的模型中,再分配转移价格是二级市场的出清价格,而不是由零售商或供应商决定的价格。他们发现,现货市场对低利润项目的供应商有利,但对高利润项目的供应商不利。如果供应商不能控制现货市场,那么供应商可以试图通过最低订货量要求或退货策略来影响现货市场。例如,退货策略将从现货市场清除库存,从而提高其价格,这类似于前文讨论的用回购方式来防止破坏性价格竞争。

某些研究(Gerchak,Wang,1999;Gurnani,Gerchak,1998)考虑了具有多个上游企业而不是多个下游企业的供应链问题。在这些装配系统中,上游企业是不同的供应商,每一家都为制造商的产品(下游企业)生产一个组件。总产量受到产量最小的供应商的约束,其他供应商的超额产量被浪费。因此,与破坏性竞争一样,供应商倾向于少量生产。这些研究提出了几种鼓励供应商增加产量的契约。伯恩斯坦和德克洛瓦(Bernstein,DeCroix,2002)也研究了装配系统中的协调问题,他们还讨论了组装结构的组织如何影响供应链绩效的问题。

伯恩斯坦等人(Bernstein,Chen,Federgruen,2002)证明,与标准操作(即零售商选择价格和库存策略)相比,供应商管理的库存(供应商控制零售商的库存策略,零售商选择价格)更容易协调具有批发价格契约的竞争零售商。这代表了一种不同的协调方法:企业转移决策权,而不是通过契约来调整激励。这种方法对正式契约的利弊尚未得到充分探讨。

在本节中,假定供应商独立于所有的零售商。然而,在一些市场,供应商可能选择拥有自己的零售商或直接销售给消费者。塔萨等人(Tsay,Agrawal,1999)探讨过这一举措所造成的渠道冲突,还假定供应商同时向所有零售商提供一个所有零售商都看得见的契约。然而,麦卡非等人(McAfee,Schwarz,1994)认为,供应商有动机按顺序向零售商提供契约,并对这些契约条款保密。零售商能够预料到这种行为,并做出相应的反应,从而破坏某些契约的有效性。

第六章　带有需求信息更新的报童模型协调问题

在标准报童模型下，零售商只有一次订货机会。然而，在实际情况中，零售商经常有多次机会订购库存。此外，零售商的需求预测可能会随着订购次数的改变而发生变化，这种变化可以改善很多情况，即让预测变得更加准确(Fisher, Raman, 1996)。需求更新是现代供应链管理的一个重要内容，采购的核心就是精准管理需求，目前的“智能补货”课题想要成为现实也离不开对需求更新的研究。因此，在其他条件相同的情况下，零售商更愿意将订购时间推迟到第二个阶段，但这给供应商带来了一个问题：更长的交货时间可以让零售商采购到更便宜的部件(零售商可以策略性地预测并选择更低的价格)。如果供应商总是有能力满足零售商的订单，则供应商更喜欢零售商早些做出订单承诺，而不是更晚。因此，供应链协调需要在较低的早期生产成本和后期生产提供的更好的信息之间做好平衡。结果表明，只要供应商对每个订单时期的批发价格做出承诺，那么协调就是可能实现的，而且可以通过回购契约实现利益分配。

第一节　模型与分析

根据相关学者的研究结果(Donohue, 2000)，考虑这样一个模型，即零售商在销售季开始前只收到一次预测信息更新。设$\xi \geqslant 0$为该需求信号的实现，$G(x)$为其分布函数，$g(x)$为其密度函数，$F(x|\xi)$为观察需求信号后需求的分布函数。需求随着需求信号的增加而随机增加，即对所有$\xi_h > \xi_l$，都有$F(x|\xi_h) < F(x|\xi_l)$。为方便起见，让第1期是需求信号之前的时间，第2期是需求信号到销售季节开始之前的时间。

设q_i为零售商截至第i期的总订单，也就是说，q_1为零售商第1期订单，$q_2 - q_1$为零售商第2期订单。在观察到需求信号后，零售商将下达第2期订单。在每个周期内，供应商在收到零售商的订单后决策生产行动。前期生产比后期生产便宜，所以让c_i为第i期供应商的单位生产成本，且$c_1 < c_2$。供应商按i期零售商订购的货物收取每单位w_i的费用。此外，供应商将买回所有未售出产品，该单位回收价格为b。供应商在第1期刚开始时提供这些条款，并承诺不更改这些条款。设零售价格为p，为方便分析，将剩余库存的残值和由于销售损失而造成的任何间接成本标准化为零。

供应商在这两个期间内都没有产能限制，并在每个期间结束时将库存交付给零售商。供应商自愿遵约，因此供应商交付的订单量可能少于零售商的订单量（Tirole，1986；Demougin，1989；Holden，1999）。然而，供应商在第1期的产量也可能超过零售商的订单量。为简单起见，从第1期到第2期的存货没有持有成本。

所有的信息都是公共知识。例如，供应商和零售商两者都知道$F(x|\xi)$和$G(x|\xi)$。特别需要指出的是，供应商和零售商两者都在第2期开始时观察需求信号。供应商和零售商两者都寻求最大化期望利润。

从第2期开始，设$\Omega_2(q_2|q_1,\xi)$为供应链的预期收入减去第2期生产成本，则有

$$\Omega_2(q_2|q_1,\xi)=pS(q_2|\xi)-c_2q_2+c_2q_1 \tag{6-1}$$

设$q_2(q_1,\xi)$为由给定的q_1和ξ决定的供应链的最优订单q_2。设$q_2(\xi)=q_2(0,\xi)$，即当零售商在第2期开始时没有库存的情况下的最优订单。设$\Omega_2(q_2|q_1,\xi)$随q_2的变化是严格凹的，则有

$$F\left[q_2(\xi)|\xi\right]=\frac{p-c_2}{p} \tag{6-2}$$

$q_2(\xi)$随ξ递增，所以可以定义函数$\xi(q_1)$使

$$F\left[q_1|\xi(q_1)\right]=\frac{p-c_2}{p} \tag{6-3}$$

$\xi(q_1)$将需求信号划分为两组：如果$\xi>\xi(q_1)$，则第2期最优需求为正，否则在第2期中最优状态为不生产产品。

零售商在第2期还面临着一个标准报童模型，其不同之处在于零售商可能一开始就已经拥有了一些库存。设$\pi_2(q_2|q_1,\xi)$表示零售商的期望收益减去第2期采购成本，则有

$$\pi_2(q_2|q_1,\xi)=(p-b)S(q_2|\xi)-(w_2-b)q_2+w_2q_1 \tag{6-4}$$

在此，假设供应商全额交付了零售商的订单（为了简化符号，本部分中考虑的函数的参数中不包含契约参数）。为协调零售商的第2期决策，选择的契约参数应满足$\lambda\in[0,1]$和以下条件

$$p-b=\lambda p \tag{6-5}$$

$$w_2-b=\lambda c_2 \tag{6-6}$$

容易看出，这些参数类似于单期报童模型中的协调回购参数。在选择了这些契约的任一者后，有

$$\pi_2(q_2|q_1,\xi)=\lambda\left[\Omega_2(q_2|q_1,\xi)-c_2q_1\right]+w_2q_1 \tag{6-7}$$

因此，$q_2(q_1,\xi)$也是零售商的最优订单，即该契约能协调零售商的第2期决策。

现在考虑一下供应商是否真的能够满足零售商的整个第2期订单要求。设x为第2

期开始时供应链中的总库存，$x \geqslant q_1$。供应商在第2期开始时的库存为$x - q_1$。设y为供应商在第2期交货后零售商的库存。如果$y = q_2$，就说明供应商完全满足了零售商的订单。当$x \geqslant q_2$时，供应商显然能交付零售商的全部订单，因为没有理由只满足零售商的部分订单，自己保留一些剩余库存。如果$q_2 \geqslant x$，则供应商必须生产额外的产品来完全满足零售商的订单。设$\Pi_2(y|x, q_1, \xi)$表示供应商的利润，其中$x \leqslant y \leqslant q_2$，即

$$\begin{aligned}\Pi_2(y|x, q_1, q_2, \xi) &= bS(y|\xi) - by + w_2(y - q_1) - (y - x)c_2 \\ &= (1-\lambda)\left[\Omega_2(y|q_1, \xi) - c_2 q_1\right] + c_2 x - w_2 q_1\end{aligned} \tag{6-8}$$

根据契约条款所述，$w_2 = \lambda c_2 + b$。对于给定的$q_2 > x$，只要$q_2 \leqslant q_2(q_1, \xi)$，那么供应商就完全满足零售商的订单。换言之，如果零售商不合理订单过多，那么供应商就不能满足零售商的订单。因此，在第2期，零售商订购供应链的最优数量，而供应商满足全部订单，且无论供应商在两期之间有多少库存，都能实现自愿遵约。

在第1阶段，假设选择了协调的结果$\{w_2, b\}$，则零售商的期望收益是

$$\pi_1(q_1) = -(w_1 - w_2 + \lambda c_2)q_1 + \lambda E\left[\Omega_2(q_2(q_1, \xi)|q_1, \xi)\right] \tag{6-9}$$

供应链的期望收益是

$$\Omega_1(q_1) = -c_1 q_1 + E\left[\Omega_2(q_2(q_1, \xi)|q_1, \xi)\right] \tag{6-10}$$

选择w_1使

$$w_1 - w_2 + \lambda c_2 = \lambda c_1 \tag{6-11}$$

如此就有

$$\pi_1(q_1) = \lambda \Omega_1(q_1) \tag{6-12}$$

由此可见，零售商的最优订单量等于供应链的最优订单量q_1^0，且供应链的利润可以实现供应商与零售商之间的任意分配。给定$\Omega_1(q_1)$是严格凹的，q_1^0满足以下条件

$$\frac{\partial \Omega_1(q_1^o)}{\partial q_1} = -c_1 + c_2\left[1 - G(\xi(q_1^o))\right] + \int_0^{\xi(q_1^o)} pS'(q_1^o|\xi)g(\xi)\mathrm{d}\xi = 0 \tag{6-13}$$

对于一体化经营，第1期的库存是否留给供应商并不重要，因为供应商的库存没有机会销售，所以供应链会将第2期的所有库存转移到零售商。而对于分散式经营，供应链协调只有在供应商在两期之间不持有库存时才能实现，即使零售商订购第2期最优数量，也不能保证零售商购买供应商的所有产量。然而，这是相当合理的，即供应商可能会尝试利用价格更低的第1期生产，从第2期订单中获利。

假设供应商满足零售商的第2期订单（这与我们此前的陈述保持一致），则供应商的第2期利润为

$$\begin{aligned}\Pi_2(x,q_1,q_2,\xi)&=bS(q_2|\xi)-bq_2-(q_2-x)^+c_2\\&=(1-\lambda)\Omega_2(q_2|q_1,\xi)-w_2q_2+xc_2-(x-q_2)^+c_2\end{aligned} \tag{6-14}$$

考虑到$q_2>q_1$，上式在$x\leqslant q_1$时是随x递增的。因此，供应商必定生产并交付零售商的第1期订单（只要$q_1\leqslant q_1^0$），供应商的第1期期望利润为

$$\begin{aligned}\Pi_1(x|q_1)&=-c_1x+E[\Pi_2(x,q_1,q_2,\xi)]\\&=-c_1x+\mathrm{E}[(1-\lambda)\Omega_2(q_2|q_1,\xi)]-w_2q_2+xc_2-c_2\int_0^{\xi(x)}\left[x-q_2(\xi)\right]g(\xi)\mathrm{d}\xi\end{aligned} \tag{6-15}$$

整理可得

$$\frac{\partial\Pi_1(x|q_1)}{\partial x}=-c_1+c_2\left[1-G(\xi(x))\right] \tag{6-16}$$

以及

$$\frac{\partial\Pi_1(q_1^o|q_1^o)}{\partial x}=-c_1+c_2\left[1-G(\xi(q_1^o))\right]<0 \tag{6-17}$$

因此，通过协调的契约$\{w_1,w_2,b\}$，供应商生产的库存刚好足以覆盖零售商的第1期订单。总的来说，这些契约可以协调供应链，并任意分配利润。

有趣的是，根据协调契约，供应商在第2期的利润率实际上低于第1期的利润率，公式如下

$$w_2-c_2=w_1-\left[\lambda c_1+(1-\lambda)c_2\right]<w_1-c_1 \tag{6-18}$$

一般的解释是，供应商应该为后期的生产收取更高的利润，因为比起早期生产，供应商给了零售商额外的好处。然而，这种直觉与供应链协调不相容（至少与回购契约不相容）。

第二节　模型讨论

预测的改善给供应链协调带来了几个方面的挑战。就像在更简单的单周期模型中一样，必须激励零售商在给予预测信息更新的情况下订购正确的库存数量。此外，供应商必须正确地权衡廉价的早期生产和更昂贵的后期生产。最后，分散的供应链必须关注库存放置，因为与一体化经营不同，库存不一定转移到供应链的最优位置，即库存可能“搁浅”在供应商那里。

在单一位置模型中，回购契约确实协调了这个供应链，并任意分配了利润（无论是不是自愿遵约）。有些反直觉的结果是，尽管后期生产为零售商提供了有价值的服务，供应商的后期生产利润也还是小于早期生产的利润。

这项工作有许多有用的扩展。考虑一个具有以下调整的模型：假设供应商在第1期开始时选择它的产能为K，成本为每单位c_K。供应商在这两期最多可以生产K单位。设c为将一单位产能转换为一个产品的成本。在此背景下，最优状态的第1期生产量为0：鉴于早期生产并不比后期生产便宜，因此供应链应该推迟生产，直到有最优需求预测为止。稍微修改一下模型就能允许供应商在每个时期生产K单位产品。在这种情况下，确实存在一些早期生产的动机，因为那会使第2期可用的库存总量增加。

有学者在一个类似的定性模型中(Brown，Lee，1998)研究了延迟支付契约。根据该契约，零售商在第1期保留m单位的供应商产能，但对每单位收取固定费用。这让零售商在第2期购买至少m单位。他们的研究表明，延迟付款契约能让供应链双方比起不包括最低购买协议的契约都得到优化。然而，延迟支付契约并不能协调这一供应链，原因很简单：最低购买协议可能导致更多的产量；如果观察到不良的需求信号，供应链出于最优化的目的，可能会生产少于最低采购协议的产量。

信息的获取在某些研究(Donohue，2000；Brown，Lee，1998)中都是外源性的，假设在销售季开始之前就了解到信息是合理的，但我们还额外假设在销售季中期有一个补充的机会。在这种情况下，早期销售提供了关于未来销售的信息。然而，只有当零售商在季节开始没有库存时，需求才等于销售。但在另外一些模型(Barnes-Schuster，Bassok，Anupindi，2002)中，需求信号可能由于销售损失而被截断。然而，这并不是他们的模型中唯一的额外复杂性。最优解决方案是在不同期之间向供应商保留库存，因此供应链协调要求在第2期开始时，库存不要滞留在供应商处。

在库韦利斯和古特雷斯的模型(Kouvelis，Gutierrez，1997)中，需求在每个时期都会出现，第1期需求为一级市场需求，第2期需求为二级市场需求。第1期剩余的库存既可以在一级市场中回收，也可以转移到二级市场。这一决定取决于两种市场货币之间汇率的实现情况。因此，两期之间的信息获得并不是一种需求信号，而是第2期有效生产的成本的实现，这与某些研究的结果(Donohue，2000)一致，后者使用一个非线性方案来协调这个供应链(由一名经理负责每个市场的决策)。库韦利斯和古特雷斯的研究表明，内部市场也可以协调这一供应链。

范·米格姆(van Mieghem，1999)研究的预测信息问题表明，需求预测信息更新时会出现一些额外的波折。在他的模型中，下游企业是制造商，上游企业是分包商。核心博弈问题是作为制造商产品一部分的零部件的生产。制造商的产品只有一个市场，但分包商可以将其组件卖给制造商或外部市场(分包商只能通过制造商进入制造商的市场，即分包商不能直接向该市场销售)，这两个市场都有随机的需求。两家企业在第1期选择一个产能水平，其中制造商的产能生产组件。在第2期开始时，企业观察各自市场的需求，然后将产能转换为最终产出。因此，就像多诺霍(Donohue，2000)的研究结果一样，企业在其早期的决定(产能多少)和后来的决定(生产多少)之间收到一个需求信号，根据范·米格姆的研究结果，这是一个完美的需求信号。与多诺霍的研究不同的是，在范·米格姆的研究中，下游企业有生产能力，上游企业未出售给下游的产能有随机的机会成本，且不考虑回购契约。可参见米尔纳和平克（Milner，Pinker，2000）的研究，了解另一种具有早期产能决策和后期预测调整的模型。

范·米格姆和多诺霍也在他们对企业承诺未来行动的能力的假设上有所区别。在多诺霍的模型中，供应商承诺第2期批发价格；而在范·米格姆的模型中，企业重新谈判它们的协议。安南德等人的研究（Anand，Anupindi，Bassok，2001）表明，供应商无法承诺未来的价格可能会导致零售商纯粹出于战略原因而携带库存。他们建立了一个具有确定性需求的两周期模型，供应商的第2期批发价格随零售商的第1期库存减少而下降，从而为零售商提供了携带库存的动力。可以参见吉尔伯特和苏萨（Gilbert，Cvsa，2000）提出的另一种模型，其中承诺未来批发价格的能力很重要。

未来的研究应考虑一个具有内生信息获取功能的模型，即企业必须发挥一定的作用来提高其需求预测。是应该让某个企业发挥作用还是让两者都进行预测改进活动？这个领域的研究目前还较少有人涉及。

还有一种可能性：企业可能付出不同程度的预测努力，或者企业可能有不同的预测信息来源。如果存在信息不对称的预测，则供应链的性能可以通过预测共享来改善。

第七章 单一位置基本库存模型的协调问题

本节考虑一个具有永久需求和许多补货机会的模型，因此在这里报童模型并不合适，相反，基本库存策略是最优的。基本库存策略是指，将库存状况（订单＋运输库存＋现有库存－积压订单）保持在恒定的基本库存水平。为了便于处理，我们假设需求是积压（溢出）的，即没有销售损失。因此，预期的需求是恒定的（即它不取决于零售商的基本库存水平）。供应链总绩效的最优化是通过最小化供应链成本来实现的，此处供应链成本指的是库存持有成本和积压罚款成本。在这种模式中，供应商不产生持有成本，但供应商确实关心其产品在零售层面的可用性。为了模拟这种偏好，我们假设零售商的积压订单会给供应商造成成本。由于零售商在选择基本库存水平时没有考虑该成本，因此零售商选择的基本库存水平低于供应链的最优库存水平，这意味着零售商携带的库存太少。在这个模型中，供应链协调通过向零售商提供更多的库存而实现，同时也实现任意分配成本。该模型还为下文中所考虑的双位置模型提供了一些思路。

第一节 模型与分析

假设一家供应商将单一产品卖给一家零售商，设 L_r 为从零售商处补货的订单前置时间。因为供应商有无限的产能，所以供应商不储存库存，且无论零售商的订单数量是多少，补货前置时间总是 L_r。设有两个企业参与博弈，但只有零售商保留库存，所以这被认为是一个单一位置模型。设 $\mu_r = E[D_r]$，需求 D_r 的分布函数和密度函数分别是 F_r 和 f_r。假设 F_r 严格增加、可微且 $F_r(0)=0$，这就排除了不携带库存的可能性。

零售商的库存持有成本为每单位 h_r。为了便于分析，我们假设如果没有库存，那么需求就会积压。这是一个很实际的假设，因为现实中零售终端与仓库是有距离的。有一些论文考虑了存在销售损失的多个需求期（Moses，Seshadri，1999；Duenyas，Tsai，2001；Anupindi，Bassok，1999）。零售商承担拖欠订单的惩罚成本（每单位 $\beta_r > 0$）。供应商有无限的产能，所以供应商不需要携带库存，但假设供应商会为零售商处积压的库存承担罚款（每单位 β_s）。换句话说，当客户想从零售商那里购买供应商的产品但零售商没有库存时，供应商就会产生成本。这一成本影响了供应商在供应链的零售层面保持其产品有足够的可用性的偏好。

设$\beta = \beta_r + \beta_s$，则$\beta$是供应链产生的总积压成本率。卡尚和齐普金(Cachon,Zipkin,1999)对零售商采用了相同的偏好结构，但在他们的模型中，供应商的库存有限，后文将详细讨论他们的模型。纳拉亚南和拉曼(Narayanan,Raman,1997)采用了一种不同的偏好结构：他们假设有一部分(固定比例的)对于供应商的产品产生需求却没有得到满足的消费者，选择从同一零售商的另一家供应商那里购买产品。因此，供应商的积压订单成本是它们损失的利润，而零售商的积压订单成本是销售供应商产品和销售其他产品之间的利润边际差(这实际上可能对零售商有益)。

销售以恒定的速度μ_r发生，由于积压订单假设，无论企业如何管理它们的库存，该速度都不发生变化。因此，企业只关心它们的成本。假设供应链双方都是风险中性的，零售商的目标是将单位时间的平均库存持有和积压成本降至最低，供应商的目标是尽量减少其单位时间的平均积压成本。

定义零售商的库存水平为"向零售商运输的库存"加上"零售商的现有库存"再减去"零售商的积压订单"(其也被称为"有效库存位置")。零售商的库存位置等于其库存水平加上订购库存(订购了库存但尚未发货的部分)。由于供应商会立即发运所有订单，因此零售商的库存水平和位置在此背景下是相同的。

设$I_r(y)$为当零售商在库存水平为y，时间为t的场合下，·时间$t+L_r$处的预期库存，则有

$$I_r(y)=\int_0^y (y-x) f_r(x)\mathrm{d}x=\int_0^y F_r(x)\mathrm{d}x \tag{7-1}$$

类似地，设$B_r(y)$为零售商预期积压订单的函数，则有：

$$B_r(y)=\int_y^\infty (x-y) f_r(x)\mathrm{d}x=\mu_r - y + I_r(y) \tag{7-2}$$

库存被持续监控，因此零售商可以保持一个恒定的库存位置。在这种环境下，可以证明基本库存策略是最优的。在该策略下，零售商不断订购库存，使其库存位置总是等于其所选择的基本库存水平s_r。

设$c_r(s_r)$为零售商实施基本库存策略s_r时的单位时间平均成本，则有：

$$c_r(s_r)=h_r I_r(s_r)+\beta_r B_r(s_r)=\beta_r(\mu_r - s_r)+(h_r+\beta_r)I_r(s_r) \tag{7-3}$$

考虑到零售商的基本库存策略，则供应商的预期成本函数是

$$c_s(s_r)=\beta_s B_r(s_r)=\beta_s\left[\mu_r - s_r + I_r(s_r)\right] \tag{7-4}$$

设$c(s_r)$为供应链单位时间的预期成本，则有

$$c(s_r)=c_r(s_r)+c_s(s_r)=\beta(\mu_r - s_r)+(h_r+\beta)I_r(s_r) \tag{7-5}$$

$c(s_r)$是严格凸的，故存在一个唯一的供应链最优基本库存水平s_r^o，它满足下面的临

界比率方程

$$I_r'(s_r^o)=F_r(s_r^o)=\frac{\beta}{h_r+\beta} \tag{7-6}$$

设s_r^*为零售商的最优基本库存水平，因为零售商的成本函数也是严格凸的，所以s_r^*满足以下方程

$$F_r(s_r^*)=\frac{\beta_r}{h_r+\beta_r} \tag{7-7}$$

对给定的$\beta_r<\beta$，从上面两个表达式可以得出$s_r^*<s_r^o$，即零售商将选择低于最优化情形的基本库存水平。因此，渠道协调要求供应商为零售商提供提高其基本库存水平的激励。

假设企业同意这样一个契约，在每个时间t，从供应商转移到零售商的量为$t_I I_r(y)+t_B B_r(y)$，此处y是t时间处零售商的库存水平，t_I和t_B都是常量。此外，考虑以下局限，在参数$\lambda\in(0,1]$范围内的契约集为

$$t_I=(1-\lambda)h_r \tag{7-8}$$

$$t_B=\beta_r-\lambda\beta \tag{7-9}$$

这里我们不考虑$\lambda=0$的情形，因为那时任何基本库存水平都是最优的。给定其中一份契约，零售商的预期成本函数为

$$c_r(s_r)=(\beta_r-t_B)(\mu_r-s_r)+(h_r+\beta_r-t_I-t_B)I_r(s_r) \tag{7-10}$$

选择恰当的契约参数，使

$$\beta_r-t_B=\lambda\beta>0 \tag{7-11}$$

$$h_r+\beta_r-t_I-t_B=\lambda(h_r+\beta)>0 \tag{7-12}$$

由式(7-5)和式(7-10)可得，在这些契约之下有

$$c_r(s_r)=\lambda c(s_r) \tag{7-13}$$

因此，s_r^o将零售商的成本最小化，即这些契约能协调供应链。此外，这些契约也能在两家企业之间任意分配成本，零售商的成本份额随参数λ递增。与前文叙述过的模型类似，参数λ没有被明确纳入契约，它只是用于表达“分配”的理念。

现在考虑t_I和t_B的符号。由于契约必须诱使零售商选择更高的基本库存水平，因此很自然地猜测$t_I>0$，即供应商会补贴零售商的库存持有成本。事实上，当$\lambda\in(0,1]$时，这个猜想是成立的。另一个自然的假设是$t_B<0$，即供应商会因为商品积压而惩罚零售商。但如果$\lambda\in(0,1]$，那么可以得到$t_B\in[-\beta_s,\beta_r)$，也就是说，在某些情况下供应商不仅不惩罚零售商，反而会补贴零售商的积压订单($t_B>0$)。在这些情况下，供应商之所以这样鼓励积压订单，是因为如果没有这种鼓励，巨额库存补贴会导致零售商选择$s_r^*>s_r^o$。

以上是对报童模型和回购契约的分析的回顾。我们这样做，是因为本部分讨论的模

型与报童模型在本质上完全相同。为了解释说明这一点，从零售商在报童模型下的利润函数着手（假设$c_r=g_r=g_s=v=0$），可得

$$\pi_r(q)=pS(q)-wq=(p-w)q-pI(q) \tag{7-14}$$

零售商的利润分为两项，一项随q线性增加，另一项依赖于需求分布。现在令$p=h_r+\beta_r$以及$w=h_r$。在这种情况下，有

$$\pi_r(q)=\beta_r q-(h_r+\beta_r)I_r(q)=-c_r(q)+\beta_r\mu_r \tag{7-15}$$

因此，求最大的$\pi_r(q)$和求最小的$c_r(s_r)$二者是等价的。

现在回想一下，回购契约的转移支付是$wq-bI(q)$，即存在一个参数（即w）依消费者的行动（即q）而线性地影响转移支付；同时存在另一个参数，其依零售商的行动和需求分配，以一个函数[即$I(q)$]的形式影响转移支付。在这个模型中，有

$$t_I I_r(y)+t_B B_r(y)=(t_I+t_B)I_r(y)+t_B(\mu_r-y) \tag{7-16}$$

所以t_B是那个线性参数，(t_I+t_B)是另外一个参数。在回购契约中，这些参数可以独立生效。为了在基本库存模型中获得相同的效应，供应商可以采用依赖于零售商库存位置s_r和零售商库存的转移支付，这样的契约也会产生同样的结果。

第二节　模型讨论

有部分学者在他们关于供应链管理的著作中提过供应链管理的三个方面的问题：前端防杂，后端减重，中间治乱。所谓“中间治乱”指的主要就是库存管理。库存前与供货端相接，后与销售端相接，若库存水平控制不良，供应链就会一直处于冗余和短缺的反复中，严重损害供应链的盈利。如今电商平台发展如火如荼，而我们应该看到，无数电商店铺苦于库存积压，尤其是服装这种时效性强的行业，每年因过时服装积压无法变现而导致资金链断裂的商家不计其数。如果商家想要做好库存管理，制订合理的库存水平标准并依此执行库存计划非常关键。基本库存策略是目前广泛应用于库存控制的方案。

无限范围的基本库存模型的协调在本质上与单期报童模型的协调相同。特别是，通过持有成本和积压成本转移支付进行的协调就像通过回购契约进行的协调一样。有学者认为，数量弹性或销售折扣这样的契约也可以在这种情况下进行协调。还有学者(Choi，Dai，Song，2002)考虑过一个类似的模型，并增加了一个产能约束。他们证明，标准的服务水平措施并不能提供对企业库存管理的有效控制。

当然，库存控制并不是仅仅考虑库存，从供应链各个节点的职能来看，综合每个节点的职能进行综合分析处理才能制订合理的库存控制计划，如准确的需求预测、恰当的采购策略等。供应链管理是一份整体工作，不可能只局限于一个节点而得出正确方案，这点从模型设置中即可窥见一斑。

第八章　双位置基本库存模型的协调问题

双位置基本库存模型建立在前文讨论过的单一位置基本库存模型的基础上。在双位置基本库存模型中，供应商不再有无限产能，它必须从其上游处补货，而这些补货行为总是花费时间的（也就是说，该货物来源有无限产能），并且假设补货在时间 L_s 内完成。因此，在这种模型中，供应商享受可靠的补货，但零售商的补货前置时间取决于供应商如何管理它的库存。只有当供应商有足够的库存来满足零售商的订单时，零售商才会在 L_r 的时间内收到该订单。否则，零售商必须等待超过 L_r 的时间才能收到超出的部分。这种延迟一方面可能会导致零售商的额外积压订单，这笔开销对零售商和供应商来说都很昂贵；另一方面，产品在供应商一端存放也可能会让零售商少积累库存，从而有助于让零售商减少存储成本。

在单一位置模型中，唯一的关键问题是供应链中的库存数量。在这种模型中，供应链在供应商和零售商之间的库存分配也很重要。对固定的供应链库存量，供应商总是更喜欢将更多的库存分配给零售商，因为这降低了它的库存和积压成本（供应商被收取零售积压订单的费用）。另外，该零售商的偏好并不那么清楚：零售库存减少意味着更低的持有成本，但也意味着更高的积压成本，对于供应链中的库存总量也有微妙的相互作用。零售商倾向于持有尽可能低甚至过低的库存，在经典情形下零售商承担库存的全部成本，但只收到利润的一部分（也就是说，它不能从供应商积压订单成本的减少中获益）。而对供应商来说，二者没有明显的偏差，这主要是因为两个因素的影响：首先，供应商承担其库存的成本，却不从零售商积压订单成本的减少中获益，这使供应商倾向于保留更少的库存；其次，供应商不承担零售商的库存成本（该成本随着供应商库存的增加而增加），这又使供应商倾向于生产更多的库存。任何一种偏差都可能占主导地位，这依赖于模型的参数。

虽然目前尚不清楚分散供应链的库存是太多还是太少（通常是太少），但最优策略绝不是分散博弈的纳什均衡，即分散化经营永远不是最优的。然而，竞争的惩罚（由于分散的决策而导致的供应链性能损失的百分比）却是明显变化的：在某些情况下，竞争惩罚相对较小，例如小于5%；而在其他情况下，竞争惩罚相当大，甚至超过40%。因此，对契约协调的需求并不是普遍存在的。

第一节 基本模型

设h_s为供应商对现有库存产生的每单位持有成本率($0<h_s<h_r$)。当$h_s \geqslant h_r$时,最优策略退化为供应商不携带库存;当$h_s \leqslant 0$时,最优策略退化为供应商持有无限库存,这两种情况都不予考虑。企业的运营决定对运输中库存的数量没有影响,因此供应商或零售商的管理库存都不收取持有成本。设D_s为L_s的时间间隔内的需求。就像在单一位置模型中一样,$D_s>0$确保了供应商在最优策略中至少持有一些库存。设F_s和f_s是该需求的分布函数和分布密度函数。和零售商一样,假设F_s是递增且可微的。设$\mu_s=E[D_s]$,零售订单在供应商处积压,但这些积压订单没有明确的费用。供应商仍然为零售商的积压订单承担每单位β_s的积压成本,零售商这边相对应的成本仍然是β_r。尽管对供应商的积压订单没有直接的影响,但也存在间接的后果:零售商库存减少或零售商积压订单增加。

两企业均使用基本库存策略来管理库存。在基本库存策略下,企业$i(i\in\{r,s\})$产生库存订单,使其库存状况保持等于其基本库存水平s_i。在此我们可以回想一下,企业的库存水平等于现有库存减去积压订单加上运输库存,企业的库存位置等于库存水平加上订单库存。这些基本库存策略只使用当地的信息,所以两者不需要知道对方的库存位置。

两企业同时决定它们的基本库存水平且只决定一次,企业试图最小化其每单位时间的平均成本(考虑到其中一个企业使用基本库存策略,对另一个企业来说,使用基本库存策略是最优的),且它们都是风险中性的。存在一对基本库存水平$\{s_r^o, s_s^o\}$,可以尽量减少供应链的成本(事实上,该策略在所有可能的策略中都是最优的,参见Chen和Zheng在1994年给出的证明)。因此,对企业来说,要优化供应链是可行的,但激励措施可能会阻止它们这样做。

双位置基本库存模型本质上与卡尚和齐普金所考虑的模型(Cachon,Zipkin,1999)相同,不过部分符号在某些情况下不一致。

分析这个模型的第一步是评估每家企业的平均成本,第二步是评估纳什均衡的基本库存水平,第三步是求出最优基本库存水平,并将其与纳什均衡水平进行比较。该步骤探索了协调供应链的激励结构。此外,还要描述替代的协调技术,总结结果,并讨论相关模型中的研究。

第二节 成本函数

在单一位置模型中,$c_r(y)$、$c_s(y)$和$c(y)$分别是两企业及供应链在零售商在时间t处库存水平为y的情况下,在时间$t+L_r$处的预期成本。然而,在双位置模型中,零售商的库存水平并不总是等于零售商的库存位置s_r,因为供应商可能会持有库存。

令 $c_i(s_r, s_s)$ 为企业 i 在零售层面产生成本的平均利率，并设 $c(s_r, s_s)=c_r(s_r, s_s)+c_s(s_r, s_s)$。若要对 c_i 估值，需注意在任何特定时间 t，供应商的库存位置为 s_s（因为供应商使用基本库存策略）。在时间 $t+L_s$，要么供应商的现有库存是 $(s_s-D_s)^+$，要么供应商的积压订单等于 $(D_s-s_s)^+$。因此，零售商在时间 $t+L_s$ 处的库存水平是 $s_r-(D_s-s_s)^+$。所以有

$$c_i(s_r, s_s)=F_s(s_s)c_i(s_r)+\int_{s_s}^{\infty} c_i(s_r+s_s-x)f_s(x)\mathrm{d}x \tag{8-1}$$

在时间 $t+L_s$ 处，供应商可以以 $F_s(s_s)$ 的概率将零售商的库存水平提高到 s_r，否则零售商的库存水平为 $s_r+s_s-D_s$。基于类似的推理，让 $I_r(s_r, s_s)$ 和 $B_r(s_r, s_s)$ 是给定以下基本库存水平下，零售商的平均库存和退回订单：

$$I_r(s_r, s_s)=F_s(s_s)I_r(s_r)+\int_{s_s}^{\infty} I_r(s_r+s_s-x)f_s(x)\mathrm{d}x \tag{8-2}$$

$$B_r(s_r, s_s)=F_s(s_s)B_r(s_r)+\int_{s_s}^{\infty} B_r(s_r+s_s-x)f_s(x)\mathrm{d}x \tag{8-3}$$

设 $\pi_i(s_r, s_s)$ 为企业 i 的总平均成本率。由于零售商只在零售层面产生成本，因此有

$$\pi_r(s_r, s_s)=c_r(s_r, s_s) \tag{8-4}$$

设 $I_s(s_s)$ 为供应商的平均库存。类似于零售商的相应函数（前文中已有定义），有

$$I_s(y)=\int_0^y F_s(x)\mathrm{d}x \tag{8-5}$$

供应商的平均成本是

$$\pi_s(s_r, s_s)=h_s I_s(s_s)+c_s(s_r, s_s) \tag{8-6}$$

设 $\Pi(s_r, s_s)$ 为供应链的总成本，有

$$\Pi(s_r, s_s)=\pi_r(s_r, s_s)+\pi_s(s_r, s_s) \tag{8-7}$$

第三节　分散式供应链博弈中的行为

设 $s_i(s_j)$ 为给定企业 j 的基本库存水平条件下，企业 i 的最优基本库存水平，即 $s_i(s_j)$ 是企业 i 对企业 j 的最优反应函数。每家企业的成本函数是随其基本库存水平严格凸的，所以每个企业都有唯一最优反应。

在纳什均衡状态的基本库存水平 $\{s_r^*, s_s^*\}$ 下，每家企业都处于不能单方面使自身利润更优化的行动，即

$$s_r^*=s_r(s_s^*), s_s^*=s_s(s_r^*) \tag{8-8}$$

一般来说，纳什均衡并不一定存在，但在这个博弈中，纳什均衡是存在的，这来自于企业成本函数的凸性(Friedman，1986)。从技术上讲，它还要求企业的策略空间有一个上界，而且加上这个界限对分析没有影响。事实上，这里存在一个唯一的纳什均衡。为了证明唯一性，首先要限制每个企业的可行策略空间，即企业可以选择的策略集。对于零售商来说，不难证明$s_r(s_s)>\overline{s_r}>0$，其中$\overline{s_r}$的取值使$c_r(y)$最小化，即

$$F_r(\overline{s_r})=\frac{\beta}{h_r+\beta} \tag{8-9}$$

换句话说，如果零售商要获得完全可靠的补货，那么它就会选择$\overline{s_r}$，所以如果补货不可靠，那么零售商肯定不会选择比$\overline{s_r}$更小的s_r。也就是说，对于前文讨论的单一位置模型中的零售商而言，$\overline{s_r}$是最优的。对于供应商来说，有$s_s(s_r)>0$，因为对给定的$F_s(s_s)=0$和$c_s'(y)<0$，有$\partial\pi_s(s_r,s_s)/\partial s_s<0$。

纳什均衡唯一性成立的条件是，对适当的$s_r>\overline{s_r}$和$s_s>0$，最优反应函数是一个压缩映射(Friedman，1986)，即

$$|s_i'(s_j)|<1 \tag{8-10}$$

根据隐函数定理，有

$$s_r'(s_s)=\frac{\int_{s_s}^{\infty}c_r''(s_r+s_s-x)f_s(x)\mathrm{d}x}{F_s(s_s)c_r''(s_r)+\int_{s_s}^{\infty}c_r''(s_r+s_s-x)f_s(x)\mathrm{d}x} \tag{8-11}$$

及

$$s_s'(s_r)=\frac{\int_{s_s}^{\infty}c_r''(s_r+s_s-x)f_s(x)\mathrm{d}x}{[h_s-c_s'(s_r)]f_s(s_s)+\int_{s_s}^{\infty}c_r''(s_r+s_s-x)f_s(x)\mathrm{d}x} \tag{8-12}$$

给定$s_r>\overline{s_r}$和$s_s>0$，可以得到$c_r''(x)>0$，$c_s'(y)<0$，$c_s''(y)>0$及$F_s(s_s)>0$。因此，式(8-10)对供应商和零售商同时成立。

唯一的纳什均衡是非常方便的，因为该均衡是对分散式博弈结果的合理预测(如果有多个均衡，那么博弈的结果是不清楚的，因为参与者可以从多个均衡结果中选择策略)。因此，竞争惩罚是衡量最优绩效和分散绩效之间差距的适当方法，其中竞争惩罚的计算方式是

$$\frac{\Pi(s_s^*,s_r^*)-\Pi(s_s^o,s_r^o)}{\Pi(s_s^o,s_r^o)} \tag{8-13}$$

事实上，总是存在一个正的竞争惩罚，即分散操作总是导致该博弈的供应链绩效变

低(不如一体化的情形)。对这种情况的解释是,零售商的边际成本总是大于供应链的边际成本,即

$$\frac{\partial c_r(s_r, s_s)}{\partial s_r} > \frac{\partial c(s_r, s_s)}{\partial s_r} \tag{8-14}$$

这是因为 $c_r'(s_r) > c'(s_r)$。由于 $c_r(s_r, s_s)$ 和 $c(s_r, s_s)$ 都是严格凸的,故对于任何 s_s,零售商的最优基本库存总是低于供应链的最优基本库存。也就是说,即使供应商选择 s_s^o,零售商也不会选择 s_r^o,即 $s_r(s_s^o) < s_r^o$。

虽然纳什均衡不是最优的,但卡尚和齐普金在数值研究(Cachon,Zipkin,1999)中发现,竞争惩罚的大小取决于模型的参数。如果企业的积压处罚是相同的(即 $\beta_r/\beta_s = 1$),那么它们的样本进行的竞争惩罚的中位数为5%,在95%的观察结果中,竞争惩罚都不大于8%。然而,当 $\beta_r/\beta_s < 1/9$ 或 $\beta_r/\beta_s > 9$ 时,就会产生非常大的竞争惩罚。

当 $\beta_r/\beta_s < 1/9$ 时,零售商对客户服务并没有太大的关注,且零售商往往会订购远远少于最优状态量的库存。由于供应商无法直接接触客户,因此在这种情况下,供应商无法防止订单积压,导致供应链成本远远高于所希望的水平。

考虑另一个极端 $\beta_r/\beta_s > 9$,此时供应商几乎不关心客户服务,因此未持有足够的库存。在这种情况下,零售商仍然可以防止积压订单,但这样做需要零售商的大量库存来应对供应商较长的前置时间。如果最优策略是供应商持有库存,为零售商提供可靠的补货,那么供应链的成本就远远高于最优策略。然而,在某些情况下,最优策略不要求供应商持有大量库存,例如供应商的持有成本几乎与零售商一样高(在这种情况下,供应商保持库存几乎没有持有成本优势),或者供应商的交货前置时间短(在这种情况下,供应商缺乏库存导致的延迟可以忽略不计)时。在上述情况下,竞争惩罚相对较小。

在单一位置模型中,权力下放总是导致库存比供应链的最优库存更少。在这种设置下,企业之间的交互更为复杂,因此分散式决策通常会导致库存过少(但并不总是如此)。由于零售商的积压成本率低于供应商的积压成本率,因此对于一个固定的 s_s,零售商的库存总是过少,这显然会导致系统中库存不足。然而,该零售商只是供应链的一部分。事实上,从卡尚和齐普金的实证研究(Cachon,Zipkin,1999)来看,供应商的库存可能很大,即使零售商的库存过少,分散式供应链的库存总量也可能超过供应链的最优数量。假设 β_r 足够小而 β_s 足够大,在这种情况下,零售商所持有的库存很少。为了减少零售层面的积压订单的积累,供应商应为零售商提供非常可靠的补货,这需要大量库存,可能导致供应链中有更多的库存。

通过对分散式供应链博弈的分析,我们得出的主要结论是:竞争惩罚总是积极的,但只有在某些情况下才会很大。正是在这种情况下,两方企业可以通过一个激励计划来协调它们的行动并从中受益。

第四节　带有线性转移支付的模型的协调

当$\{s_r^o, s_s^o\}$是一个纳什均衡时,就可以在此条件下实现供应链协调。卡尚和齐普金提出了一套契约来实现这一目标(Cachon,Zipkin,1999),但他们没有回答两个重要的问题:第一,契约是否允许供应链成本的任意分配?第二,最优解是唯一的纳什均衡吗?在此我们将研究他们提出的契约,并回答这两个问题。

在单一位置模型中,供应商用一个基于零售商的库存和积压订单且具有线性转移支付的契约来协调供应链。假设供应商在此模型中采用相同的安排,并根据供应商的积压订单增加了一笔转移支付,即

$$t_I I_r(s_r, s_s) + t_B^r B_r(s_r, s_s) + t_B^s B_s(s_s) \tag{8-15}$$

式中,t_I,t_B^r和t_B^s是常数,$B_s(s_s)$是供应商的平均积压订单,其函数表达式为

$$B_s(y) = \mu_s - y + I_s(y) \tag{8-16}$$

回想一下,上述表达式的正值表示供应商向零售商的付款,负值表示零售商向供应商的付款。既然两企业都可以很容易地观察到$B_s(s_s)$,那么供应商就需要一个信息系统来验证零售商的库存和积压订单。

分析的第一步,我们为最优解提供了一些结果;第二步,我们定义了一组契约的集合,这些契约能协调供应链,同时考虑了成本的分配问题;第三步,我们证明最优解是一个唯一的纳什均衡。

获得最优解的传统方法是重新分配成本以保留所有成本。基本库存策略是最优的,并且易于评估。然而,为了便于将最优策略与分散式博弈的纳什均衡进行比较,在没有传统的成本重新分配的情况下,评估最优基本库存策略是有用的。

给定连续的$\Pi(s_r, s_s)$,任何满足$s_s>0$的最优策略必须使以下两个边际条件为零:

$$\frac{\partial \Pi(s_r, s_s)}{\partial s_r} = F_s(s_s)c'(s_r) + \int_{s_s}^{\infty} c'(s_r + s_s - x) f_s(x)\mathrm{d}x \tag{8-17}$$

以及

$$\frac{\partial \Pi(s_r, s_s)}{\partial s_s} = F_s(s_s)h_s + \int_{s_s}^{\infty} c'(s_r + s_s - x) f_s(x)\mathrm{d}x \tag{8-18}$$

既然$F_s(s_s)>0$,那么就存在唯一可能的最优策略满足$s_s>0$,记为$\{\tilde{s}_r^1, \tilde{s}_s^1\}$,这里$\tilde{s}_r^1$满足

$$c'(\tilde{s}_r^1) = h_s \tag{8-19}$$

且$\tilde{s}_s^1$满足

$$\frac{\partial \Pi(\tilde{s}_r^1, \tilde{s}_s^1)}{\partial s_s} = 0 \tag{8-20}$$

由式(8-19)可得

$$F_r(\tilde{s}_r^1) = \frac{h_s + \beta}{h_r + \beta} \tag{8-21}$$

所以很明显，$\tilde{s}_r^1$存在并且是唯一的。既然$\Pi(\tilde{s}_r^1, \tilde{s}_s^1)$随$s_s$严格凸，那么可以得出$\tilde{s}_s^1$也是存在且唯一的。

$s_s \leqslant 0$下也可能存在最优策略，此时最优策略记为$\{\tilde{s}_r^2, \tilde{s}_s^2\}$，这里$\tilde{s}_s^2 \leqslant 0$，$\tilde{s}_r^2 + \tilde{s}_s^2 = \bar{s}$，此处$\bar{s}$满足

$$\int_0^{\infty} c'(\bar{s} - x) f_s(x) \mathrm{d}x = 0 \tag{8-22}$$

上式可简化为

$$\mathrm{Pr}(D_{\mathrm{r}} + D_{\mathrm{s}} \leqslant \bar{s}) = \frac{\beta}{h_r + \beta}$$

故$\bar{s}$存在且唯一。

已知$\Pi(\tilde{s}_r^1, \tilde{s}_s^1)$随$s_s$严格凸，故当$\partial \Pi(\tilde{s}_r^1, 0)/\partial s_s < 0$时，$\Pi(\tilde{s}_r^1, \tilde{s}_s^1) < \Pi(\tilde{s}_r^2, \tilde{s}_s^2)$。既然$\partial \Pi(s_r, 0)/\partial s_s$随$s_r$递增，据式(8-22)，当$\tilde{s}_r^1 < \bar{s}$时该条件成立，否则就不成立。因此，当$\tilde{s}_r^1 < \bar{s}$时，$\{\tilde{s}_r^1, \tilde{s}_s^1\}$是唯一最优策略，否则任何$\{\tilde{s}_r^2, \tilde{s}_s^2\}$都是最优策略，即

$$\{s_r^o, s_s^o\} = \begin{cases} \{\tilde{s}_r^1, \tilde{s}_s^1\}, & \tilde{s}_r^1 < \tilde{s}_r^2 \\ \{\tilde{s}_r^2, \tilde{s}_s^2\}, & \tilde{s}_r^1 > \tilde{s}_r^2 \end{cases}$$

现在考虑由参数$\lambda \in (0, 1]$描述的一组契约下的企业行为，即

$$t_I = (1 - \lambda) h_r \tag{8-23}$$

$$t_B^r = \beta_r - \lambda \beta \tag{8-24}$$

$$t_B^s = \lambda h_s \left[\frac{F_s(s_s^o)}{1 - F_s(s_s^o)} \right] \tag{8-25}$$

卡尚和齐普金(Cachon，Zipkin，1999)也提出了这些契约，但它们不包括λ参数。

根据上述契约进行调整后，零售商的成本函数为

$$\begin{aligned} c_r(y) &= (h_r - t_I) I_r(y) + (\beta_r - t_B^r) B_r(y) - t_B^s B_s(s_s) \\ &= \lambda c(y) - t_B^s B_s(s_s) \end{aligned} \tag{8-26}$$

如此就有

$$\pi_r(s_r, s_s) = \lambda \Pi(s_r, s_s) - t_B^s B_s(s_s) \tag{8-27}$$

注意到$c(s_r,s_s)=c_r(s_r,s_s)+c_s(s_r,s_s)$，故有

$$\begin{aligned}\pi_s(s_r,s_s)&=h_sI_s(s_s)+(1-\lambda)c(s_r,s_s)+t_B^sB_s(s_s)\\&=(h_s+t_B^s)I_s(s_s)+(1-\lambda)c(s_r,s_s)+t_B^s(\mu_s-s_s)\end{aligned}\tag{8-28}$$

有两种情况需要考虑，分别是$s_s^o>0$以及$s_s^o=0$。先来看前者，如果$s_s^o>0$，则式(8-19)表明

$$\frac{\partial\pi_r(s_r^o,s_s^o)}{\partial s_r}=\left(\frac{\lambda}{1-\lambda}\right)\frac{\partial\pi_s(s_r^o,s_s^o)}{\partial s_s}=\lambda\frac{\partial\Pi(s_r^o,s_s^o)}{\partial s_s}=0\tag{8-29}$$

进一步来说，$\pi_r(s_r,s_s)$随s_r严格凸，且$\pi_s(s_r^o,s_s)$随s_s严格凸，所以$\{s_r^o,s_s^o\}$确实是一个纳什均衡。事实上，它也是唯一的纳什均衡。从隐函数定理可知，$s_r(s_s)$是递减的(此处就像在没有契约的分散式博弈中一样，$s_i(s_j)$是企业i对企业j的最优反应策略，即

$$\frac{\partial s_r(s_s)}{\partial s_s}=-\frac{\int_{s_s}^{\infty}c_r''(s_r+s_s-x)f_s(x)\mathrm{d}x}{f_s(s_s)c_r''(s_r)+\int_{s_s}^{\infty}c_r''(s_r+s_s-x)f_s(x)\mathrm{d}x}\leqslant 0\tag{8-30}$$

因此，对于$s_r=s_r(s_s)$和$\lambda\leqslant 1$，供应商的边际成本是递增的，即

$$\frac{\partial\pi_s\left[s_r(s_s),s_s\right]}{\partial s_s}=F_s(s_s)(h_s-(1-\lambda)c'\left[s_r(s_s)\right]+t_B^s)-t_B^s\tag{8-31}$$

因此，存在唯一的s_s使$s_s\left[s_r(s_s)\right]=s_s$，即存在唯一的纳什均衡。

现在假设$s_s^o\leqslant 0$，容易得出所有的$\{\tilde{s}_r^2,\tilde{s}_s^2\}$满足两方企业的一阶和二阶条件，因此它们都是纳什均衡。即使没有唯一的纳什均衡，两方企业的成本在整个均衡中也是相同的。

这些契约确实允许企业在供应链系统中任意分配零售水平的成本，但它们不允许企业任意分配供应链的所有成本，这是由于$\lambda\leqslant 1$的限制。也就是说，这些契约不可能分配给零售商超过最优零售水平的成本：虽然零售商的成本函数在$\lambda>1$时表现良好，但供应商并不是这样；在$\lambda>1$时，供应商有强烈的动机来提高零售水平成本。当然，如果有必要，可以用额外支付来实现这些分配，但由于零售商不太可能同意承担这样的负担，因此这种“限制”并不太有限制性。

这些契约的一个有趣的特点是，t_I和t_B^r转移支付与单一位置模型中使用的支付相同。这是值得注意的，因为零售商的关键比率在各个模型中不尽相同。在单一位置模型中，零售商选择s_r使下式成立

$$F_r(s_r)=\frac{\beta}{\beta+h_r}\tag{8-32}$$

而在双位置模型中，零售商选择s_r使下式成立

$$F_r(s_r)=\frac{\beta+h_s}{\beta+h_r}\tag{8-33}$$

第五节　其他协调方法

卡尚和齐普金的线性方案的替代方案已经被研究用于协调在$\beta_s=0$的特殊情况下的供应链协调问题，即供应商不承担与零售积压订单相关的成本。这种偏好结构最适合一些内部供应链，它们的每个位置由单独的管理者运作。例如，假设供应链中的第二阶段是由仓库经理控制，而不是供应商，那么仓库经理可能对零售层面产品的可用性没有直接兴趣。

有学者(Lee，Whang，1999)提出了一种协调计划，该协调计划基于克拉克等人(Clark，Scarf，1960)的工作。他们考虑一个定期审查模型，企业将贴现成本(而不是平均成本)最小化。克拉克等人只关注系统范围的性能，证明了基本库存策略是最优的，在系统中的成本重新分配后，可以从一系列简单的单一位置优化问题中进行评估。而在这一协调计划中，借鉴了克拉克等人的成本重新分配的思路，并表明这种思路可以用于协调分散式经营。在他们的模型中，供应商补贴零售商的持有成本，补贴费率为h_s，并向零售商收取额外的延期订单罚款费用(费率为h_s)。考虑到这些转移，令$g_r(y)$表示零售商在时间t处的库存水平为y的情况下，在时间$t+L_r$处的预期成本为

$$\begin{aligned} g_r(y)&=(h_r-h_s)I_r(y)+(\beta+h_s)B_r(y)\\ &=(h_r+\beta)I_r(y)+(\beta+h_s)(\mu_r-y) \end{aligned} \tag{8-34}$$

此处$\beta=\beta_r$(因为$\beta_s=0$)。$g_r(y)$是严格凸的，在s_r^o处达到最小。然而，由于供应商短缺或缺货，零售商的库存水平IL_r可能低于其库存位置IP_r。为了惩罚供应商的这些短缺，供应商在时间t处给零售商提供转移支付，金额为$g^p(IL_r,IP_r)$，这里满足条件

$$g^p(x,y)=g_r(x)-g_r(y) \tag{8-35}$$

这种转移可能是负的，即零售商支付给供应商，这发生在零售商(由于非理性原因)订购$IP_r>s_r^o$，而供应商没有满足全部要求($IL_r<IP_r$)的情况下。此外，转移支付在零售商的库存位置上不是线性的。

零售商最终的实际成本函数是$\pi_r(s_r)=g_r(s_r)$，即从零售商的角度来看，供应商提供完全可靠的交付，因为供应商完全补偿了零售商由于交付低于零售商订单而引起的任何预期成本。因此，s_r^o是零售商的最优基本库存水平。

采用此设置的供应商的成本函数为

$$\begin{aligned} c_s(s_r,s_s)&=h_s\left[I_s(s_s)+I_r(s_r,s_s)-B_r(s_r,s_s)\right]+\int_{s_s}^{\infty}g^p(s_r+s_s-x,s_r)f_s(x)\mathrm{d}x\\ &=h_s\left[s_s+s_r-\mu_r-\mu_s\right]-\left[1-F_s(s_s)g_r(s_r)\right]+\int_{s_s}^{\infty}g_r(s_r+s_s-x)f_s(x)\mathrm{d}x \end{aligned} \tag{8-36}$$

求偏导数，得

$$\begin{aligned}\frac{\partial c_s(s_r,s_s)}{\partial s_s}&=h_s+\int_{s_s}^{\infty}g_r'(s_r+s_s-x)f_s(x)\mathrm{d}x\\&=-\beta+(h_s+\beta)\left[F_s(s_s)+\int_{s_s}^{\infty}F_r(s_r+s_s-x)f_s(x)\mathrm{d}x\right]\end{aligned}\tag{8-37}$$

$$\frac{\partial^2 c_s(s_r,s_s)}{\partial s_s^2}=(h_s+\beta)\left[f_s(s_s)(1-F_r(s_r))+\int_{s_s}^{\infty}f_r(s_r+s_s-x)f_s(x)\mathrm{d}x\right]>0\tag{8-38}$$

因此,供应商的成本函数是严格凸的,且如果零售商的基本库存水平是s_r^o,那么供应商的最优基本库存水平是s_r^o,即$\{s_r^o,s_s^o\}$是一个纳什均衡。此外也不难看出,$\{s_r^o,s_s^o\}$是唯一的纳什均衡(假设$s_s^o>0$是最优的),但这种安排只规定了供应链利润的一个部分,固定支付可以用来以一种不同的方式重新分配成本。

在这个转移支付契约与卡尚和齐普金的契约之间有一些不同。前述的协调计划向供应商的积压订单收取非线性费用,而卡尚和齐普金则收取线性费用。在线性契约中,零售商必须考虑供应商缺货的情况,也就是说,零售商不能得到这些短缺的直接补偿;而对于非线性契约,零售商不必关心供应商的库存管理决策。换句话说,在线性契约下,$s_r(s_s)$不是独立于s_s的,而是与非线性契约有关的。此外,它们都有与I_r和B_r相关的线性转移支付,但这些转移支付是完全不同的:在非线性契约下,$t_I=h_s$及$t_B^r=-h_s$成立,但这对线性契约不成立:$t_I=h_s$成立需要满足$\lambda=1-h_s/h_r$,而$t_B^r=-h_s$成立需要满足$\lambda=(\beta_r+h_s)/\beta$。

也有学者(Chen,1999)使用一种会计库存的方法来协调一类供应链,即由一家企业来补偿所有其他企业的实际成本。在这种情况下,假设该企业是供应商,即供应商向零售商的转移支付费率等于“每单位库存h_r”和“每单位积压订单β_r”,这会使零售商没有实际成本,所以也没有动力选择s_r^o。

为了提供这种激励,供应商向零售商收取单位会计存货t_I^a和每单位会计积压订单t_B^a,此处零售商的会计库存等于供应商总是满足零售商的订单要求的情况下,零售商将拥有的库存。因此,零售商每单位时间向供应商的预期付款为

$$t_I^aI_r(s_r)+t_B^aB_r(s_r)=(t_I^a+t_B^a)I_r(s_r)+t_B^a(\mu_r-s_r)\tag{8-39}$$

零售商的最优基本库存水平s_r^*将支付金额最小化,即

$$F_r(s_r^*)=\frac{t_B^a}{t_I^a+t_B^a}\tag{8-40}$$

现设

$$t_I^a=\lambda(h_r-h_s)\tag{8-41}$$

$$t_B^a=\lambda(h_s+\beta)\tag{8-42}$$

其中$\lambda>0$,由上式可得

$$\frac{t_B^a}{t_I^a + t_B^a} = \frac{h_s + \beta}{h_r + \beta} \tag{8-43}$$

因此,由式(8-19)可得零售商会选择s_r^o。根据这些契约,零售商的预期付款是

$$\lambda\left(h_r + \beta\right)\left[I_r(s_r) + F_r(s_r^o)(\mu_r - s_r)\right] \tag{8-44}$$

因此,零售商的行动可以被协调,并可以将任何成本分配给零售商。一旦条款确定,供应商就无法控制收到的转移付款,因此供应商将在其控制下最小化其成本。这个成本等于供应链的成本,因此$\{s_r^o, s_s^o\}$是一个纳什均衡。

相对于前面讨论的两种协调方法,这种会计库存与前述协调计划的方法关系最为密切。事实上,在这种情况下,它们基本上是等价的。在这两种方法中,零售商的成本函数都是基于这样一个假设,即零售商的订单总是立即被完全满足。另外,在前述协调计划的模型中,零售商每单位的有效持有成本是$h_r - h_s$,而在这种会计库存的模型中,零售商的持有成本是$\lambda(h_r - h_s)$。同样,延期订单罚款成本是$h_s + \beta$和$\lambda(h_s + \beta)$。当$\lambda = 1$时,这些方法是相同的。通过让$\lambda \neq 1$,使会计库存方法对利润的任何部分有效,而协调计划的方法没有这种性质,因为它缺乏这个参数。最后,在这两种情况下,供应商都承担供应链中的所有剩余成本,因此供应商的成本函数在这两种方案下都相同。

会计库存与协调计划的非线性契约之间的等价性令人惊讶,因为在会计库存模型中似乎没有向供应商收费,而协调计划模型则确实收取了非线性惩罚函数的费用。然而,在会计库存模型中,还是收取了非线性罚款,因为供应商补偿了零售商的实际成本。因此,会计库存模型与协调计划模型所用的方法是描述同一转移支付的两种不同方式。这可能是一个普遍的结果,但需要更多的研究来验证模型之间的所有不同点在本质上是一致的。

波提斯(Porteus,2000)提出过责任代币的思想去协调供应链,这也与前述协调计划所用的方法密切相关。与协调计划模型一样,波提斯的模型把从供应商到零售商的转移率设定为$h_s I_r - h_s B_r$。然而,波提斯没有讨论与B_r相关的费用的明确表达形式。相反,若供应商无法完全满足零售商的订单,则为缺少的每个单位发放一个责任代币,以代替实际的库存。

从零售商的角度来看,责任代币等同于库存:零售商承担的持有成本为每单位责任代币每单位时间付出$h_r - h_s$,如果使用责任代币去填补需求,则不会产生延期订单罚款成本。如果一个责任代币用于满足需求,那么供应商将被收取全额积压成本,直到供应商提供一个实际库存单位来满足需求。类似地,供应商收取零售商对每个责任代币的持有成本,尽管供应链实际上并不会产生对这些假想责任代币的持有成本。因此,有了这个系统,零售商就从供应商那里得到了完全可靠的供应,而供应商承担了它积压订单的后果,就像协调计划模型一样。然而,在对协调计划模型的研究中,供应商支付预期成本是积压订单的后果,而在责任代币机制下供应商支付实际的成本后果,在会计库存模型

下也是如此。当所有的参与者都是风险中立时，这种区别并不重要。

沃森（Watson，2002）曾考虑协调具有AR(1)需求的一类供应链。根据这个需求过程，供应链每个阶段的最优订货量并不等于需求，如同它有独立需求一般。因此，使用地方处罚的方案（例如会计库存模型或卡尚和齐普金的线性转移支付）要求每个阶段预测后续阶段的订购过程，而这在该需求过程下并不平凡。沃森提出了一种在计算上更友好的替代方案。在他的方案中，阶段是由管理梯队库存的激励给出的，因此每个阶段只需要观察需求过程。

第六节　模型讨论

在双位置基本库存模型中，分散式经营总是导致性能次优的结果，但性能下降的程度（即竞争惩罚）取决于供应链参数。如果企业的延期订单成本类似，那么竞争处罚往往相当小。即使供应商不关心客户服务，竞争对手的处罚也可能很小，因为它在供应链中所扮演的角色可能不太重要（例如h_s很大或者L_s很小的情形）。

为了协调零售商的行动，企业可以同意一组线性转移支付，其功能类似于单期报童模型中的回购契约。为了协调供应商的行动，卡尚和齐普金（Cachon，Zipkin，1999）提出了一种基于供应商积压订单的线性转移支付。有了这些契约，最优策略就是唯一的纳什均衡。此外，他们提出的支付方法允许企业任意分配零售水平上的成本。协调计划模型、会计库存模型和双位置基本库存模型都针对供应商不关心零售水平的积压订单这一特殊情况提出了替代协调方案。

对双位置基本库存模型有许多有价值的扩展。卡尔登特伊和温（Caldentey，Wein，2000）研究了一个模型，他们考虑的双位置基本库存模型中，供应商选择的是一个生产率，而不是一个库存策略。他们证明，卡尚和齐普金（Cachon，Zipkin，1999）的许多定性见解仍然成立。卡尚（Cachon，1999）在带有销售损失的两级串行供应链中获得了同样的发现。

杜恩亚斯和特赛（Duenyas，Tsai，2001）也研究了一个带有销售损失的两级串行供应链，但其中包括一些需要仔细讨论的地方：首先，他们考虑的是动态策略，而不仅仅是基本库存策略。其次，下游企业需要上游的库存以满足其需求，但该库存也可用于满足一些外部市场的需求。如果能在这两种需求之间进行选择，那么供应链更倾向于使用库存来满足下游企业的需求。但由于需求是随机的，因此要满足某些外部需求可能是最优的。他们证明，虽然固定的批发价格契约不能协调供应链，但它们仍然相当有效，也就是说，对于大多数参数设置而言，竞争惩罚很小。最后，帕克尔和卡普辛斯基（Parker，Kapuscinski，2001）解决了一类具有产能限制的串行供应链的协调问题，这也是一个相当难解决的问题。

继串行供应链之后，很自然的想法是考虑与多个零售商合作的供应链。然而，即使是这些模型中集中式运作的分析复杂性，也构成了相当大的挑战。卡尚(Cachon,2001)利用超模博弈理论，得到了具有多家零售商和离散随机需求的两梯队模型(Topkis,1998)结果。他证明，多个纳什均衡可能存在，最优策略也可能是一个纳什均衡。因此，分散式运作并不一定会导致次优的性能。安德森、马克兰德(Andersson,Marklund,2000)和阿克塞特(Axsater,2001)考虑了一个类似的模型，但运用的方法协调起来不同。

还有学者(Chen,Federgruen,Zheng,2001)研究了有一个供应商、多个非竞争零售商和确定性需求的模型(CFZ模型)。虽然集中式的解决方案是棘手的，但对于固定价格(因此也是固定需求率)，伦迪(Roundy,1985)提供了一类近乎最优的策略。在CFZ模型中，研究者发现了集中式的解决方案。他们的研究表明，单一订单数量折扣策略不能协调异质零售商的行动，因此他们提出了一个确实能够协调供应链的转移支付模型，该模型中的协调问题比前面讨论的具有随机需求的多梯队模型更加复杂。例如，在双位置模型中，零售商的行动对供应商的持有成本没有影响，而在CFZ模型中，零售商的行动会影响供应商的持有和订单处理成本。此外，在CFZ模型中，与随机需求不同，所有客户需求的满足都没有延迟，供应商也永远不会延迟发货。

第九章　内部市场的协调问题

在之前研究的每个模型中，企业同意一个明确规定转移支付的契约，如回购率为b或收入份额为ϕ。但是，也有一些情况需要更多的灵活性，即转移支付率取决于契约签订后发生的某些随机事件的实现。本部分研究的是一个通过内部市场提供这种一致性的模型。

第一节　模型与分析

假设有一个供应商、一个生产经理和两个零售商。生产经理是供应商的员工，零售商是独立的企业。事件按以下序列发生：生产经理选择生产投入水平e，这会产生一个最终产品的结果$Q=Ye$，其中$Y\in[0,1]$，是一个随机变量；生产经理产生成本$c(e)$，$c(e)$严格凸且递增；零售商i观察到α_i，其取值依随机变量$A_i>0$实现；每个零售商向供应商提交订单；供应商将q_i单位的产品分配给零售商i，确保q_i不超过零售商i的订单且$q_1+q_2\leqslant Q$；最后，零售商i获得收入$q_i\left[p_i(q_i)\right]$，其中$p_i(q_i)=\alpha_i q_i^{-1/\eta}$，$\eta>1$，是恒定的需求弹性。设$\theta$是$Y$的具体实现值，$A=\{A_1,A_2\}$，$\alpha=\{\alpha_1,\alpha_2\}$。这个模型与库维利斯和拉里维耶尔的研究(Kouvelis，Lariviere，2000)密切相关，而这份研究又是波提斯等人(Porteus，Whang，1991)的模型的一个变体，尽管符号系统并不相同。

在考虑企业之间的转移支付之前，我们考虑供应链的最优行动。考虑到每个零售商的收入都在严格增加，故将整个产出分配给零售商总是最优的。因此，设γ是Q的被分配给零售商1的比例。设$\pi(\gamma,\alpha,Q)$是零售商1被分配了γQ单位产品、零售商2被分配了$(1-\gamma)Q$单位产品的情况下，零售商的总收入，则有

$$\pi(\gamma,\alpha,Q)=\left[\alpha_1\gamma^{(\eta-1)/\eta}+\alpha_2(1-\gamma)^{(\eta-1)/\eta}\right]Q^{(\eta-1)/\eta} \tag{9-1}$$

两家零售商的最优生产分配取决于需求的实现，而不是生产产出。此外，利润对γ是凹的，所以可设$\gamma^o(\alpha)$是分配给零售商1的最优份额，即

$$\gamma^o(\alpha)=\frac{\alpha_1^\eta}{\alpha_1^\eta+\alpha_2^\eta} \tag{9-2}$$

以最优分配为条件，零售商的总收入为

$$\pi(\alpha, Q)=\pi\left[\gamma^{o}(\alpha), \alpha, Q\right]=(\alpha_1^{\eta}+\alpha_2^{\eta})^{1/\eta}Q^{(\eta-1)/\eta} \tag{9-3}$$

因此,供应链的总预期利润$\Pi(e, A, Y)$为

$$\Pi(e, A, Y)=E\left[\pi(A, Ye)\right]-c(e) \tag{9-4}$$

利润对e是凹的,所以唯一最优生产努力水平e^{o}满足

$$\Pi'(e^{o})=\left(\frac{\eta-1}{\eta}\right)(e^{o})^{-1/\eta}E\left[(A_1^{\eta}+A_2^{\eta})^{1/\eta}Y^{(\eta-1)/\eta}\right]-c'(e^{o})=0 \tag{9-5}$$

现在来考虑一下分散式运作。为了实现供应链渠道协调,全体零售商必须购买供应商的所有产出,且产出必须适当地分配给每家零售商的需求。很明显,固定的每单位批发价格不能让我们实现这些目标。具体来说,对于任何固定的批发价格,总有一些Y使零售商不会全体购买该供应商的所有产出。此外,在固定批发价格的场合,零售商可能需要超过供应商产量的产品,在这种情况下,供应商必须执行一些分配规则。定量配给可能会导致零售商提交策略性订单,这反过来又可能导致产量的低效率分配(Cachon, Lariverie, 1999)。为了缓解这些问题,供应商可以将转移价格取决于A和Q的实现。具体来说,假设供应商每单位向零售商收取w,零售商i收到q_i单位产品,则零售商i的利润为

$$\pi_i(q_i, w)=\alpha_i q_i^{(\eta-1)/\eta}-wq_i \tag{9-6}$$

零售商i的最优订购数量q_i^{*}满足

$$\frac{\partial\pi_i(q_i^{*}, w)}{\partial q_i}=0=\left(\frac{\eta-1}{\eta}\right)\alpha_i(q_i^{*})^{-1/\eta}-w \tag{9-7}$$

由上式可得,当$w=w(\alpha, Q)$时,$q_i^{*}=\gamma^{o}(\alpha)Q$,此处有

$$w(\alpha, Q)=\left(\frac{\eta-1}{\eta}\right)(\alpha_1^{\eta}+\alpha_2^{\eta})^{1/\eta}Q^{-1/\eta} \tag{9-8}$$

因此,当供应商收取$w(\alpha, Q)$的费用时,零售商恰好总共订购Q单位,且它们之间的库存分配使供应链收入最大化。注意,$w(\alpha, Q)$正是额外生产的边际价值,即

$$\frac{\partial\pi(\alpha, Q)}{\partial Q}=w(\alpha, Q) \tag{9-9}$$

供应商可以给零售商一份契约,它依A和Y的实现来决定批发价格$w(\alpha, Q)$,但这肯定会是一个难以管理的契约(在长度和复杂性上)。此外,实施该契约要求供应商实际观察A的实现,而这一点可能得不到实现。

需要指出的是,还有一个更简单的选择:供应商只是在博弈开始时就承诺,在零售商观察到它们的需求实现后,就保持一个产出市场。唯一的市场出清价格为$w(\alpha, Q)$,如此

一来,市场就可以在供应商没有观察 A 的情况下最优化供应链的利润。

目前仍有待确定供应商对其生产经理的补偿方案。更复杂的是,假定供应商无法遵守生产经理的规定,即 e 是不可用契约规定的。但是,供应商能够观察到企业的最终产出 Ye,所以假设供应商把每单位已实现的产量支付给生产经理,则有

$$\left(\frac{\eta-1}{\eta}\right)(e^o)^{-1/\eta}E\left[(A_1^\eta+A_2^\eta)^{1/\eta}Y^{(\eta-1)/\eta}\right]/E[Y]=E\left[Qw(A,Q)\mid e^o\right]/E\left[Q\mid e^o\right] \tag{9-10}$$

因此,供应商向生产经理支付产能的预期影子价格,并以已实现的产能影子价格将产能销售给零售商。考虑该方案的情况下,生产经理的预期效用是

$$u(e)=\left(\frac{\eta-1}{\eta}\right)(e^o)^{-1/\eta}E\left[\left(A_1^\eta+A_2^\eta\right)^{1/\eta}Y^{(\eta-1)/\eta}\right]e-c(e) \tag{9-11}$$

边际效用为

$$u'(e)=\left(\frac{\eta-1}{\eta}\right)(e^o)^{-1/\eta}E\left[\left(A_1^\eta+A_2^\eta\right)^{1/\eta}Y^{(\eta-1)/\eta}\right]-c'(e) \tag{9-12}$$

与式(9-5)比较可以看出,生产经理的最优努力水平是 e^o。

供应商从内部市场获得的预期收入为0;$E\left[Qw(A,Q)\mid e^o\right]$ 是来自零售商的预期收入,根据式(9-10),这也是生产经理的预期收益。为了获得正收益,供应商可以向生产经理和(或)零售商收取固定费用。事实上,在更一般的情况下,有研究(Kouvelis,Lariverie,2000)表明,供应商通过内部市场的供应链协调方法实现想要的盈亏状况。因此,该策略只有当与固定费用对相结合时,对供应商来说才是一个可行的策略。

第二节　模型讨论

在此模型中,供应链中的一个代理商会产生一个对供应链的另一部分(即零售商)价值不确定的资源(生产产出)。因此,要想达到协调,需要生产资源以及消耗资源的适当激励。生产可以与一个单一的价格(产出的预期值)相协调,但其消费需要一个依赖于状态的价格,这可以通过一种市场机制来提供。有趣的是,通过市场销售资源的预期收入可能低于购买资源的预期成本。因此,在资源的生产者和消费者之间必须有一个造市商,而这个造市商必须准备好在这个市场上赔钱。因此,造市商只有在存在其他工具来提取参与者的租金(如固定费用)时才愿意参与。换句话说,造市商利用市场来调整激励措施,但并不直接从市场中获益。

多诺霍(Donohue,2000)提出的模型与这个模型相似,前者主要的假设是,初期的生产是不确定的:它取决于第2期开始时的需求信号的实现。在多诺霍的模型中,不需要建

立市场，因为购买供应商第1期的全部产出就是零售商的最优结果。现在假设库存存在持有成本，而零售商的持有成本高于供应商的持有成本。在这种情况下，供应链最好在第1期生产比零售商订购的更多的量，即过剩的生产保存在供应商处，以备第2期的需要。在第2期将所有第1期生产的量转移到零售商处仍是最优的，因为供应商的库存不能销售，无法满足市场需求。

只有 $w_2=0$ 才可以确保零售商订购供应商的所有库存。然而，对于这个价格，任何第2期订单都是零售商的最优选择。因此，在每一期具有固定批发价的回购契约不再是一个切实可行的供应链协调方案(Barnes-Schuster，Bassok，Anupindi，1998)。

第十章　信息不对称模型

到目前为止，我们考虑的所有模型中，企业都拥有完整的信息，即所有企业在做出决策时都拥有相同的信息。因此，任何协调失败都完全是由于激励冲突等因素造成的，而不是由于一方企业无法评估最优策略引起的。然而，在实践中，完整的信息是很少见的。考虑到大多数现代供应链的复杂性和地理广度，至少有一个企业缺乏其他参与者拥有的重要信息。例如，产品制造商可能比关键部件制造商或供应商有更准确的需求预测。在这种情况下，获得最优的供应链性能不仅需要行动协调，而且需要共享信息，以便使供应链中的企业能够确定精确的最优行动集。

有时，分享信息并不困难。例如，假设相关信息是具有平稳随机需求的产品的需求分布，在这种情况下，需求预测可以通过共享过去的销售数据来实现信息共享（这可能在技术上具有挑战性，但该预测的可信度是有保障的）。这就引发了一些有趣的研究问题，包括如何使用这些信息来提高供应链性能，以及通过信息共享供应链性能提高了多少等。

不过，在信息共享中也有可能存在投机行为。例如，制造商可能会告诉其供应商"需求相当大"，以使供应商准备大量产能。当需求预测是由不同且未知的信息库构建时，就很容易造成问题。考虑对新产品的需求预测，制造商的销售经理可能会将消费者面板数据纳入预测中，这些数据可以与供应商共享，但销售经理的预测也可能包括其基于自己在该行业多年的经验而收集的大量信息的主观意见。如果销售经理很了解他的市场，那么这些猜测和直觉可能会非常有用，但除了表明他认为的预期需求是"x"之外，他并没有明显的方法将这些信息传达给供应商。换句话说，销售经理拥有供应商无法轻易验证的重要信息，因此供应商可能不确定"x"是不是销售经理的最优预测。此外，供应商甚至需要在事后验证预测：如果需求小于"x"，那么供应商不能确定销售经理是否给出了偏高的预测，因为即使"x"是正确的预测，实现低需求也是可能的。

在此我们考虑了基于卡尚和拉里维尔（Cachon，Lariviere，2001）研究成果的非对称信息需求预测的供应链契约模型。与以前一样，主要问题是哪些契约（如果有的话）可以实现供应链协调，以及如何与这些契约分配租金或收益。在此模型协调中，要求满足两个条件：一是供应商采取正确的行动，二是共享准确的需求预测信息。

除了信息共享之外，这个模型还强调了契约遵约问题，我们将在后文中进行讨论。通过强制遵约（即所有企业必须选择契约中的行动），可以实现供应链协调和准确的预测信息共享。然而，在自愿遵约的情况下（也就是说，每个企业选择自身最优化的行动，即使它们偏离了契约中建议的行动），信息共享也是可能达成的，但必须让供应链绩效承受一些损失（不是最优的）。

第一节　产能采购博弈问题

在产能采购博弈中，制造商M生产一种需求不确定的新产品；有一个潜在的供应商S能够提供一种关键组件，如果没有这种组件，M就无法生产这种新产品（Milner，Pinker，2001）。这是一个没有不对称信息的产能契约模型，其中下游企业能够提供一些自己的产能，但当需求很高时，仍要依赖上游企业的产能。

设D_θ为企业需求，其中$\theta \in \{h, l\}$。设$F(x|\theta)$为需求所服从的分布函数，当$x<0$时恒满足$F(x|\theta)=0$；当$x \geqslant 0$时恒满足$F(x|\theta)>0$，且$F(x|\theta)$是可微的增函数。此外，设D_h“随机大于”D_l，即$F(x|h)<F(x|l)$对$x \geqslant 0$恒成立。

在完全信息共享的情况下，两企业都能观察到θ参数；但在不对称信息共享的情况下，θ参数仅能由制造商观察到。在这种情况下，供应商只对需求状况有一个概率上的信念，具体来说就是$Pr(\theta=h)=\rho$和$Pr(\theta=l)=1-\rho$。ρ对供应商和制造商来说都是一个已知的信息，换言之，此概率是正确的公共信息。

M和S之间的博弈分为两个阶段。在第一阶段，M给出需求预测和契约，其中包括初始订单q_i。假设S接受契约，S决定其产能k且每单位成本$c_k>0$。在第二阶段，M观察到D_θ并按照契约规定的合适的订单量向S提交最终订单。然后S生产$\min\{D_\theta, k\}$单位的产品，每单位产品成本$c_p>0$，并将这些单位产品交付给M。最后，M根据商定的契约向S支付款项，M从每单位被满足的需求中获利$r(r>c_p+c_k)$。未使用的产能的残值归一化为零。如果M只在第二阶段观察到不完美的需求信号，那么模型的定性行为不变。

与前文中研究的报童模型一样，该模型只有一个需求周期。但在报童模型中，生产过程发生在观察到需求实现之前，而在该模型中，（受初始选择的产能所限制的）生产发生在观察到需求实现之后。该模型也与前文中所考虑的两阶段报童模型不同。在那个模型中，一些生产可以推迟到了解需求信息之后，但这种生产比早期生产成本更高。而在我们现在讨论的这个模型中，无论在哪个阶段，生产成本都是相同的。因此，与两阶段报童模型不同的是，在了解需求信息之前，生产并不是最优的行动。

第二节　完全信息的情形

为建立一个参照基准，在本节中假设两企业都观察到θ，并从供应链最优解开始分析。供应链需要做出两个决定：准备多少产能k，以及生产多少数量。后者比较简单，观察需求后生产$\min\{D_\theta, k\}$即可。因此，唯一实质性的决定是建立多少产能。假设$S_\theta(x)$

为具有x单位的产能时的预期销售额，则有

$$S_\theta(x)=x-E[(x-D_\theta)^+]=x-\int_0^x F_\theta(x)\mathrm{d}x \tag{10-1}$$

设$\Omega_\theta(k)$为供应链在具有k单位产能时的预期利润，则有

$$\Omega_\theta(k)=(r-c_p)S_\theta(k)-c_k k \tag{10-2}$$

考虑到$\Omega_\theta(k)$是凹的，因此最优产能k_θ^o与报童模型拥有同样的关键比率，即

$$\overline{F_\theta}(k_\theta^o)=\frac{c_k}{r-c_p} \tag{10-3}$$

式中，$\overline{F_\theta}(x)=1-F_\theta(x)$。设$\Omega_\theta^o=\Omega_\theta(k_\theta^o)$，可知，如果供应商建立$k_\theta^o$单位的产能，并推迟所有生产，那么等到收到制造商的最终订单就可以实现供应链协调。

现在我们来考虑M和S之间的博弈（制造商可以与供应商签订许多不同类型的契约）。考虑一个期权契约：M以每单位期权w_o的价格购买q_i单位的期权，在第一阶段每个单位期权为w_o，在第二阶段每个单位期权为w_e，因此预计的转账付款总额为$w_o q_i+w_e S_\theta(q_i)$。

该契约也可以被描述为回购契约：M在第一阶段为订货量q_i支付每单位$w=w_o+w_e$的费用，在第二阶段S为M“退货”（即不接受实际交货）的量交付$b=w_e$。或者，该契约也可以描述为批发价格契约（批发价格为w_o+w_e），并为在第二阶段取消的每个单位收取终止罚款。

有学者（Erkoc，Wu，2002a）研究了带有凸产能成本的产能采购博弈的保留契约。在该契约下，M在观察到需求之前保留特定数量的产能，然后为这部分被保留的产能向S支付费用（如果没有需求，那么这部分产能就不需要实现了）。

假设供应商建立了足够的产能来覆盖制造商的选择，即$k=q_i$，则制造商的预期利润为

$$\Pi_\theta(q_i)=(r-w_e)S_\theta(q_i)-w_o q_i \tag{10-4}$$

如果选择参数使$r-w_e=\lambda(r-c_p)$且$w_o=\lambda c_k$（此处$\lambda\in[0,1]$），则有

$$\Pi_\theta(q_i)=\lambda\Omega_\theta(q_i) \tag{10-5}$$

因此，$q_i=k_\theta^o$是制造商的最优订单，此时供应链达到协调，供应链的利润可以任意分配到两企业之间。因为供应商的利润为$(1-\lambda)\Omega_\theta(q_i)$，故$k_\theta^o$还能最大化供应商利润，这显然与最初$k=q_i$的假设相悖。

针对上述分析，有一件重要的事情值得注意：制造商能否确定供应商会让产能满足$k=q_i$?

我们先假设制造商无法验证供应商实际构建了$k=q_i$的产能。考虑到供应商的产能

取决于一些制造商难以验证的因素(如劳动实践、生产计划、部件产量等),如果在某些情况下,制造商无法证明供应商的产能低于q_i也并不奇怪。考虑到这一点,给出以下利润函数,其中假设供应商相信需求是τ且$k<q_i$,即

$$\begin{aligned}\pi(k,q_i,\tau)&=(w_e-c_p)s_\tau(k)+w_oq_i-c_kk\\&=(1-\lambda)(r-c_p)s_\tau(k)-c_k(k-\lambda q_i)\end{aligned}\tag{10-6}$$

由上式可得

$$\frac{\partial\pi(k_\theta^o,k_\theta^o,\theta)}{\partial k}<0\tag{10-7}$$

如果$q_i=k_\theta^o$,那么k_θ^o将不能最大化供应商利润。问题的根源是,上述成本函数假设制造商为每个选项支付w_o,而不论产能怎样构建。因此,只有契约的w_e参数会影响供应商对保证金的决定,即供应商将其产能设置为相当于供应商提供批发价格契约的情形。

卡尚和拉里维尔(Cachon,Lariviere,2001)对强制遵约给出过一个定义,依此定义,供应商必须选择$k=q_i$;而如果是自愿遵约,则即使制造商为q_i单位支付了w_oq_i,供应商也可以选择$k<q_i$。这两种情况都代表了可行范围的极端:在强制遵约的情况下,供应商相当于任何$k<q_i$的情况成本都无穷大;而在自愿遵约的情况下,则让供应商表现得好像没有后果需要承担。

现实情况处于这两种极端的中间位置(这个讨论类似于一个带有零售商努力的讨论,实际上它既不是完全可以用契约解决的,也不是完全不可以用契约解决的)。然而,自愿遵约是值得研究的,因为供应商很可能会建立$k<q_i$,即使这样做会有一些惩罚。例如,假设供应商必须把制造商无法实现的那些单位的金额退还给制造商,即如果$D_\theta>k$,则供应商退还给制造商的金额为$(\min\{q_i,D_\theta\}-k)^+w_o$。

即使有这样的惩罚,供应商也有$1-F(k)$的机会从(q_i-k)单位的选项中获得费用而没有建立产能来实现这些选项:如果$D_\theta>k$,那么制造商就不会知道供应商无法涵盖所有的选项,因为供应商涵盖了制造商所想要实现的那部分选项。这种激励措施足以促使供应商选择$k<q_i$。有研究者(Erkoc,Wu,2002a)在保留契约的背景下提出了另一种方法:研究一个博弈,即供应商为保留但未交付的每一单位产能支付罚款。他们发现,足够多的罚款能够确保供应商遵约。

总之,通过强制遵约,制造商可以使用一些契约来协调供应链并分配利润。但是,这些契约在不强制遵守的情况下并不能保证被顺利实施。因此,自愿遵约是一个更为保守的假设(并且可能过于保守)。

我们还可以研究一下制造商在自愿遵约情况下的契约。如上所述,如果制造商自愿遵约,则制造商的初始订单对供应商的产能决策没有影响。因此,基于初始订单的转移支付对供应商的产能决策也没有影响。为了影响供应商的产能决策,制造商根据其最终订单q_f被归类到某种契约下,例如,一个明显的备选契约是批发价格契约。

在批发价格契约下，供应商的利润是

$$\pi_\theta(k)=(w-c_p)S_\theta(k)-c_k k \tag{10-8}$$

需要注意，供应商在假设需求参数肯定是θ的情况下评估自己的预期利润。供应商的利润是严格凹的，所以对任何k，存在唯一的批发价格使k对供应商是最优的。设$w_\theta(k)$为该批发价格，则有

$$w_\theta(k)=\frac{c_k}{\overline{F_\theta}(k)}+c_p \tag{10-9}$$

制造商的利润函数现在可以表示为

$$\Pi_\theta(k)=\left[r-w_\theta(k)\right]S_\theta(k) \tag{10-10}$$

也就是说，制造商可以通过提供批发价格契约$w_\theta(k)$来选择它想要的产能。对制造商的利润函数求微分，得

$$\Pi_\theta'(k)=\left[r-w_\theta(k)\right]S_\theta'(k)-w_\theta'(k)S_\theta(k) \tag{10-11}$$

$$\begin{aligned}\Pi_\theta''(k)&=\left[r-w_\theta(k)\right]S_\theta''(k)-w_\theta''(k)S_\theta(k)-2w_\theta'(k)S_\theta'(k)\\&=-\left[r-c_p+\frac{c_k}{\overline{F_\theta}(k)}\right]f_\theta(k)-w_\theta''(k)S_\theta(k)\end{aligned} \tag{10-12}$$

如果$w_\theta''(k)>0$，则$\Pi_\theta(k)$是严格凹的。因此，为了方便起见，假设$w_\theta''(k)>0$对任何具有递增失败率的需求分布都成立，即风险率$f_\theta(x)/\left[1-F_\theta(x)\right]$是递增的。正态分布、指数分布和均匀分布都满足这一条件，伽马分布和满足一定参数限制的韦伯分布也满足该条件(Barlow，Proschan，1965)。因此，存在唯一的最优产能k_θ^*和与此相关的唯一的批发价格$w_\theta^*=w(k_\theta^*)$。从$\Pi_\theta'(k_\theta^*)=0$可以得出，供应链没有达到协调，$k_\theta^*<k_\theta^o$，即

$$\begin{aligned}\overline{F_\theta}(k_\theta^*)&=\frac{c_k}{r-c_p}\left[1+\frac{f_\theta(k_\theta^*)}{\overline{F_\theta}(k_\theta^*)^2}S_\theta(k_\theta^*)\right]\\&=\overline{F_\theta}(k_\theta^o)\left[1+\frac{f_\theta(k_\theta^*)}{\overline{F_\theta}(k_\theta^*)^2}S_\theta(k_\theta^*)\right]\end{aligned} \tag{10-13}$$

第三节　预测共享问题

现在假设供应商观察不到θ。供应商对θ有一个信念，但为了达到更优，供应商可能会要求制造商给出需求预测，因为供应商知道制造商知道θ。如果制造商宣称需求较低，那么供应商应该相信预测，因为面临高需求的制造商没有对此撒谎的动机。但高需求预测是值得怀疑的，因为低需求的制造商确实有可能也会向供应商宣称市场是高需求的，以“欺骗”供应商建立更多的产能，这并不难理解：如果制造商不付费，那么制造商总是希

望建立更多的产能。因此,一个精明的供应商将不完全相信制造商的口头预测,而是从与制造商达成的契约中推断出制造商的需求。有了这种理解,制造商就可以通过签订正确的契约来分享它的需求预测。

为了继续这一推理,在这个模型中,预测共享通过信号均衡发生。通过信号均衡,供应商为每一个可能的契约分配一个信念:契约要么只由面临高需求的制造商提供,要么只由面临低需求的制造商提供,要么可以由两种情况的制造商共同提供。有两种信号均衡,通过分离均衡契约,供应商将契约分为前面两种类型,即契约是高需求类型契约或低需求类型契约,但不存在同时是低需求类型及高需求类型的契约。

在统筹均衡契约下,契约分为后面两种类型,即要么是低需求类型,要么是同时存在两种需求的类型。统筹均衡契约没有办法共享高需求预测(因为没有契约指定只有高需求类型制造商),而低需求预测只在非均衡情形下被共享(因为每种类型更喜欢契约指定的两种类型,而这没有传达关于制造商的需求的信息)。因此,预测共享只发生在分离均衡的情况下,即高需求类型的制造商提供高需求类型下的最优契约,低需求类型的制造商提供低需求类型下的最优契约。

如果高需求类型的M确实更倾向于高需求类型契约而不是低需求类型契约,那么分离均衡是合理的。处于高需求类型的决策者将认识到,如果其签订低需求类型的契约,那么供应商基于假设需求确实会建立低产能。同样地,分离均衡也必须顾及低需求类型M更倾向于低需求类型契约,而不是高需求类型契约。换句话说,低需求类型的制造商经过评估,会认为自己没有必要模仿高需求类型的制造商,即选择高需求类型的契约。这种情况更加严苛,因为如果低需求类型的M提供一个高需求类型的契约,那么供应商就会在假设需求很高的状态下建立产能。

在此我们考虑一下将均衡与强制遵约分开的情况。回想一下,制造商可以通过一个期权契约来协调供应链,并且这些契约的参数并不取决于需求分配。这些契约的其中一种形式下,θ型制造商的利润函数是$\lambda\Omega_\theta(q_i)$:在供应商强制遵约的情况下,如果供应商接受契约,那么供应商必须建立$k=q_i$,因此在供应商接受契约的条件下,其对需求的信念对产能选择没有影响。供应商的利润是$(1-\lambda)\Omega_\theta(q_i)$。设$\hat{\pi}$是供应商的最低可接受利润,也就是说,如果预期的利润小于$\hat{\pi}$,则供应商会拒绝契约。自然,两种类型的制造商都想分得供应链利润的更大份额,也想要最大化供应链利润。可以看出,制造商可能偏向次优利润的更大份额,而不是最优利润的较小份额(前者可能比后者更大,当然也不一定是这样)。因此,供应商必须仔细考虑需求预测。

假设低需求类型的制造商有一个期权契约,满足

$$\lambda_l = 1 - \frac{\hat{\pi}}{\Omega_l^o} \tag{10-14}$$

且高需求类型的制造商提供$\min\{\lambda_h, \widehat{\lambda_h}\}$,这里满足条件

$$\lambda_h = 1 - \frac{\hat{\pi}}{\Omega_h^o} \tag{10-15}$$

且满足

$$\widehat{\lambda_h} = \frac{\Omega_l^o - \hat{\pi}}{\Omega_l(k_h^o)} \tag{10-16}$$

由于 $\min\{\lambda_h, \widehat{\lambda_h}\} > \lambda_l$，因此高需求类型的制造商对低需求类型的契约没有兴趣：在该契约下，制造商获得较低利润（λ_l 与 $\min\{\lambda_h, \widehat{\lambda_h}\}$ 相比）的较小份额[$\Omega_h(k_l^o)$ 与 Ω_h^o 相比]。低需求类型的制造商也对高需求类型的契约没有兴趣。在均衡的意义上，对低需求类型的制造商来说，其获得低需求类型利润（即 $\Omega_l^o - \hat{\pi}$）和赚取高需求类型利润[即 $\Omega_l(k_h^o)$]的 $\widehat{\lambda_h}$ 份额，二者并没有区别。因此，当高需求类型利润不分配超过 $\widehat{\lambda_h}$ 的份额时，低需求类型的制造商并没有充分的动机伪装成高需求类型的制造商。因此，上述契约是一种分离均衡。

低需求下供应商赚取 $\hat{\pi}$；高需求下，如果 $\lambda_h < \widehat{\lambda_h}$，则供应商同样赚取 $\hat{\pi}$，否则供应商可以赚更多。当 $\lambda_h > \widehat{\lambda_h}$ 时，制造商更愿意从供应商那里得到更多，但是供应商不能相信制造商的预测（原因如前所述，低需求类型的供应商可能会很乐意接受一些次优的供应链绩效，以换取更大的利润份额）。即使制造商可能无法让供应商的利润下降到 $\hat{\pi}$，供应链在所有情况下也都是协调的。因此，在强制遵约下，信息的传递是通过契约的参数，而不是通过契约的形式而实现的。

现在考虑自愿遵约的情况。先假设制造商被降级为签订批发价格契约。在分离均衡中，低需求类型的制造商想要提供 w_l^*，高需求类型的制造商想要提供 w_h^*。如果 $w_l^* < w_h^*$，那么低需求类型的制造商可能不会伪装成高需求类型的制造商，因为在这种情况下，伪装能让低需求类型的制造商获得更高的产能储备，但也会提高其所应支付的价格。

如果 $w_l^* \geq w_h^*$，那么伪装肯定会发生，因为低需求类型的制造商能从中获得更多的产能，而且不用为每单位支付更多的价格。在这种情况下，高需求类型的制造商需要为批发价格契约设置一些额外的转移支付，以使只有高需求类型的制造商才愿意支付。

一个建议是，高需求类型的制造商也给供应商交付一些固定金额 A。低需求类型的制造商在如实汇报自己是低需求类型的制造商时获得 $\Pi_l(w_l^*, l)$，其中 $\Pi_\theta(w, \tau)$ 是 θ 类型的制造商在供应商认为需求是 $\tau(\tau \in \{h, l\})$ 类型的情况下能获得的利润。当伪装成高需求类型的制造商（或者等价地说，伪装成高需求类型的契约）时，它获得 $\Pi_l(w_h^*, h) - A$，所以有以下几种情况：

当下式成立时

$$\Pi_l(w_l^*, l) \geq \Pi_l(w_h^*, h) - A \tag{10-17}$$

制造商并不倾向于伪装。

当下式成立时

$$\Pi_h(w_h^*, h) - A > \Pi_h(w_l^*, l) \tag{10-18}$$

高需求类型的制造商倾向于支付固定金额A，而不是按低需求类型的契约执行。

当下式成立时

$$\Pi_h(w_h^*, h) - \Pi_h(w_l^*, l) > \Pi_l(w_h^*, h) - \Pi_l(w_l^*, l) \tag{10-19}$$

存在同时满足两个条件的固定费用A。

以上论述说明，高需求类型的制造商认为“让供应商认为需求高”比单纯做低需求类型的制造商获益更多。

虽然固定费用是有效的，但可能有一个代价更低的方法：一个理想的信号对一个高需求类型的制造商而言最好是不昂贵的，但对想要冒充高需求类型的低需求类型的制造商来说，应该非常昂贵的。显然，固定费用并不理想，因为每种类型的制造商费用都是一样的。一个更好的信号是更高需求类型的制造商需要交付更高的批发价格。对于高需求类型的制造商来说，这个较高的价格也没有那么高，而这个落差对低需求类型的制造商（想要伪装成高需求类型者）来说则很昂贵，即

$$\frac{\partial \Pi_h(w_h^*, h)}{\partial w} = 0 \tag{10-20}$$

而当$w_h^* \geqslant w_l^*$时，有

$$\frac{\partial \Pi_l(w_h^*, h)}{\partial w} = 0 \tag{10-21}$$

高需求类型的制造商的另一个信号选择是做出企业承诺：在第一阶段中，制造商承诺在第二阶段购买至少m单位，即$q_f \geqslant m$，剩余的单位以批发价格购买。该契约也可以被称为产能保留契约：在第一阶段，制造商保留供应商m单位的产能，并承诺会在第二阶段充分利用。当$D_\theta \geqslant m$时，上述企业承诺对制造商来说不算昂贵，但当$D_\theta < m$时则很昂贵，因为D_l比D_h更容易小于m，所以对低需求的制造商来说，企业承诺比高需求的制造商更昂贵。因此，这也是一个比固定费用更便宜的信号。有趣的是，在完整信息下，企业承诺并不是很吸引人，因为它可能导致事后的行动：如果$D_\theta < m$，那么$m - D_\theta$单位的产品就被浪费了。然而，在不对称信息下，这些契约可以通过允许必要信息的可靠传递来提高供应链的绩效。

第四节　模型讨论

本部分我们考虑了这样一个模型，其中供应链中的一个成员比另一个成员有更准确的需求预测信息。由于供应链协调要求供应商建立的产能取决于需求预测，因此只有准确共享需求预测信息，才能实现供应链协调。通过强制遵约，制造商可以使用期权契约来协调供应商的行动和共享信息。然而，在自愿遵约时，共享信息的成本更高。一部分

可信地分享预测信息的方法比其他方法更"便宜"，特别是企业承诺，它在获得完全信息的情况下不是最优的，而对需要说服供应商相信自己高需求预测是真实的制造商是有效的。

考虑到即使使用最好的信号工具，预测共享也是昂贵的，因此高需求的制造商可能希望考虑信号以外的选择，如期权。一种期权是制造商向供应商支付价格，并在第一阶段，即在观察到需求实现之前交付。在这种情况下，供应商的利润不依赖于制造商的需求分布，所以没有必要共享信息。然而，这种选择完全忽略了将生产推迟到观察到需求实现之后的好处。另一种期权是让制造商选择一个与合并均衡相关联的契约。在这种情况下，供应商相当于在与一个"代表"制造商打交道一样评估契约。因此，这些条款并不如高需求的制造商所能获得的完整信息那么好，但如果有大量成本来表明它的高需求，这个选项可能就会很有吸引力。例如，一个健康状况良好的人可能会选择一个标准的人寿保险计划，这样可以避免进行体检以证明其健康状况良好的麻烦。所有这些期权的整合都有待于进一步的研究。

我们还发现了其他几篇关于因信息不对称而签订供应链契约的论文。例如，科恩等人(Cohen，Ho，Ren，2001)研究了半导体设备供应链中的预测过程。在这种情况下，供应商有很长的前置时间，制造商期望的前置时间则是不确定的。制造商对所需的交货日期有一个内部预测，并可以向供应商提供对交货日期的预测。然而，由于制造商不希望供应商延迟交货，制造商偏向于预测交货日期比实际需要的要早(制造商在这条供应链中较为强大，因此在实际需要之前，可以拒绝交付完整量的产品)。供应商很清楚这种偏见，但研究的问题是供应商是否像预测到有偏差那样去行动。例如，如果制造商宣布在一年的第三季度需要该设备，那么供应商是否会因为认为制造商其实需要它在第二年的第一季度才需要该设备而据此行动。利用来自行业的数据，他们发现供应商确实表现得好像预测是有偏差一样。

特维希等人(Terwiesch，Ren，Ho，2002)扩展了这一结果，他们以实证证明，供应商对那些因有偏差的预测而名声不佳的制造商的交货时间持有怀疑态度。洛奇(Loch，2002)也研究了信号，但在他的研究框架中，产品设计者具有未知的产能，能为客户创造有价值的设计。

波提斯等人(Porteus，Whang，1999)研究的模型与我们在此讨论的模型非常相似，只是提供契约的是供应商，而不是制造商。因此，他们研究的是筛选(没有信息的一方设计契约来了解信息)，而不是发出信息(有信息的一方设计契约来传达信息)。在他们的模型中，供应商会制作一份契约列表，为每种类型的制造商选择一个合适的契约形式。

还有学者(Ha，1996)研究了一种筛选模型。他假设有一个供应商，可以与一个有随机需求的制造商签订契约。制造商知道自己的成本，但这个成本对供应商来说是不确定的。在供应商签订契约后，制造商订购 q 单位产品并设定零售价格。供应链协调在完全信息下是可能的，然而，协调参数取决于制造商的成本(协调契约禁止制造商将价格设定在一个特殊的门槛值以下,即存在价格维护条款)。如果供应商不知道制造商的成本,则建议供应商提供一个契约列表:对于每个订单数量,供应商规定了转移支付和最低转售价格。每个契约都是针对一个特定的制造商制订的,也就是说,有特定成本的制造商选择特定的契约,而每个制造商选择为其成本设计的契约,后一种特性是基于启示原则(Myerson,1979)。然而,供应链协调不再可能。可以参见利姆(Lim,2001)提出的一个筛选模型,该模型将产品质量不同的生产者区别开进行研究。

科比特和德·格罗特(Corbett,de Groote,2000)也研究了一个模型,在他们的模型中,供应链包括一个买家、一个供应商、确定性需求和固定的每个层次的订单成本。就像前述的模型一样,契约设计师对对方的成本有一个先验的信念,并且也认为对方清楚地知道己方的成本。他们提出了一个数量折扣方案,该方案就像一个契约列表:买家可以选择的每个数量都有一个独特的单位价格;如果存在不对称信息,就无法实现供应链协调。

科贝特(Corbett,2001)研究了有一个供应商、一个买家,需求随机,固定订单成本以及关于固定订单成本或积压订单罚款成本的不对称信息。他发现委托库存能够影响激励,有时有利,但有时也有破坏性(这里的委托指的是将库存改为由上游企业持有,而非下游企业,如零售商持有)。

布朗(Brown,1999)的研究与产能构建模式有关。他设置了一个供应商、一个制造商和一个具有随机需求的单一需求期,同时也有一些与其他模型的重要区别。首先,该模型只考虑强制遵约;其次,在该模型中,制造商向供应商宣布它的需求预测,然后立即提交最终订单。也就是说,不存在允许供应商在最初和最终订单之间建立产能的中间时期。该模型要求制造商的订单必须与已宣布的预测相一致,也就是说,假设预测是真实的,那么制造商的订单才是最优的。这种约束是合理的,因为供应商能够立即确定性地验证预测和订单数量之间的任何不一致。在这一产能采购模型中,供应商永远无法确定地验证下游是否提供了有偏差的预测,因此该约束将会产生问题。此外,制造商有必要同时提供订单数量和预测,因为存在一个连续的预测(预测包括平均值和标准差)能产生相同的最优订单数量。换句话说,该情形允许存在连续的制造商类型。

布朗还研究了两种相关的契约,即期权契约(他称之为"回购契约")和期权期货契约。后者是一种带有制造商可回购的最大门槛值的回购契约,即制造商订z单位的货,为前y单位支付c_f,为剩下的$z-y$单位支付$w>c_f$,而这些价格更高的$z-y$单位的好处是可以退回,退回获得费用$b<w$。因此,期权期货合约中包含了企业的承诺。

这两种类型的契约都能协调完全信息供应链并任意分配利润。对于不对称信息,布朗假设供应商只有在契约至少产生最低期望利润时才接受契约。然而,在回购契约下,这个固定的利润基准给制造商提供了一个激励,促使后者传递偏离事实的预测。为解释这一点,设$\hat{\pi}$为那个基准,$\{\mu(\sigma),\sigma\}$表示制造商最优订货量下的均值-标准差对,$\Omega[\mu(\sigma),\sigma]$表示该情形下的供应链利润。制造商要提交一份契约,在这份契约中供应商的利润份额$1-\lambda$至少应为$\hat{\pi}/\Omega^{o}[\mu(\sigma),\sigma]$。在报童模型设置下,$\Omega[\mu(\sigma),\sigma]$随$\sigma$递减,这

意味着 $1-\lambda$ 随 σ 递增，且制造商的份额 λ 自然是随 σ 递减。因此，即使实际上 $\sigma>0$，制造商的最优预测也是 $\sigma=0$。如果供应商接受了该契约，那么它的期望收益实际上是小于 $\hat{\pi}$ 的。

布朗的研究表明，如果制造商提供期货期权契约，那么这个激励会被消除。也就是说，在期权期货契约集合和制造商类型之间存在一对一的关系，制造商总是喜欢为它所属的类型"量身定制"的契约形式。因此，就像在产能采购模型中那样，企业承诺是传递信息的有用工具，它们在布朗的模型中格外具有吸引力，因为它们不会导致非最优的供应链绩效。

第十一章　对协调供应链契约问题的总结

经过几十年的努力，对供应链契约进行研究的基本范式已经建立，许多研究分支也已经被开发出来。现在研究者们已经得出了以下几个关键结论。

首先，协调失败是常见的，激励欺诈在非常广泛的情况下都可能出现。因此，供应链的次优并不一定是由于不称职的管理者或不成熟的经营政策造成的。相反，供应链表现不佳可能是由于激励造成的，而这些激励是可以管理的。

其次，在许多情况下，有多种契约可以实现协调和任意分配利润。因此，实践中的契约选择过程必须取决于尚未充分探索的标准或目标。也就是说，需要进行额外的研究，调查协调契约之间微妙但可能有相当重要的区别之处。

再次，协调失败的后果是随情形而定的：在某些情况下，供应链绩效在一些极为简单的契约中几乎最优，但也有一些情况会因没有适当的激励管理导致绩效大幅恶化，有能够帮助对比这些案例的理论是非常有用的。

最后，这项工作强调，管理激励欺诈可以实现帕累托改进，这在实践中通常被称为“双赢”的情况。这种见解应该有助于打破“零和博弈”的心态，这种心态在供应链管理者中非常普遍，以至于成了供应链管理领域阻碍供应链进步的一个强大障碍。

然而，理论在这一领域几乎完全随实践而动，即实践被用作理论工作的动机，但理论工作还没有进入实践。事实上，并非一定要如此。如前所述，我们这项研究得到的一个不错的结果是，可以通过许多不同的契约形式来实现协调。对这些契约之间细微的不同之处的理解，可以让研究人员确定一个特别适合某个行业的契约形式，即使该契约形式在该行业从业人员通常的认知中并不是那么“好”。诸如延迟差异化(Lee，1996)和精准响应(Fisher，Raman，1996)等创新性进步那样，通过激励设计的创新产生同样有价值的改进也应当是可能实现的。

作为一个迈向更广泛实施的第一步，本研究需要发展一个经验-理论-经验的反馈循环过程。正如前文中所说明的，文献中包含了相当多的理论，但令人尴尬的是，经验性的研究非常少。因此，我们对这个理论现在应该如何发展几乎没有什么指导。例如，我们研究过一些协调供应商提供给报童的契约，但我们能否解释为什么某些类型被某些行业采用，而不是其他行业？我们能解释为什么这些契约没有完全取代帕累托次优的批发价格契约吗？一个标准的观点是，批发价格契约的管理成本更低，但我们关于更复杂的契约的管理成本的大小缺乏任何证据。即使采用了协调契约，如回购或收入共享，实际选择的协调参数又应该如何决定？例如，收入共享契约中只有不多的部分是协调的。如果我们观察到企业选择非协调契约，那么我们需要一个解释。管理者的非理性或不称职行为是一种解释，但目前建立的关于非理性行为的理论是不能令人满意的。一个理论只有被非理性行为以外的东西反驳才足够吸引人。一个更好的方法是挑战该理论的假设和分析。通过一些经验分析，我们应该能够确定该理论的哪些部分是健全的，哪些部分值得更多的审查和思考。

讨论特许经营的文献可以为供应链契约方面的研究人员提供有用的指导。一项研究（Lafontaine，Slade，2001）回顾和比较了关于特许经营的广泛的理论和实证结果。一些理论上的预测确实得到了大量实证研究的支持，但其他一些支持则仍处于相对缺乏的状态。很明显，理论和数据之间的交流反馈已经在这些工作中取得了巨大的成功。

需要指出的是，经验领域的一些初步活动已经取得了效果。莫蒂默（Mortimer，2000）提供了对录像带租赁行业的收入分享契约的分析。科恩等（Cohen，Ho，Ren，2002）仔细评估了半导体设备行业的预测份额问题，他们发现其与卡尚和拉里维尔（Cachon，Lariviere，2001）的研究前提一致：如果预测不可信，那么它们将被忽略，供应链绩效将会受损。他们的工作表明，提供糟糕的预测会降低未来的可信度和减少供应商提供的服务。诺瓦克和艾培尔（Novak，Eppinger，2001）用实证方法评估了产品复杂性和买卖决策之间的相互作用，并为垂直一体化的产权理论寻找了理论支持。最后，伦道尔等人（Randall，Netessine，Rudi2002）研究了电子零售商是选择放弃发货还是持有自己库存的问题。对于零售商来说，合适的策略取决于其产品和行业的特点，正如尼特森和鲁迪（Netessine，Rudi，2000a）的理论工作所预测的那样：他们发现，选择合适策略的电子零售商破产的可能性较小。

尽管我们现在最有效的研究方法是收集数据，但还是需要指出，相关研究的理论领域目前使用的模型过于依赖单次契约。大多数供应链互动发生在很长时间内，有许多机会重新谈判或与现货市场互动。关于这方面的一些成果，可以参见关于买方-供应商网络和长期关系的研究（Kranton，Minehart，2001）、关于数量弹性契约重新协商的模型（Plambeck，Taylor，2002）、现货市场对产能契约制订（Wu，Kleindorfer，Zhang，2002）及库存采购的影响（Lee，Whang，2002）等。

此外，我们还需要更多研究者去着眼于多个供应商与多个零售商如何竞争的问题，也就是说，需要进一步强调“多对一”或“多对多”的供应链结构。在拍卖理论的背景下，有学者（Jin，Wu，2002；Chen，2001）研究了“多对一”结构下的采购问题，而伯恩斯坦和韦里库尔（Bernstein，Vericourt，2002）则研究了“多对多”供应链中的一些初步问题。预测和其他类型的信息共享等方面的研究也需要得到学术界更多的关注，拉里维尔（Lariviere，2002）开展了这一领域的相关研究。最后需要指出的是，还需要做更多的工作来研究如何分配供应链中的稀缺能力，以及分析稀缺能力如何影响供应链行为。

上篇思考题

1.报童模型中的其他契约形式还有哪些？如何实现契约的协调？
2.需求依赖价格的模型如何进一步扩展？
3.如何进一步扩展需求依赖努力程度的报童模型？
4.多个报童模型的契约形式如何扩展？
5.基于信息更新的契约模型的推广形式是什么？
6.如何扩展基于单一位置库存模型的契约问题？
7.如何扩展基于双位置或多位置库存模型的契约形式？
8.信息不对称情形下的供应链契约模型如何扩展？
9.如何设计基于博弈模型的农超对接契约模式？
10.如何考虑基于CVAR的“公司＋农户”型订单农业供应链契约协调契约机制？
11.如何设计基于随机产出与随机需求的农产品供应链风险共担的契约机制？
12.如何考虑“公司＋农户”型订单农业供应链支付激励机制的契约设计问题？
13.如何设计农超对接农户心理契约模式？
14.如何考虑交易费用与农户契约模式选择问题？
15.如何设计基于顾客需求驱动的供应链契约问题？
16.如何考虑不确定需求下供应链技术创新的共享收益契约问题？
17.如何考虑订货时间影响的扩展供应链收入共享契约问题？
18.如何考虑信息不对称下具有需求预测更新的供应链收益共享契约问题？
19.如何考虑网络游戏产业供应链契约的设计问题？
20.如何考虑基于随机期望的供应链收入共享契约问题？
21.如何考虑含风险规避的需求不确定供应链收益共享契约设计问题？

下篇

供应链契约相关文献分析

第十二章 供应链中的库存风险分配：推、拉和预购折扣合同

第一节 主要思想

供应链中的每一家企业都承受着供给风险(不充分供货的成本等),对此,某些企业会考虑采用批发价格合约,以完全避免库存风险(即未售出库存的成本)。在推式合同中,有一个单一的批发价格,零售商通过在销售季节之前订购其全部供应量,从而承担了供应链的所有库存风险。

拉式合同采用的是单一的批发价格,但供应商需要承担供应链的库存风险,因为只有供应商持有库存,而零售商在季节中根据需要补充(例子包括寄售和转运配送的供应商管理库存)。预购折扣有两种批发价格:季节前购买的库存的折扣价格和销售季节补充的正常价格。提前采购折扣允许库存风险的中间分配,即零售商承担季节前订购的库存风险,而供应商承担超过该数量的任何生产风险。

本部分研究了库存风险的分配(通过三种批发价格契约)如何影响供应链效率(供应链利润与供应链最大利润之比)。研究发现,当企业同时考虑推和拉两种契约时,单个批发价格契约的效率显著高于之前的估计。换句话说,文献夸大了执行协调契约(即效率达到100%的契约,如回购或收益分享)的价值,因为协调契约是与一个不合适的基准(通常只是一个推式契约)进行比较的。此外,如果企业也考虑提前采购折扣,而且也很容易管理,那么供应链的协调和利润的任意分配就是可能的。下面将讨论预购折扣的几种局限性。

第二节 背景介绍

本部分内容基于考顿(G. Cachon)发表在2004年《管理科学》(*Management Science*)杂志上的经典论文而写成,考顿的论文对当时的供应链契约研究做出了很有价值的补充。

经典供应链管理理论有一个重要结果,那就是批发价格契约$\{w\}$无法协调供应链双方,之后对契约形式的研究均是建立在这个命题的基础上。通常的做法是引入第二个契

约参数，例如回购契约$\{w,b\}$，收入共享契约$\{w,\theta\}$等。

关于批发价格无法协调供应链的原因，一种比较细致的解释是，零售商的利润随订货量而递增，制造商的利润则先增后减，二者的综合利润表现为先增后减，在订货量q_0处达到最大，在此处“供应链效率”到达顶峰100%。然而，供应商的利润最大点却比q_0小，甚至在q_0处供应商的利润为0。因此，供应商显然不愿意接受这个结果，而零售商又不可能甘愿把订货水平降低到与供应商利润最大化相符的方向，因为那与零售商自己的利润最大化倾向不符，如此，供应链的协调自然走向失败。

本部分研究的主要内容是库存风险的分配问题。此前已经有人研究了推、拉两种形式的库存风险分配方式，实际上这是两种极端的分配方式。具体来说，在推式供应链下，库存全部传递给零售商，所有库存风险全部由零售商承担；而在拉式供应链下，库存先存放在供应商处，当零售商有销售需求时就提取库存，如此一来，库存风险全部由供应商承担。从模型的结果来看，无论是推式还是拉式，批发价格契约都无法协调供应链。

考顿使用帕累托优化的思想提出，单纯使用推式供应链或者单纯使用拉式供应链无法达成让双方都满意的结果，但如果把推式供应链和拉式供应链结合起来，就可以获得本质上的改进，乃至实现协调。

我们的研究方法是，先使用帕累托改进的方式把推式供应链和拉式供应链简单结合，再进一步引入预购折扣契约，把推式供应链和拉式供应链密切结合，得到更加一般化的结果。

第三节　模型分析

市场需求设定为服从某个分布的随机变量，其分布和密度函数分别为$F(x)$和$f(x)$，且该分布具有IGFR性质，即递增广义失败率性质，设$g(x)=xh(x)$，$h(x)=f(x)/[1-F(x)]$，该性质是指$g'(x)>0$。

作为参考，先研究集中式供应链的经典结果，即

$$\Pi(p)=(p-v)S(q)-(c-v)q \tag{12-1}$$

其中

$$S(q)=q-\int_0^q F(x)\mathrm{d}x \tag{12-2}$$

该模型的解q^o满足条件

$$F(q^o)=\frac{p-c}{p-v} \tag{12-3}$$

该情形将作为其余模型的参照对象，供应链效率为100%。

在推式供应链中,库存位于零售商处,零售商通过订货量获得相应量的库存,供应商只负责生产运输,不保留库存。博弈的具体过程为:

(1)供应商开价w。

(2)零售商决定订货量q,商品送达后,零售商决定价格p。

(3)需求实现,未售出的部分折合为残值v。

具体模型为

$$\widehat{\pi_r}(q, \widehat{w_1})=(p-v)S(q)-(\widehat{w_1}-v)q \tag{12-4}$$

最优订货量满足

$$F(q)=\frac{p-\widehat{w_1}}{p-v} \tag{12-5}$$

将$\widehat{w_1}$写出后,代入利润函数得

$$\widehat{\pi_r}(q)=(p-v)[1-F(q)][j(q)-q] \tag{12-6}$$

其中

$$j(q)=\frac{S(q)}{1-F(q)} \tag{12-7}$$

而制造商利润为

$$\widehat{\pi_s}(q)=\widehat{\pi_s}[q, \widehat{w_1}(q)]=(\widehat{w_1}-c)q=(p-v)[F(q^o)-F(q)]q \tag{12-8}$$

在拉式供应链中,与上面类似,但库存保留在供应商处,具体来说

制造商利润为

$$\pi_s(q, w_1)=(w_1-v)S(q)-(c-v)q \tag{12-9}$$

最优订货量满足

$$F(q)=\frac{w_1-c}{w_1-v} \tag{12-10}$$

进而有

$$\pi_s(q)=\pi_s[q, w_1(q)]=(p-v)[1-F(q^o)][j(q)-q] \tag{12-11}$$

以上结果说明,推式供应链和拉式供应链都不能实现协调。但考顿向我们展示了,在一定范围内,可以通过在推式供应链和拉式供应链之间的切换来实现帕累托改进。也就是说,在其中一者利润不减的前提下增加另一者的利润,因为二者均可受益(至少不会受损),因此这种改进是会被接受的。

在两种模式之间进行切换，在本质上仍然是把库存风险全部推给某一方承担。为了进一步扩展，我们还研究了预购折扣契约，将库存分为“预购”部分和“即时补充”部分，如此实现对库存风险的分配。所谓“预购折扣”，就是说零售商的预购价和补货价是不同的，预购是一种把库存风险揽给自己的行为，故可以享受折扣，而即时补货的部分库存风险由供应商承担，故批发价格相对高一些。具体来说，预购折扣的模型为

$$\pi_s(y,q)=(w_1-v)y+(w_2-v)\left[S(q)-S(y)\right]-(c-v)q \tag{12-12}$$

式中，w_1和w_2分别是预购环节的批发价和销售季的补货零售价，即

$$\pi_r(y,q)=-(w_1-v)y+(p-v)S(y)+(p-w_2)\left[S(q)-S(y)\right] \tag{12-13}$$

考顿通过对预购折扣在库存分配中作用的研究，得出了较为理想的结果：预购折扣契约在批发价格契约的基础上前进了一大步，可以十分接近协调甚至达成协调。

上述模型还可针对运输成本、零售商努力水平、即时补货的特殊库存风险等情况做出一些拓展。

第十三章 战略客户行为、承诺和供应链绩效

第一节 主要思想

本部分研究了战略客户行为对供应链绩效的影响。从面对前瞻性客户的报童模型开始，卖方最初收取一个固定的价格，但可能在随机需求实现后以一个较低的回收价格回收剩余库存。客户预期未来的销售，并选择购买时间，以最大化它们的预期盈余。

本部分描述了理性预期均衡的特征，研究发现，在没有战略客户的经典模型中，卖方的库存水平低于该模型，卖方的利润可以通过承诺可提供的数量将是有限的(数量承诺)或价格将保持高位(价格承诺)来提高。在大多数情况下，这两种形式的承诺在单一卖方的集中供应链中是不可信的。然而，分散形式的供应链可以使用合同安排作为间接承诺装置，以实现预期的结果与承诺。

分权通常与协调问题有关，但这里提出了一个相反的观点，即供应链中不同的利益实际上可以提高整体供应链的性能。特别地，对于战略客户行为，研究发现：第一，具有批发价格合约的分散供应链可能比集中式供应链表现严格；第二，合同广泛研究的供应链协调文献(如降价、销售回扣和回购合同)既可以作为承诺手段，也可以作为激励协调手段；第三，由于客户的战略行为，上述部分合同不能在供应链成员之间任意分配利润。

第二节 背景介绍

本部分是发表在2008年10月《管理科学》杂志上的一篇文章，它利用理性预期来分析策略型消费者的行为。“理性预期”的概念最早由美国经济学家慕思(J. F. Moses)在一篇名为《理性预期与价格变动理论》的文章中提出，20世纪70年代由芝加哥大学的卢卡斯(R. E. Lucas)以及明尼苏达大学的萨金特(T. J. Sargeant)和华莱士(N. Wallace)等进一步发展，如今已经形成一个理性预期学派。

本部分研究了策略型消费者的行为对供应链绩效的影响。讨论从一个有前瞻性的客户的报童模型开始。卖方最初收取常规价格，但在实现随机需求后，可能以较低的价格回收剩余存货。客户预测未来的销售，并选择购买时间，以最大化它们的预期盈余。

文中描述了理性预期均衡，发现卖方的库存水平低于没有战略客户的经典模型。研究表明，卖方的利润可以通过承诺可用的数量将是有限的（数量承诺）或价格将保持高位（价格承诺）来提高。在大多数情况下，两种形式的承诺在一个卖方的集中供应链中是不可信的。然而，分散式供应链可以使用契约安排作为间接承诺机制，如此通过承诺达到预期的结果。

分散式供应链通常与协调问题有关，但也有不同的观点，即供应链内的利益差异实际上可以改善补充链的整体性能。特别是，在策略型消费者行为方面，研究发现：第一，具有批发价格契约的分散供应链可能比集中供应链表现更好；第二，供应链协调文献中广泛研究的契约（如降价、销售回扣和回购契约）可以作为承诺机制和激励协调的手段；第三，上述部分契约由于策略型消费者行为，不能在供应链成员之间任意分配利润。

理性预期均衡的特点是模型简洁、计算方便，不过也存在不赞同理性预期学派的经济学家。关于这个问题，一般认为理性预期学派是比货币学派更彻底的经济自由主义。持此学派观点的经济学家认为，人们会按照对现状的正确预测而行动，正确预测的来源主要是人的理性假设，即人都能正确地思考判断，这也正是新古典经济学的一个基本特征。

在此我们研究的具体问题是，策略型消费者面对一种有"先""后"两次购买机会的商品会如何行动：先购买的话，商品的价格相对较高，如果选择延迟购买就能用更低的价格买到，但代价是到那时商品不一定还买得到。作为消费者，他们所做的就是衡量当下高价购买的效用，以及未来低价以低概率购买的期望效用：如果当前效用更高，则当前买，否则未来再买。这句话也可以换个叙述方式，那就是消费者会观察零售商开出的价格，判断现在购买是否合理，若不合理，他们就会拒绝现在购买，如此一来，对消费者而言，问题的核心就变成了比较商品的实际价格与自身预期的"保留价格"。而供应商也知道这一点，因此它们将选取合适的零售价，以使"自身利益尽可能大"和"消费者愿意购买"同时发生。围绕定价与保留价格展开的理性预期均衡博弈就是研究中使用的主要工具，利用这件工具重新分析了契约形式的地位，并得出了与经典报童模型不完全一致的结论。理性预期均衡可以作为分析供应链的手段之一。

第三节　模型分析

设商品的当前价格为 p，未来折扣价为 s，商品本身在消费者处产生的效用为 v，由此可知，现在立即购买所获得的效用为 $(v-p)$。

消费者也可以选择未来购买，彼时只需要花费 s，但问题在于，这时他们只有一定的概率能买到商品。这个概率 Pr 的来源是库存与需求的关系，也就是说，有余货的概率就是订货量大于需求量的概率，而需求的分布函数是 $F(x)$，据此可以计算 Pr。因此，未来购买的效用为 $(v-s)Pr$。

通过对二者进行比较，可以得到消费者的保留价格，即如果实际价格高于此保留价格，则消费者就不会现在购买。保留价格为

$$r = v - (v - s)Pr \tag{13-1}$$

零售商利润为

$$\Pi(Q,p) = (p - s)E(\min\{X,Q\}) - (c - s)Q \tag{13-2}$$

根据理性预期均衡的理论，一个均衡(p, Q, r, Pr, p_r)应该满足以下几个条件：

$$r = v - (v - s)Pr \tag{13-3}$$

$$p = p_r \tag{13-4}$$

$$Q = \arg\max \Pi(Q,p) \tag{13-5}$$

$$Pr = F(Q) \tag{13-6}$$

$$r = p_r \tag{13-7}$$

从具体操作上来说，该模型的理性预期均衡解实质上就是，零售商的利润是二元函数（价格与订货的函数），其中一个变量（价格）的具体值p公布给消费者。零售商之所以如此决定价格，正是因为选择了利润极大值点，否则零售商就会改选这个极值点。在这种思路下，消费者观察到价格就可以合理假定这个价格处在零售商的利润极值点上，随即就可以反推另一个变量（即库存，这是个未公开变量，只能预期，不能观察）的值。

依照理性预期的算法，最优预期值（也就是将得到实现的真实值）为

$$p_c = s + \sqrt{(v - s)(c - s)} \tag{13-8}$$

$$\bar{F}(Q_c) = \sqrt{\frac{c - s}{v - s}} \tag{13-9}$$

以这个框架为核心，可以在后续比较不同契约形式的供应链绩效，并且讨论“如何向对方呈现自己的承诺的可靠性”的问题，也就是用什么样的机制保证承诺能加入供应链，以更好地实现合作。

第十四章　供应合同、利润分享、交换和反应期权

第一节　主要思想

在对柔性供应契约的研究中，一个共同的主题是生产者的利润最大化问题，而不考虑供应商的反应。然而，供应商通过调整策略以符合利润最大化的目标，以此来应对和保护它们的利益，并适应生产商的经营政策。

本部分内容中，运用实物期权（或有债权）的方法，分析和评估了汇率不确定性、供应商切换期权、订单数量灵活性、利润分享和供应商反应期权等条件下的供应合同，也使用基本的多元化概念，从投资组合理论的角度分析了风险减少在一个独特框架中的情况。此外，还研究建立了弹性如何对生产者和供应商双方都有利的模型。利用该模型，同时求解和检验了供应商及生产商的对偶优化问题。研究方法也实现了最终的最优政策内生利润分享的程度。进一步，还分析了是什么促使生产商和供应商在它们的合同中接受灵活性。

第二节　背景介绍

本部分考虑的是在一个生产商和n个不同国家的供应商之间的可变供应链问题。可变供应链指的是订货有多个阶段，而在每个阶段的开始，生产商都可改变自己的订货策略，即改变自己的订单总量及订单在各供应商之间的分配比例。一般的可变供应链都是只站在生产商的角度去考虑利润最大化问题，而默认各供应商只能接受改变，不做出任何反应。但是对单个供应商来说，由于生产原料需要长时间的准备，因此在某一阶段，生产商订货数量如果大幅变化，就会对其生产的规模效益造成影响，比如由于订单激增导致生产成本增加或者订单骤减导致生产过剩。而且在实际情况中，供应商对生产商任意地改变订货数量是有反制措施的，如改变价格或者增加惩罚金。本研究的不同之处在于，各供应商也有作出反应的权利，并利用实物期权方法来给出相比无法作出反应，新合约能给供应商带来多少价值。

实物期权由金融中的期权演化而来，简单来说就是决策方在进行投资决策时，不仅

考虑未来可能产生的现金流，也考虑目前自己所拥有的权利，即和期权类似，有在将来作出某种改变的权利，例如扩张权、收缩权、放弃权等。在本部分中，生产商的实物期权是可以在n家供应商之间分配自己的订单以及控制生产总量的，因此被称为转换权(the option to switch)；而各供应商的实物期权在于可以向生产商收取惩罚金，以此保护自己由于生产商突然改变订单量所导致的损失，因此被称为反应权(the option to react)。另外，在分析生产商决策的时候，是站在投资组合的角度，将n家供应商看作n个资产，其中随机的部分在于各国之间的汇率，下订单的过程就是进行投资的过程，并且在实物期权的视角下讨论供应链的利益分配问题。

第三节　模型分析

在整个合约存续期间，为了简单起见，设定生产商只生产一种产品，且只需要一种原材料，这种原材料有M家供应商能提供，且品质无差别。

生产函数为

$$q(t)=[I(t)]^{\beta}=\left[\sum_{j=1}^{M}I(t)u_j\right]^{\beta} \tag{14-1}$$

式中，$0<\beta\leqslant 1.0$，$q(t)$为产量，$I(t)$为原材料投入量，u_j为分配给第j家供应商的订单比例，满足

$$\sum_{j=1}^{M}u_j(t)=1.0,\ 0\leqslant u_j(t)\leqslant 1.0 \tag{14-2}$$

生产商的成本方面，除了生产成本$A[q(t)]$外，还考虑了库存成本$H[R(t)]$与生产转换成本$\phi[q(s),q(t)]$，$t>s\in[0,T]$，以及向各供应商缴纳的惩罚金(如果有的话)。

汇率为影响各家利润的唯一随机变量，服从几何布朗运动。设$\{X_j(t),t\geqslant 0\}$是生产商与供应商j的即时汇率，那么有

$$\mathrm{d}X_j(t)=X_j(t)\{\alpha_j\mathrm{d}t+\sigma_j\mathrm{d}Z_j(t)\} \tag{14-3}$$

式中，$Z_j(t)$服从标准布朗运动，$X_i(t)$与$X_j(t)$之间的相关性由$Z_i(t)$与$Z_j(t)$体现，即

$$E[\mathrm{d}Z_i(t)\cdot \mathrm{d}Z_j(t)]=\rho_{ij}\mathrm{d}t \tag{14-4}$$

在每一期，生产商做出的选择就只有总投入量$I(t)$[生产量$q(t)$通过生产函数被$I(t)$唯一确定]和分配向量$u(t)$。决策的依据在于各家汇率$X_j(t)$的变化情况，而且还假设$X_j(t)$与$X_i(t)$之间具有相关性。

在供应商方面，假设惩罚金的产生机制是当上期订单量与本期订单量之差超过一个阈值时，惩罚金就会产生。这个阈值是在每一期由各家供应商自主决定的，而且惩罚金

是阈值的增函数。例如，供应商j的惩罚带宽$\varepsilon_j(t)$若满足$|u_j(t)I(t)-u_j(s)I(s)|>\varepsilon_j(t)$，即当订单变化量超过$\varepsilon_j(t)$时，会产生惩罚金$\pi_j[\varepsilon_j(t)]$，而且有

$$\frac{\mathrm{d}\pi_j[\varepsilon_j(t)]}{\mathrm{d}\varepsilon_j(t)}>0 \tag{14-5}$$

除了惩罚金外，供应商还能作出的决策是价格。假设供应商的价格应体现数量折扣以及订单量变动的惩罚。具体来说，供应商j的原材料价格$C_j=C_j(\tilde{u},\tilde{\varepsilon},t)\in R$，则有

$$\frac{\partial C_j(x)}{\partial u_j(t)}<0,\ \frac{\partial C_j(x)}{\partial \varepsilon_j(t)}>0 \tag{14-6}$$

设合约对于生产商的价值为$V(x)$，利用伊藤引理，在无套利假设下，可以按照和B-S微分方程类似的推导过程给出$V(x)$满足的偏微分方程，即

$$\begin{aligned}&\sum_{j=1}^{M}\frac{\partial V}{\partial X_j}X_j(r_p-r_j)+\frac{\partial V}{\partial R}(D-q)+\frac{1}{2}\sum_{j=1}^{M}\frac{\partial^2 V}{\partial X_j^2}X_j^2\sigma_j^2+\frac{\partial V}{\partial t}\\&+\sum_{j=1}^{M}\sum_{i=1}^{M}\frac{\partial^2 V}{\partial X_i X_j}X_iX_j\sigma_i\sigma_j\rho_{ij}+f(t)-r_pV=0\end{aligned} \tag{14-7}$$

式中，r_j代表第j家供应商所在国家的无风险利率；$R(t)$代表库存；$f(t)$为t时刻的净现金流（即收入减去成本），其满足以下条件

$$f(t)=P(t)D(t)-\{A[q(t)]+H[R(t)]+\sum_{j=1}^{M}C_j(\tilde{u},\tilde{\varepsilon},t)+\sum_{j=1}^{M}\pi_j[\varepsilon_j(t)]\} \tag{14-8}$$

设合约对供应商j的价值为$W_j(x)$，那么可得出类似的$W_j(x)$满足的偏微分方程。

在一般情况下，这两个偏微分方程都无法解出，而且在实际中是做不到连续改变决策量的，因此将其离散化为差分方程，并限制供应商数目为两家以及汇率的变化只有两种可能，即把汇率的连续变化变成离散跳跃，那么在每一阶段可能发生的事件就只有五种：(上升，上升)，(上升，下降)，(下降，上升)，(下降，下降)，(不变，不变)。

之所以只有这五种可能，是假设两个汇率X_1，X_2具有相关性，所以不存在一个不变、另一个变化的情况。按照几何正态分布的假设，可计算出这五种情况出现的风险中性概率。

运用随机动态优化的知识，令$V_i(\tilde{X},R;\tilde{u}_{i-1},q_{i-1})$代表$t_i$时刻合约对生产者的价值，那么迭代公式为

$$\begin{aligned}&V_{i-1}(\tilde{X},R;\ \tilde{u}_{i-2},q_{i-2})\\&=\max_{(\tilde{u}_{i-1},q_{i-1})}\{\tilde{E}\{P_{i-1}D_{i-1}-\{A(q_{i-2})+H(R_{i-1})+\sum_{j=1}^{2}C_j(t_{i-1})+\sum_{j=1}^{2}\pi_j(t_{i-1})\\&+\phi(q_{i-2},q_{i-1})\}+e^{-r_p(t_i-t_{i-1})}V_i(\tilde{X},R;\ \tilde{u}_{i-1},q_{i-1})\}\}\end{aligned} \tag{14-9}$$

从t_n开始，利用边界条件可一段一段地向前迭代，最后给出在每个阶段的最优解。

类似地，令 $W_i(\gamma;\ C_j,\varepsilon_j)$代表$t_i$时刻合约对供应商$j$的价值，其中$\gamma(t_i)=\dfrac{X_j(t_i)}{X_k(t_i)}$，则迭代公式为

$$W_i(\gamma;\ C_j,\varepsilon_j)=\max_{(C_j,\varepsilon_j)}\left\{E\left[\left(\frac{C_j(t_i)}{X_j(t_i)}+\frac{\pi_j(t_i)}{X_j(t_i)}\right)+\mathrm{e}^{-r_j(t_{i+1}-t_i)}W_{i+1}(\gamma;\ C_j,\varepsilon_j)\right]\right\} \tag{14-10}$$

最后考虑数值的例子和对各参数的灵敏度分析，包括相关系数ρ、波动项系数之比$\dfrac{\sigma_1}{\sigma_2}$的变化对两种实物期权的价值(或者说合约的价值)的影响。

第十五章　含努力程度及信息更新情况下基于不确定理论的供应链承诺契约问题

第一节　主要思想

本部分在不确定理论的基础上，以市场需求信息更新为背景，研究了包含一个供应商、两个零售商的两级三阶段供应链系统的协调优化问题。在市场信息半对称，参与者风险中性，一个供应商、两个零售商拥有两次季前决策机会，零售商可以季中补货的情境下，加入了供应量承诺契约。

供应商为交换自身无法直接获得的市场更新信息，在季前会向两个零售商承诺一个季中的最低供应量，而两个零售商为拥有更多的补货库存量，会在一定程度上夸大市场更新信息，且它们之间是含有努力程度的竞争关系或相互促进关系。针对这种契约情况，分别建立了优化模型，并通过分析得到供应链成员的最优策略，最后给出算例分析，所得结论较为合理。

第二节　背景介绍

供应链问题在物流领域具有非常重要的地位，它由生产制造企业的制造产品到产品最终销售到消费者手中的一系列必不可少的活动组成，供应链中各企业的合作与否将直接影响各企业的收益状况，同时也影响整个供应链的效率。通常，在对供应链问题的研究中，以一个供应商和一个销售商的供应链为主的情况研究得较多，但在实际情况中，往往是一个供应商与多个零售商、多个供应商与一个零售商、多个供应商与多个零售商的合作问题。对于供应链中一个供应商和多个零售商的合作问题，多个零售商之间的关系主要分为以下三类：

(1)它们相互之间有竞争关系。

(2)它们相互之间有互补关系。

(3)它们相互之间没有影响、没有关系。

零售商之间的竞争关系是比较常见的一种关系，它们在同一城市的不同区域或相邻的城市里都销售相同的产品，这必然会导致它们之间存在竞争关系。尽管不同区域或城市的消费者收入水平、价格水平及文化差异等因素各不相同，但零售商之间的竞争关系是主要的关系，当然它们的销售还要受价格因素、努力程度等其他因素的影响。

零售商之间的互补关系或相互支持、相互促进关系也是比较常见的一种关系，一个零售商在一个区域的努力宣传和广告付出，不仅会影响本区域的产品销售，而且会影响另一个零售商在其他区域的产品销售：一个零售商在某区域的努力付出越大，则其产品的销售越好，也会影响另一零售商在其他区域的销售；反之，一个零售商由于其服务、产品质量等问题，影响了其在本区域的销售，则也会影响其他零售商在相近区域的销售。由于两个零售商之间没有相互之间的影响，也就是说与一个零售商和一个供应商之间的供应链契约问题没有多大差别，所以我们在此重点研究前两种关系，从而将问题简化为研究一个供应商、两个零售商的供应链契约问题。

在随机需求的供应链问题中，无论是从供应商或零售商的角度分析，还是从多阶段或多层次的角度分析，要想达到供应链系统的协调，运用诸如收益分享契约、订购量柔性契约、批发价柔性契约、承诺契约、期权契约等契约确实是行之有效的策略。而伴随着对消费者的"争夺战"愈加激烈，供应链成员之间的关系也从原始简单的利润分割向互利共赢方向发展。只有提高整个供应链的竞争力，才能获得更多利润，因此关注供应链成员间关系的关系型契约已成为现阶段研究的热点。顾名思义，关系型契约是一种关系约定，或者更准确地说是一种信任，不能用严格的法律条文来规定。因此就承诺本身而言，其可能不像传统契约一样可以通过简单的合同条框来实施。

第三节 模型描述

定义1：对任意给定的实数x，不确定变量ξ的不确定分布为$\Phi(x)=M\{\xi\leqslant x\}$，其中$M\{\xi\leqslant x\}$为不确定测度。

定义2：不确定变量ξ是正态不确定变量，如果其满足$\Phi(x)=\left[1+\mathrm{e}^{\frac{\pi(e-x)}{\sqrt{3}\sigma}}\right]^{-1}$，$x\in\mathbf{R}$，则记为$N(e,\sigma)$，其中$e,\sigma$是实数，$\sigma>0$。

定义3：令ξ是不确定变量，则ξ的期望值为

$$E[\xi]=\int_0^{+\infty}M\{\xi\geqslant x\}\mathrm{d}x-\int_{-\infty}^{0}M\{\xi\leqslant x\}\mathrm{d}x \tag{15-1}$$

定理1：令ξ是具有不确定分布Φ的不确定变量，则有

$$E[\xi]=\int_0^{+\infty}[1-\Phi(x)]\mathrm{d}x-\int_{-\infty}^{0}\Phi(x)\mathrm{d}x \tag{15-2}$$

基本报童模型：某生产企业，设单位生产成本为C，单位零售价为$P(P>C)$，以D表示决策者面临的随机市场需求，$F(x)$和$f(x)$分别表示需求的不确定分布函数和不确定

密度函数，则决策者选择最优库存量Q时的优化模型为

$$Y(Q)=P\cdot E\min(D,Q)-CQ=(P-C)Q-P\int_0^Q F(x)\mathrm{d}x \tag{15-3}$$

对上式求偏导数，则有

$$\frac{\partial Y(Q)}{\partial Q}=(P-C)-P\cdot F(Q) \tag{15-4}$$

$$\frac{\partial^2 Y(Q)}{\partial Q^2}=-f(Q)<0 \tag{15-5}$$

也就是说，$Y(Q)$是关于Q的凹函数。若令$\frac{\partial Y(Q)}{\partial Q}=0$，可得决策者所选择的最优订购量为$Q_0=F^{-1}\left[\frac{(P-C)}{P}\right]$。最终，决策者的最优利润为

$$Y(Q_0)=(P-C)Q_0-P\int_0^{Q_0} F(x)\mathrm{d}x \tag{15-6}$$

在市场需求信息不确定且不断更新的情况下，由于供应商无法接触市场，只能通过零售商的信息共享来得到更新的信息。记x_{e1}，x_{e2}为零售商1和零售商2得到的市场更新信息，$\overline{x_{e1}}$、$\overline{x_{e2}}$为其提供给供应商的更新信息，则有$\overline{x_{e1}}\geqslant x_{e1}$，$\overline{x_{e2}}\geqslant x_{e2}$。

阶段一：供应商、零售商1、零售商2均凭借历年销售经验及专家评估，确认市场需求不确定分布，分别记为$f_s(x)$、$f_{r1}(x)$、$f_{r2}(x)$，且有$f_s(x)=f_{r1}(x)+f_{r2}(x)$。零售商1、零售商2向供应商发出第一次订单，订购量为d_1^1、d_1^2，供应商接到订单后，根据订购量确定首次生产量q_1。

阶段二：随着销售季节的临近，零售商1、零售商2获得市场需求的更新信息x_e^1、x_e^2，根据$f_{r1}\left(x\mid x_e^1\right)$、$f_{r2}\left(x\mid x_e^2\right)$、$d_1^1$、$d_1^2$，修正订购量为$d^1\left(d^1\geqslant d_1^1\right)$、$d^2\left(d^2\geqslant d_1^2\right)$，同时向供应商提供共享信息$\overline{x_{e1}}$、$\overline{x_{e2}}$。供应商则根据$f_s\left(x\mid \overline{x_{e1}},\ \overline{x_{e2}}\right)$、$d^1$、$d^2$、$q_1(q_1=q_1^1+q_1^2)$修正总生产量为$q\left(q\geqslant q_1\right)(q=q^1+q^2)$，同时作为信息共享的交换，向零售商1、零售商2承诺季节时最低供应量为C_1、C_2。若承诺量$C_1<\overline{x_{e1}}$或$C_2<\overline{x_{e2}}$，则给予供应商π_1或π_2惩罚，称为“忠诚度惩罚”。另外，假设供应商与零售商有多年合作经历，拥有较好的信任与忠诚基础，即供应商对$\overline{x_{e1}}$、$\overline{x_{e2}}$的信任水平较高，零售商也不会过分夸大x_e^1，x_e^2（即x_e^1与$\overline{x_{e1}}$差距不大，x_e^2与$\overline{x_{e2}}$差距不大），且要求$d^1\geqslant \alpha_1\cdot\overline{x_{e1}}\left(\alpha_1>0\right)$，$d^2\geqslant \alpha_2\cdot\overline{x_{e2}}\left(\alpha_2>0\right)$。

阶段三：季节开始，由市场需求x_1、x_2可知，零售商1、2根据订购量总量d^1、d^2与需求x_1、x_2之间的情况，选择性向供应商发出补货订单，修正最终订货量。而作为供应商，只能机械性地尽自己能力将可能的剩余货物作为补充货物发给零售商1、2。如果市场需求得不到满足，则从顾客流失、声誉损失等方面给予供应商、零售商1、零售商2单位产品s的惩罚，称为“缺货惩罚”。

由上面分析可知，作为供应商，其承诺量必然大于零售商1、零售商2前两个阶段的订购量，即 $C_1 \geqslant d^1, C_2 \geqslant d^2$。综合零售商1、零售商2的三次订购机会，季节开始后，零售商1、零售商2希望订购量为 $d^{1*} = \max\left(d^1, x_1\right), d^{2*} = \max\left(d^2, x_2\right)$，而针对供应商生产量有限的情况，实际能够订到的总量为 $\min\left(d^{1*}, q^1\right), \min\left(d^{2*}, q^2\right)$，其中 $q^1 + q^2 = q$。另外，为了公平起见，契约中对于缺货惩罚进行了细致的责任分担。由于更新信息了解不充分导致的缺货由零售商1、零售商2分别承担，分别为 $s \cdot \left[\left(x_1 - q^1\right)^+ - \left(\min\left(x_1, C_1\right) - q^1\right)^+\right]$ 及 $s \cdot \left[\left(x_2 - q^2\right)^+ - \left(\min\left(x_2, C_2\right) - q^2\right)^+\right]$；而仅仅由于生产量不足导致的缺货由供应商承担，分别为 $s \cdot \left(\min\left(x_1, C_1\right) - q^1\right)^+$ 及 $s \cdot \left(\min\left(x_2, C_2\right) - q^2\right)^+$。

相比之下，供应链中零售商相对占据主动地位，而供应商因批发商行为而动。假设在信息不对称的背景下，虽然供应商并不了解零售商得到的市场信息 x_{1e}、x_{2e} 是什么，也不知道其到底如何选择 $\overline{x_{1e}}$、$\overline{x_{2e}}$，但零售商却了解供应商对于不同的 $\overline{x_{1e}}$、$\overline{x_{2e}}$ 的反应，即对零售商1、零售商2来说，$f_s\left(x_1 \middle| \overline{x_{1e}}\right)$、$f_s\left(x_2 \middle| \overline{x_{2e}}\right)$ 是已知的。

第四节　需求信息更新情况下供应商基于承诺契约的优化模型

假设 q^i 为供应商的生产供应量，d^i 为零售商的订货量，w_i 为批发价，c_i 为生产成本价。由前述一系列分析可知，应从供应商的角度着手分析。显然，在两次生产决策时订购量都是已知的，故 $q_1^1 \geqslant d_1^1, q_1^2 \geqslant d_1^2, q \geqslant d (q = q^1 + q^2, d = d^1 + d^2)$。

记 Π_s 为供应商的总利润，有

$$\begin{aligned}\Pi_s = {} & w_1(d_1^1 + d_1^2) + w_2(d_2^1 + d_2^2) + w_3\left[\min\left(q^1, \max\left(x_1, d^1\right)\right) - d^1\right]^+ - c_1(q_1^1 + q_1^2) \\ & - c_2(q - q_1^1 - q_1^2) - \pi_1\left(\overline{x_{e1}} - C_1\right)^+ - s\left(\min\left(x_1, C_1\right) - q^1\right)^+ \\ & + w_3\left[\min\left(q^2, \max\left(x_2, d^2\right)\right) - d^2\right]^+ - \pi_2\left(\overline{x_{e2}} - C_2\right)^+ - s\left(\min\left(x_2, C_2\right) - q^2\right)^+\end{aligned} \tag{15-7}$$

从整个供应链协作过程看，在阶段三中，供应商不需要做出任何决策，故若将表达式按生产决策阶段分解，可将第二、第三阶段合并，得到该情形下供应商的（期望利润）优化模型，即

$$\Pi_s^*\left(q_1^1,q_1^2\right)=\left(c_2-c_1\right)\left(q_1^1+q_1^2\right)+\int_0^{+\infty}\Pi_{s1}^{**}\left(q_1^1,\overline{x_{e1}}\right)\phi_0\left(\overline{x_{e1}}\right)\mathrm{d}\overline{x_{e1}} +\int_0^{+\infty}\Pi_{s2}^{**}\left(q_1^2,\overline{x_{e2}}\right)\phi_0\left(\overline{x_{e2}}\right)\mathrm{d}\overline{x_{e2}} \tag{15-8}$$

其中

$$\Pi_{s1}^{**}\left(q_1^1,\overline{x_{e1}}\right)=\max_{q^1\geqslant\max\left(q_1^1,d^1\right),C_1\geqslant d^1}\Psi_{s1}\left(C_1,q^1,q_1^1,\overline{x_{e1}}\right) \tag{15-9}$$

$$\Pi_{s2}^{**}\left(q_1^2,\overline{x_{e2}}\right)=\max_{q^2\geqslant\max\left(q_1^2,d^2\right),C_2\geqslant d^2}\Psi_{s2}\left(C_2,q^2,q_1^2,\overline{x_{e2}}\right) \tag{15-10}$$

$$\Psi_{s1}\left(C_1,q^1,q_1^1,\overline{x_{e1}}\right)=w_1d_1^1+w_2d_2^1+w_3\left[\min\left(q^1,\max\left(x_1,d^1\right)\right)-d^1\right]^+-c_2q^1 -\pi_1\left(\overline{x_{e1}}-C_1\right)^+-s\left(\min\left(x_1,C_1\right)-q^1\right)^+ \tag{15-11}$$

$$\Psi_{s2}\left(C_2,q^2,q_1^2,\overline{x_{e2}}\right)=w_1d_1^2+w_2d_2^2+w_3\left[\min\left(q^2,\max\left(x_2,d^2\right)\right)-d^2\right]^+-c_2q^2 -\pi_2\left(\overline{x_{e2}}-C_2\right)^+-s\left(\min\left(x_2,C_2\right)-q^2\right)^+ \tag{15-12}$$

针对第二阶段的决策问题，可分析求解相对于第一个零售商的供应商的收益$\Psi_{s1}\left(C_1,q^1,q_1^1,\overline{x_{e1}}\right)$(这里简记为$\Psi_{s1}$，是关于$C_1$、$q^1$的嵌套问题)以及相对于第二个零售商的供应商的收益$\Psi_{s2}\left(C_2,q^2,q_1^2,\overline{x_{e2}}\right)$。故求解时，先假设$q^1$、$q^2$确定，分析最优的承诺量$C_1$、$C_2$。

定理2:相对于第一个零售商，在第二阶段的决策问题$\Psi_{s1}\left(C_1,q^1,q_1^1,\overline{x_{e1}}\right)$中，供应商最优的最低承诺供应量$C_1$或者与生产量相同，或者与信息更新量相同，即$C_1^*=q^1$或$C_1^*=\overline{x_{e1}}$。对上述定理的证明如下：

首先化简决策问题：

在决策问题Ψ_{s1}中，$w_1d_1^1+w_2d_2^1+w_3\left[\min\left(q^1,\max\left(x_1,d^1\right)\right)-d^1\right]^+-c_2q^1$均与$C_1$无关，故将其记为$K_1$，则$\Psi_{s1}=K_1-\pi_1\left(\overline{x_{e1}}-C_1\right)^+-s\left(\min\left(x_1,C_1\right)-q^1\right)^+$。

然后分情况讨论：

第一种情况，当$q^1\leqslant\overline{x_{e1}}$，即$\alpha\overline{x_{e1}}\leqslant d^1\leqslant q^1\leqslant\overline{x_{e1}}$时：

(1)当$d^1\leqslant C_1\leqslant q^1$时，由$\Psi_{s1}$的表达式可知，供应商不需要承担缺货惩罚，即表达式中第三项为0，故$\Psi_{s1}=K_1-\pi_1\left(\overline{x_{e1}}-C_1\right)=K_1-\pi_1\overline{x_{e1}}+\pi_1C_1$。显然，$\Psi_{s1}$随承诺量$C_1$单调递增，故$C_1^*=q^1$。

(2)当$q^1\leqslant C_1\leqslant\overline{x_{e1}}$时，$\Psi_{s1}=K_1-\pi_1\overline{x_{e1}}+\left(\pi_1-s\right)C_1+s\int_{q^1}^{C_1}F_s\left(x_1\middle|\overline{x_{e1}}\right)\mathrm{d}x_1+sq^1$，由条件不确定分布函数的性质可知，$F_s(x_1|\overline{x_{e1}})=0$，因此为使$\Psi_{s1}$取到最大值，$C_1$应在端点处取$C_1^*=q^1(\pi_1<s)$或$C_1^*=\overline{x_{e1}}(\pi_1\geqslant s)$。

(3)当$\overline{x_{e1}} \leqslant C_1$时,由$\Psi_{s1}$的表达式可知,供应商不需要承担忠诚度惩罚,即第二项为0,$\Psi_{s1} = K_1 - sC_1 + s\int_{q^1}^{C_1} F_s\left(x_1 \middle| \overline{x_{e1}}\right) dx_1 + sq^1$。

同样对C_1求导可得

$$\frac{\partial \Psi_{s1}}{\partial C_1} = \begin{cases} -s + s\left[\dfrac{F_s(C_1)}{1 - F_s(\overline{x}_{e1})} \wedge 0.5\right], F_s(\overline{x}_{e1}) < F_s(C_1) \leqslant \dfrac{1 + F_s(\overline{x}_{e1})}{2} \leqslant 0 \\ -s + s\left[\dfrac{F_s(C_1) - F_s(\overline{x}_{e1})}{1 - F_s(\overline{x_{e1}})}\right], \dfrac{1 + F_s(\overline{x}_{e1})}{2} \leqslant F_s(C_1) \leqslant 0 \end{cases} \tag{15-13}$$

即Ψ_s关于C_1单调递减,故$C_1^* = \overline{x_{e1}}$。

第二种情况,当$q^1 \geqslant \overline{x_{e1}}$,即$\alpha \overline{x_{e1}} \leqslant d^1 \leqslant \overline{x_{e1}} \leqslant q^1$时:

此时,既然生产总量已经超过了信息更新量$\overline{x_{e1}}$,对供应商来说,就没有必要无故增加忠诚度惩罚,即$C_1 \geqslant \overline{x_{e1}}$,$\Psi_s$的表达式中第二项为0。

(1)当$\overline{x_{e1}} \leqslant C_1 \leqslant q^1$时,供应商不用承担缺货惩罚,$\Psi_{s1} = K_1$为关于$C_1$的常量,故$C_1$可取$\left(\overline{x_{e1}}, q^1\right)$中的任何值。

(2)当$q^1 \leqslant C_1$时,与第一种情况中的(3)相同,故$C_1^* = \overline{x_{e1}}$。

综上所述,供应商最优的最低承诺供应量$C_1^* = q^1$或$C_1^* = \overline{x_{e1}}$。

类似地,相对于第二个零售商,在第二阶段的决策问题$\Psi_{s2}\left(C_2, q^2, q_1^2, \overline{x_{e2}}\right)$中,供应商最优的最低承诺供应量$C_2$或者与生产量相同,或者与信息更新量相同,即$C_2^* = q^2$或$C_2^* = \overline{x_{e2}}$。

因此,在第二阶段的决策问题中,供应商最优的最低承诺供应量$C(C = C_1 + C_2)$为$C^* = q(q = q^1 + q^2)$,$C^* = \overline{x_e}(\overline{x_e} = \overline{x_{e1}} + \overline{x_{e2}})$,$C^* = q^1 + \overline{x_{e2}}$或$C^* = q^2 + \overline{x_{e1}}$。

定理3:相对于第一个零售商,在第二阶段决策问题$\Psi_{s1}\left(C_1, q^1, q_1^1, \overline{x_{e1}}\right)$中,供应商选择的最优生产量$q^{1*}$用下式表示

$$q^{1*} = \arg \max_{(C_1, q^1) \in I_s} \Psi_{s1}\left(C_1, q^1\right) \tag{15-14}$$

式中,$I_s = \left\{(C_1, q^1) \middle| 0 \leqslant C_1 < +\infty, 0 \leqslant q^1 < +\infty\right\}$,则有$q^{1*} = \overline{x_{e1}}$或$q^{1*} = Ex_1$或$q_A^{1*}$,其中$q_A^{1*}$由式$F_s(q^1 | \overline{x_{e1}}) = \dfrac{w_3 - c_2}{w_3}$决定。

对于上式的证明如下:

对$\Psi_{s1}\left(C_1, q^1\right)$求期望,有

$$
\begin{aligned}
E\Psi_{s1}\left(C_1, q^1, q_1^1, \overline{x_{e1}}\right) &= w_1 d_1^1 + w_2 d_2^1 + w_3 E\left[\min\left(q^1, \max\left(x_1, d^1\right)\right) - d^1\right]^+ - c_2 q^1 \\
&\quad - \pi_1\left(\overline{x_{e1}} - C_1\right)^+ - sE\left(\min\left(x_1, C_1\right) - q^1\right)^+ \\
&= w_1 d_1^1 + w_2 d_2^1 - w_3 d^1 + \left(w_3 - c_2\right) q^1 - w_3 \int_{d^1}^{q^1} F_s\left(x_1 \middle| \overline{x_{e1}}\right) \mathrm{d}x_1 \\
&\quad - \pi_1\left(\overline{x_{e1}} - C_1\right)^+ - sE\left(\min\left(x_1, C_1\right) - q^1\right)^+
\end{aligned}
\tag{15-15}
$$

式中，$w_1 d_1^1 + w_2 d_2^1 - w_3 d^1$ 与 C_1、q^1 无关，记做 L_1，则 $E\Psi_{s1} = L_1 + \left(w_3 - c_2\right) q^1 - w_3 \int_{d^1}^{q^1} F_s\left(x_1 \middle| \overline{x_{e1}}\right) \mathrm{d}x_1 - \pi_1\left(\overline{x_{e1}} - C_1\right)^+ - sE\left(\min\left(x_1, C_1\right) - q^1\right)^+$。

下面分情况讨论：

第一种情况，当 $C^{1*} = q^1$，供应商选择避免缺货惩罚时，有

$$
\Psi_{s1} = L_1 + \left(w_3 - c_2\right) q^1 - w_3 \int_{d^1}^{q^1} F_s\left(x_1 \middle| \overline{x_{e1}}\right) dx_1 - \pi_1\left(\overline{x_{e1}} - q^1\right)^+ \tag{15-16}
$$

(1)当 $d^1 \leqslant q^1 \leqslant \overline{x_{e1}}$ 时，有

$$
\begin{aligned}
\Psi_{s1} &= L_1 + \left(w_3 - c_2\right) q^1 - w_3 \int_{d^1}^{q^1} F_s\left(x_1 \middle| \overline{x_{e1}}\right) \mathrm{d}x_1 - \pi_1\left(\overline{x_{e1}} - q^1\right)^+ \\
&= L_1 + \left(w_3 + \pi_1 - c_2\right) q^1 - w_3 \int_{d^1}^{q^1} F_s\left(x_1 \middle| \overline{x_{e1}}\right) \mathrm{d}x_1 - \pi_1 \overline{x_{e1}}
\end{aligned}
\tag{15-17}
$$

由不确定条件分布函数的性质知，$F_s\left(x_1 \middle| \overline{x_{e1}}\right) = 0$，因此要使 Ψ_{s1} 最大，只有当 $q^{1*} = \overline{x_{e1}}$ 时，Ψ_{s1} 达到最大，这时有 $q^{1*} = \overline{x_{e1}}$。

(2)当 $\overline{x_{e1}} \leqslant q^1$ 时，供应商同时也避免了忠诚度惩罚，这时有

$$
\Psi_{s1} = L_1 + \left(w_3 - c_2\right) q^1 - w_3 \int_{d^1}^{q^1} F_s\left(x_1 \middle| \overline{x_{e1}}\right) \mathrm{d}x_1 \tag{15-18}
$$

由于

$$
F_s\left(x_1 \middle| \overline{x_{e1}}\right) = \begin{cases}
0, F_s(x_1) \leqslant F_s(\overline{x}_{e1}) \\
\dfrac{F_s(x_1)}{1 - F_s(\overline{x}_{e1})} \wedge 0.5, F_s(\overline{x}_{e1}) < F_s(x_1) \leqslant \dfrac{1 + F_s(\overline{x}_{e1})}{2} \\
\dfrac{F_s(x_1) - F_s(\overline{x}_{e1})}{1 - F_s(\overline{x_{e1}})}, \dfrac{1 + F_s(\overline{x}_{e1})}{2} \leqslant F_s(x_1)
\end{cases}
\tag{15-19}
$$

因此，要使 Ψ_{s1} 最大，则只有在 $F_s(q^1 | \overline{x_{e1}}) = \dfrac{w_3 - c_2}{w_3}$ 处达到，由此确定的量为 q_A^{1*}，故在 $C^{1*} = q^1$ 时，最优策略为 $\left(\overline{x_{e1}}, \overline{x_{e1}}\right)$ 及 (q_A^{1*}, q_A^{1*})。

第二种情况，当 $C^{1*}=\overline{x_{e1}}$ 时，供应商选择避免忠诚度惩罚，即

$$\Psi_{s1}=L_1+\left(w_3-c_2\right)q^1-w_3\int_{d^1}^{q^1}F_s\left(x_1\middle|\overline{x_{e1}}\right)\mathrm{d}x_1-s\left(\min\left(x_1,C_1\right)-q^1\right)^+ \tag{15-20}$$

(1)当 $d^1\leqslant q^1\leqslant\overline{x_{e1}}$ 时，由于 $F_s\left(x_1\middle|\overline{x_{e1}}\right)=0$，因此要使 Ψ_s 最大，则有 $q^{1*}=\overline{x_{e1}}$ 或 $q^{1*}=Ex_1$。

(2)当 $\overline{x_{e1}}\leqslant q^1$ 时，要使 Ψ_s 最大，则有 $F_s(q^1|\overline{x_{e1}})=\dfrac{w_3-c_2}{w_3}$，此时生产量为 q_A^{1*}。

综上所述，相对于第一个零售商，对于第二阶段供应商的决策问题，共有四种可能的最优策略，记为 $I_{s1}^*=\left\{(\overline{x_{e1}},\overline{x_{e1}}),(\overline{x_{e1}},q_A^{1*}),(q_A^{1*},q_A^{1*}),(\overline{x_{e1}},Ex_1)\right\}$。

类似地，相对于第二个零售商，供应商选择的最优生产量为 q^{2*}，且有 $q^{2*}=\overline{x_{e2}}$ 或 $q^{2*}=Ex_2$ 或 q_A^{2*}，其中 q_A^{2*} 由式 $F_s(q^2|\overline{x_{e2}})=\dfrac{w_3-c_2}{w_3}$ 决定；同时，对于第二阶段供应商的决策问题，也有四种可能的最优策略，记为 $I_{s2}^*=\left\{(\overline{x_{e2}},\overline{x_{e2}}),(\overline{x_{e2}},q_A^{2*}),(q_A^{2*},q_A^{2*}),(\overline{x_{e2}},Ex_2)\right\}$。

综合上述分析及定理2、定理3可知，进入第二阶段时，供应商会根据共享的更新信息 $\overline{x_{e1}}$、$\overline{x_{e2}}$，同时结合零售商1和零售商2的总订购量 d^1、d^2，得到各种决策方案，最后加以对比得到最优决策。这里需要注意的是，第二次修正的生产总量 q^1、q^2 要满足 $q^1\geqslant q_1^1$，$q^2\geqslant q_1^2$，因此当选择的决策方案不符合 $q^{1*}\geqslant q_1^1$ 或 $q^{2*}\geqslant q_1^2$ 时，则以 q_1^1 代替 q^{1*} 或以 q_1^2 代替 q^{2*}，再进行最终的比较。

第五节　含努力程度及需求信息更新情况下零售商基于承诺契约的优化模型

相对于供应商，在整个供应链的运行过程中，零售商1和零售商2处于主导地位，它们主动进行两次季前订购，直接获取市场信息并有选择性地共享给供应商，且了解供应商对于更新信息的反应，即如何根据更新的信息校正需求分布 $f\left(x_1\middle|\overline{x_{e1}}\right)$、$f\left(x_2\middle|\overline{x_{e2}}\right)$；同时，这两个零售商既受自身努力程度的影响，也受相互之间竞争或相互促进关系的影响。

进一步分析可得

$$\begin{aligned}\Pi_{r1}=&p\min\left(x_1,q^1\right)-w_1d_1^1-w_2d_2^1-w_3\left[\min\left(q^1,\max\left(x_1,d^1\right)\right)-d^1\right]^+\\&-s\left[\left(x_1-q^1\right)^+-\left(\min\left(x_1,C_1\right)-q^1\right)^+\right]\end{aligned} \tag{15-21}$$

$$\begin{aligned}\Pi_{r2}=&p\min\left(x_2,q^2\right)-w_1d_1^2-w_2d_2^2-w_3\left[\min\left(q^2,\max\left(x_2,d^2\right)\right)-d^2\right]^+\\&-s\left[\left(x_2-q^2\right)^+-\left(\min\left(x_2,C_2\right)-q^2\right)^+\right]\end{aligned} \tag{15-22}$$

式中，Π_{r1}、Π_{r2}分别表示零售商1和零售商2的总利润，p为产品售价。同样，零售商虽然具有较大的主动权，但在第三阶段再补货时却没有决策的余地，只能机械性地弥补缺货。因此，我们将表达式按生产阶段分解，可得到如下的零售商1和零售商2的优化模型

$$\Pi_{r1}^{1}\left(d_1^1, e_1, e_2\right)=\left(w_2-w_1\right) d_1^1+\int_0^{+\infty} \Pi_{r1}^{2}\left(d_1^1, x_{e1}, e_1, e_2\right) \phi_0\left(x_{e1}\right) \mathrm{d} x_{e1} \tag{15-23}$$

式中，有

$$\Pi_{r1}^{2}\left(d_1^1, x_{e1}, e_1, e_2\right)=\max_{d^1 \geqslant d_1^1,\ \overline{x_{e1}} \geqslant x_{e1}} \Psi_{r1}\left(d_1^1, d^1, x_{e1}, \overline{x_{e1}}, e_1, e_2\right) \tag{15-24}$$

$$\begin{aligned}\Psi_{r1}\left(d_1^1, d^1, x_{e1}, \overline{x_{e1}}, e_1, e_2\right)= & \, p \min \left(x_1, q^1\right)-w_2 d^1-w_3\left[\min \left(q^1, \max \left(x_1, d^1\right)\right)-d^1\right]^{+} \\ & -s\left[\left(x_1-q^1\right)^{+}-\left(\min \left(x_1, C_1\right)-q^1\right)^{+}\right]\end{aligned} \tag{15-25}$$

$$\Pi_{r2}^{1}\left(d_1^2, e_1, e_2\right)=\left(w_2-w_1\right) d_1^2+\int_0^{+\infty} \Pi_{r2}^{2}\left(d_1^2, x_{e2}, e_1, e_2\right) \phi_0\left(x_{e2}\right) \mathrm{d} x_{e2} \tag{15-26}$$

$$\Pi_{r2}^{2}\left(d_1^2, x_{e2}, e_1, e_2\right)=\max_{d^2 \geqslant d_1^2,\ \overline{x_{e2}} \geqslant x_{e2}} \Psi_{r2}\left(d_1^2, d^2, x_{e2}, \overline{x_{e2}}, e_1, e_2\right) \tag{15-27}$$

$$\begin{aligned}\Psi_{r2}\left(d_1^2, d^2, x_{e2}, \overline{x_{e2}}, e_1, e_2\right)= & \, p \min \left(x_2, q^2\right)-w_2 d^2-w_3\left[\min \left(q^2, \max \left(x_1, d^2\right)\right)-d^2\right]^{+} \\ & -s\left[\left(x_2-q^2\right)^{+}-\left(\min \left(x_2, C_2\right)-q^2\right)^{+}\right]\end{aligned} \tag{15-28}$$

式中，$\Psi_{r1}\left(d_1^1, d^1, x_{e1}, \overline{x_{e1}}, e_1, e_2\right)$、$\Psi_{r2}\left(d_1^2, d^2, x_{e2}, \overline{x_{e2}}, e_1, e_2\right)$表示零售商1和零售商2第二阶段的决策模型，其决策变量为总的季前订购量d^1、d^2及共享信息量$\overline{x_{e1}}$、$\overline{x_{e2}}$（显然$\overline{x_{e1}}>d^1$，$\overline{x_{e2}}>d^2$，e_1、e_2分别为零售商1和零售商2的努力程度）。这里需强调，零售商对于供应商的反应及信息是完全了解的，也就是说，在共享信息、决策订购量时，零售商可预料到供应商的决策量C^{1*}、C^{2*}、q^{1*}及q^{2*}。

定理4：在第二阶段，零售商1选择的最优季前订购总量d^{1*}为

$d^{1*}=\arg \max\limits_{d^1 \in I_{1r}} \Psi_{r1}\left(d^1, \overline{x_{e1}}, e_1, e_2\right)$，其中

$$I_{1r}=\left\{d_A^1, d_B^1, d_C^1, x_{e1}\right\} \tag{15-29}$$

$$d_A^1: F_{r1}\left(d_A^1 \mid x_{e1}, e_1, e_2\right)=\frac{p+s-w_2}{p+s} \tag{15-30}$$

$$d_B^1: F_{r1}\left(d_B^1 \mid x_{e1}, e_1, e_2\right)=\frac{w_3-w_2}{w_3} \tag{15-31}$$

$$d_C^1: F_{r1}\left(d_C^1 \mid x_{e1}, e_1, e_2\right)=\frac{p-w_2}{p} \tag{15-32}$$

对上式的证明如下：

首先简化决策问题：

$$\begin{aligned}\Psi_{r1}\left(d^1,\overline{x_{e1}}\right)&=p\min\left(x_1,q^1\right)-w_2d^1-w_3\left[\min\left(q^1,\max\left(x_1,d^1\right)\right)-d^1\right]^+\\&\quad-s\left[\left(x_1-q^1\right)^+-\left(\min\left(x_1,C_1\right)-q^1\right)^+\right]\\&=\left(w_3-w_2\right)d^1+\left(p-w_3\right)\left(q^1-\int_0^{q^1}F_{r1}\left(x_1\middle|x_{e1},e_1,e_2\right)\mathrm{d}x_1\right)\\&\quad-w_3\int_0^{d^1}F_{r1}\left(x_1\middle|x_{e1},e_1,e_2\right)\mathrm{d}x_1-s\left[\left(x_1-q^1\right)^+-\left(\min\left(x_1,C_1\right)-q^1\right)^+\right]\end{aligned}\tag{15-33}$$

这里要注意的是，Ψ_{r1}与d^1直接显性相关，而与$\overline{x_{e1}}$是通过影响C_1及q^1间接隐性相关。我们假设，零售商1有能力从供应商的角度考虑其策略，发现前文中定理2、定理3的结论，即$C^{1*}=q^1$或$C^{1*}=\overline{x_{e1}}$。

下面分情况讨论：

第一种情况，当$C_1=q^1$时。

(1)当$q^1=d^1$时，有

$$\begin{aligned}\Psi_{r1}&=\left(w_3-w_2\right)d^1+\left(p-w_3\right)\left(d^1-\int_0^{d^1}F_{r1}\left(x_1\middle|x_{e1},e_1,e_2\right)\mathrm{d}x_1\right)\\&\quad-w_3\int_0^{d^1}F_{r1}\left(x_1\middle|x_{e1},e_1,e_2\right)\mathrm{d}x_1-s\left[\left(x_1-d^1\right)^+-\left(\min\left(x_1,d^1\right)-d^1\right)^+\right]\\&=\left(p+s-w_2\right)d^1-\left(p+s\right)\int_0^{d^1}F_{r1}\left(x_1\middle|x_{e1},e_1,e_2\right)\mathrm{d}x_1-sE\left(x_1\middle|x_{e1},e_1,e_2\right)\end{aligned}\tag{15-34}$$

①当$x_{e1}\leqslant d^1$时，有

$$\begin{aligned}\Psi_{r1}&=\left(p+s-w_2\right)d^1-\left(p+s\right)\int_0^{d^1}F_{r1}\left(x_1\middle|x_{e1},e_1,e_2\right)\mathrm{d}x_1-sE\left(x_1\middle|x_{e1},e_1,e_2\right)\\&=(p+s-w_2)d^1-(p+s)\int_0^{x_{e1}}F_{r1}(x_1|x_{e1},e_1,e_2)\mathrm{d}x_1\\&\quad-(p+s)\int_{x_{e1}}^{d^1}F_{r1}(x_1|x_{e1},e_1,e_2)\mathrm{d}x_1-sE(x_1|x_{e1},e_1,e_2)\end{aligned}\tag{15-35}$$

让其对d^1求导，可得

$$\frac{\partial\Psi_{r1}}{\partial d^1}=\left(p+s-w_2\right)-\left(p+s\right)F_{r1}\left(d^1\middle|x_{e1},e_1,e_2\right)\tag{15-36}$$

$$\frac{\partial^2\Psi_{r1}}{\partial(d^1)^2}=-\left(p+s\right)f_{r1}\left(d^1\middle|x_{e1},e_1,e_2\right)\leqslant0\tag{15-37}$$

也就是说，在此情况下，Ψ_{r1}为关于d^1的凹函数，则此时零售商最优季前订购总量为

$$d_A^1: F_{r1}\left(d_A^1 \middle| x_{e1}, e_1, e_2\right)=\frac{p+s-w_2}{p+s} \tag{15-38}$$

②当 $x_{e1}>d^1$ 时，有

$$\begin{aligned}\Psi_{r1}&=\left(p+s-w_2\right)d^1-\left(p+s\right)\int_0^{d^1}F_{r1}\left(x_1 \middle| x_{e1}, e_1, e_2\right)\mathrm{d}x_1-sE\left(x_1 \middle| x_{e1}, e_1, e_2\right)\\&=\left(p+s-w_2\right)d^1-sE\left(x_1 \middle| x_{e1}, e_1, e_2\right)\end{aligned} \tag{15-39}$$

此时，要使 Ψ_{r1} 最大，则 d^1 越大越好，故有 $d^1 \to x_{e1}$。

(2)当 $q^1 \neq d^1$ 时，有

$$\begin{aligned}\Psi_{r1}=&\left(w_3-w_2\right)d^1+\left(p-w_3\right)\left(q^1-\int_0^{q^1}F_{r1}\left(x_1 \middle| x_{e1}, e_1, e_2\right)\mathrm{d}x_1\right)\\&-w_3\int_0^{d^1}F_{r1}\left(x_1 \middle| x_{e1}, e_1, e_2\right)\mathrm{d}x_1-s\left[\left(x_1-q^1\right)^+-\left(\min\left(x_1, q^1\right)-q^1\right)^+\right]\end{aligned} \tag{15-40}$$

式中第二项和第四项与 d^1 无关。

①当 $x_{e1} \leqslant d^1$ 时，有

$$\begin{aligned}\Psi_{r1}=&\left(w_3-w_2\right)d^1+\left(p-w_3\right)\left(q^1-\int_0^{q^1}F_{r1}\left(x_1 \middle| x_{e1}, e_1, e_2\right)\mathrm{d}x_1\right)\\&-w_3\int_0^{x_{e1}}F_{r1}\left(x_1 \middle| x_{e1}, e_1, e_2\right)\mathrm{d}x_1-w_3\int_{x_{e1}}^{d^1}F_{r1}\left(x_1 \middle| x_{e1}, e_1, e_2\right)\mathrm{d}x_1\\&-s\left[\left(x_1-q^1\right)^+-\left(\min\left(x_1, q^1\right)-q^1\right)^+\right]\end{aligned} \tag{15-41}$$

故有

$$\frac{\partial \Psi_{r1}}{\partial d^1}=\left(w_3-w_2\right)-w_3F_{r1}\left(d^1 \middle| x_{e1}, e_1, e_2\right) \tag{15-42}$$

$$\frac{\partial^2 \Psi_{r1}}{\partial (d^1)^2}=-w_3 f_{r1}\left(d^1 \middle| x_{e1}, e_1, e_2\right) \leqslant 0 \tag{15-43}$$

同样地，可得最优决策为 $d_B^1: F_{r1}\left(d_B^1 \middle| x_{e1}, e_1, e_2\right)=\dfrac{w_3-w_2}{w_3}$。

②当 $x_{e1}>d^1$ 时，有

$$\begin{aligned}\Psi_{r1}=&\left(w_3-w_2\right)d^1+\left(p-w_3\right)\left(q^1-\int_0^{q^1}F_{r1}\left(x_1 \middle| x_{e1}, e_1, e_2\right)\mathrm{d}x_1\right)\\&-s\left[\left(x_1-q^1\right)^+-\left(\min\left(x_1, q^1\right)-q^1\right)^+\right]\end{aligned} \tag{15-44}$$

此时，要使 Ψ_{r1} 最大，则 d^1 越大越好，故有 $d^1 \to x_{e1}$。

第二种情况，当 $C^1=\overline{x_{e1}}$ 时，有

(1)当 $q^1=d^1$ 时，即供应商选择策略为 $\left(\overline{x_{e1}}, d^1\right)$，有

$$\begin{aligned}\Psi_{r1}&=(w_3-w_2)d^1+(p-w_3)\left(d^1-\int_0^{d^1}F_{r1}(x_1|x_{e1},e_1,e_2)\mathrm{d}x_1\right)\\&\quad-w_3\int_0^{d^1}F_{r1}(x_1|x_{e1},e_1,e_2)\mathrm{d}x_1-s(x_1-\overline{x_{e1}})^+\\&=(p-w_2)d^1-p\int_0^{d^1}F_{r1}(x_1|x_{e1},e_1,e_2)\mathrm{d}x_1-s(x_1-\overline{x_{e1}})^+\end{aligned}\tag{15-45}$$

式中最后一项与d^1无关。

①当$x_{e1}\leqslant d^1$时，有

$$\begin{aligned}\Psi_{r1}&=(p-w_2)d^1-p\int_0^{x_{e1}}F_{r1}(x_1|x_{e1},e_1,e_2)\mathrm{d}x_1\\&\quad-p\int_{x_{e1}}^{d^1}F_{r1}(x_1|x_{e1},e_1,e_2)\mathrm{d}x_1-s(x_1-\overline{x_{e1}})^+\end{aligned}\tag{15-46}$$

故有

$$\frac{\partial\Psi_{r1}}{\partial d^1}=(p-w_2)-pF_{r1}(d^1|x_{e1},e_1,e_2)\tag{15-47}$$

$$\frac{\partial^2\Psi_{r1}}{\partial(d^1)^2}=-pf_{r1}(d^1|x_{e1},e_1,e_2)\leqslant 0\tag{15-48}$$

也就是说，在此情况下Ψ_{r1}为关于d^1的凹函数，则此时批发商最优季前订购总量为d_C^1: $F_{r1}(d_C^1|x_{e1},e_1,e_2)=\dfrac{p-w_2}{p}$。

②当$x_{e1}>d^1$，有

$$\Psi_{r1}=(p-w_2)d^1-s(x_1-\overline{x_{e1}})^+\tag{15-49}$$

此时，要使Ψ_{r1}最大，则d^1越大越好，故有$d^1\to x_{e1}$。

(2)当$q^1\neq d^1$时，与第一种情况中的(2)相似，最优决策为d_B^1: $F_{r1}(d_B^1|x_{e1},e_1,e_2)=\dfrac{w_3-w_2}{w_3}$或$d^1\to x_{e1}$。

需要说明的是，对于零售商1来说，在第二阶段决策从$I_{r1}=\{d_A^1,d_B^1,d_C^1,x_{e1}\}$中选择最优的季前订购量$d^1$时，由于$d^1\geqslant d_1^1$的前置假设，若希望选择的$d^1$并不满足要求，则以$d_1^1$代替后再进行比较选择。

类似地，在第二阶段，零售商2选择的最优季前订购总量d^{2*}为：

$$d^{2*}=\arg\max_{d^2\in I_{2r}}\Psi_{r2}(d^2,\overline{x_{e2}},e_1,e_2)\tag{15-50}$$

其中

$$I_{2r}=\{d_A^2,d_B^2,d_C^2,x_{e2}\}\tag{15-51}$$

$$d_A^2: F_{r2}\left(d_A^2 \middle| x_{e2}, e_1, e_2\right) = \frac{p+s-w_2}{p+s} \tag{15-52}$$

$$d_B^2: F_{r2}\left(d_B^2 \middle| x_{e2}, e_1, e_2\right) = \frac{w_3-w_2}{w_3} \tag{15-53}$$

$$d_C^2: F_{r2}\left(d_C^2 \middle| x_{e2}, e_1, e_2\right) = \frac{p-w_2}{p} \tag{15-54}$$

不确定分布函数 $F_{r1}\left(d_A^1 \middle| x_{e1}, e_1, e_2\right)$、$F_{r1}\left(d_B^1 \middle| x_{e1}, e_1, e_2\right)$、$F_{r1}\left(d_C^1 \middle| x_{e1}, e_1, e_2\right)$、$F_{r2}\left(d_A^2 \middle| x_{e2}, e_1, e_2\right)$、$F_{r2}\left(d_B^2 \middle| x_{e2}, e_1, e_2\right)$、$F_{r2}\left(d_C^2 \middle| x_{e2}, e_1, e_2\right)$等不仅与 x_{e1}、x_{e2} 有关，还与 e_1、e_2 有关。若零售商1和零售商2是竞争关系，则不确定分布函数 F_{r1} 应与自身的努力 e_1 成正比，与对手的努力 e_2 成反比，不妨假设函数关系为 $k_1 e^{\alpha_1 e_1} e^{-\alpha_2 e_2}$；类似地，不确定分布函数 F_{r2} 应与自身的努力 e_2 成正比，与对手的努力 e_1 成反比，不妨假设函数关系为 $k_2 e^{\beta_2 e_2} e^{-\beta_1 e_1}$。若零售商1和零售商2是相互促进关系，则不确定分布函数 F_{r1} 应与自身的努力 e_1 成正比，与对手的努力 e_2 也成正比，不妨假设函数关系为 $k_1 e^{\alpha_1 e_1} e^{\alpha_2 e_2}$；类似地，不确定分布函数 F_{r2} 应与自身的努力 e_2 成正比，与对手的努力 e_1 成正比，不妨假设函数关系为：$k_2 e^{\beta_2 e_2} e^{\beta_1 e_1}$。这样，前面得到的零售商1和零售商2的最优订货量 d_A^1、d_B^1、d_C^1 及 d_A^2、d_B^2、d_C^2 都是 e_1、e_2 的函数。

第六节　含努力程度及信息更新的供应链承诺契约协调优化分析

从前面的分析可以看出，在承诺量 C 满足一定条件的情况下，供应链要实现协调，则应有如下结论：

结论1：在 $C=q$ 且 $C_1=q^1$ 的条件下，当 $d \leqslant q \leqslant \overline{x_e}$ 时，在 $q=d$ 且 $q^1=d^1$ 的情况下，可以实现供应链的协调，在 $q \neq d$ 的情况下不能实现供应链的协调；当 $\overline{x_e} \leqslant q$ 时，在 $q=d$ 且 $q^1=d^1$ 的情况下，可以实现供应链的协调，在 $q \neq d$ 的情况下不能实现供应链的协调。

证明：在 $C=q$ 且 $C_1=q^1$ 的条件下，当 $d \leqslant q \leqslant \overline{x_e}$ 时，作为供应商，由前面的分析可知，相对于零售商1，其最优的生产量为 $q^{1*}=\overline{x_{e1}}$ 或 $q^{1*}=q_A^1$；作为零售商1，由前面的分析可知，当 $q^1=d^1$，且 $x_{e1} \leqslant d^1$ 时，零售商1的最优订货量为 d_A^1($d_A^1 \leqslant q^{1*}$)。

要实现供应链的协调，则应有 $d_A^1=q^{1*}$，此时需 $q^{1*}=\overline{x_{e1}}$ 或 $\dfrac{p+s-w_2}{p+s}=\dfrac{w_3-c_2}{w_3}$ 成立，只要调整 p 即可让该式子成立；同时，相对于零售商2，要实现供应链的协调，则应有 $d_A^2=q^{2*}$，此时需 $q^{2*}=\overline{x_{e2}}$ 或 $\dfrac{p+s-w_2}{p+s}=\dfrac{w_3-c_2}{w_3}$ 成立，只要调整 p 即可让该式子成立，从而实现供应链的协调。

当 $q=d$ 且 $x_e>d$ 时，此时 $q^1=d^1$ 且 $x_{e1}>d^1$，零售商1的最优订货量为 $d^1 \to x_{e1}$($x_{e1} \leqslant \overline{x_{e1}}$)，要实现供应链的协调，则应有 $x_{e1}=\overline{x_{e1}}$，此条件是可以实现的，因此可以实现

供应链的协调；当 $q \neq d$ 且 $x_e \leqslant d$ 时，零售商 1 和零售商 2 的最优订货量为 d_B^1、d_B^2，此时 $d_B^1 < q^{1*}$ 或 $d_B^2 < q^{2*}$，也就是说零售商 1 和零售商 2 的最优订货量小于供应商的最优生产量，二者不能相等，因此不能实现供应链的协调。类似地，在 $q \neq d$ 的情况下且 $x_e > d$ 时，零售商 1 和零售商 2 的最优订货量为 d^1、d^2，此时也有 $d^1 < q^{1*}$ 或 $d^2 < q^{2*}$ 成立，也就是说零售商的最优订货量小于供应商的最优生产量，二者不能相等，因此不能实现供应链的协调。

结论 2：在 $C^* = \overline{x_e}$ 且 $C^{1*} = \overline{x_{e1}}$ 的条件下，当 $d \leqslant q \leqslant \overline{x_e}$ 时，在 $q = d$ 且 $q^1 = d^1$ 的情况下可以实现供应链的协调，在 $q \neq d$ 的情况下不能实现供应链的协调；当 $\overline{x_e} \leqslant q$ 时，在 $q = d$ 且 $q^1 = d^1$ 的情况下可以实现供应链的协调，在 $q \neq d$ 的情况下不能实现供应链的协调。

证明：在 $C^* = \overline{x_e}$ 且 $C^{1*} = \overline{x_{e1}}$ 的条件下，当 $d \leqslant q \leqslant \overline{x_e}$ 时，作为供应商，由前面的分析可知，相对于零售商 1，其最优的生产量为 $q^{1*} = \overline{x_{e1}}$ 或 $q^{1*} = Ex_1$ 或 $q^{1*} = q_A^1$；作为零售商，由前面的分析可知，当 $q = d$ 且 $q^1 = d^1$，$x_{e1} \leqslant d^1$ 时，零售商 1 的最优订货量为 d_C^1（$d_C^1 \leqslant q^{1*}$）。

要实现供应链的协调，则应有 $d_C^1 = q^{1*}$，此时需 $d^{1*} = \overline{x_{e1}}$ 或 $d^{1*} = Ex_1$ 或 $\frac{p - w_2}{p} = \frac{w_3 - c_2}{w_3}$ 成立，只要调整 p 即可让该式子成立，对零售商 2 也有类似结论，从而实现供应链的协调。

当 $q = d$ 且 $q^1 = d^1$，当 $x_{e1} > d^1$ 时，零售商 1 的最优订货量为 $d^1 \rightarrow x_{e1}$（$x_{e1} \leqslant \overline{x_{e1}}$），要实现供应链的协调，则应有 $x_{e1} = \overline{x_{e1}}$，此条件是可以实现的，对零售商 2 也有类似结论，因此可以实现供应链的协调。

在 $q \neq d$ 的情况下且 $x_e \leqslant d$ 时，零售商 1 和零售商 2 的最优订货量为 d_B^1、d_B^2，此时 $d_B^1 < q^{1*}$，$d_B^2 < q^{2*}$，也就是说零售商 1 和零售商 2 的最优货订量小于供应商的最优生产量，二者不能相等，因此不能实现供应链的协调；类似地，在 $q \neq d$ 的情况下且 $x_e > d$ 时，零售商 1 和零售商 2 的最优订货量为 d^1、d^2，此时也有 $d < q^*$ 成立，也就是说零售商的最优订货量小于供应商的最优生产量，二者不能相等，因此不能实现供应链的协调。

从上面的两个结论可以看出，在 $q = d$ 时，供应链可以实现协调。此时，由于不确定分布函数的不同，供应商利润函数中的项 $w_3\left[\min\left(q^1, \max\left(x_1, d^1\right)\right) - d^1\right]$ 及 $w_3\left[\min\left(q^2, \max\left(x_2, d^2\right)\right) - d^2\right]^+$ 与零售商 1 和零售商 2 利润函数中的项 $w_3\left[\min\left(q^1, \max\left(x_1, d^1\right)\right) - d^1\right]$ 及 $w_3\left[\min\left(q^2, \max\left(x_2, d^2\right)\right) - d^2\right]^+$ 是不同的，要使它们相同，则应有 $F_s(q \mid \overline{x_e}) = F_r(d \mid x_e, e_1, e_2)$。在此情形下，供应链的总利润为 Π_z。此时，若要使供应链的总利润最大，则将 Π_z 分别对 q^1 和 q^2 求偏导数，可得

$$\Pi_z = p\min\left(x_1, q^1\right) + p\min\left(x_2, q^2\right) - c_1(q_1^1 + q_1^2) - c_2\left(q - q_1^1 - q_1^2\right) \\ -\pi_1\left(\overline{x_{e1}} - C_1\right)^+ - s\left[\left(x_1 - q^1\right)^+\right] - s\left[\left(x_2 - q^2\right)^+\right] - \pi_2\left(\overline{x_{e2}} - C_2\right) \tag{15-55}$$

$$x_1 > q^1, q^1: F_z\left(q^1 \middle| x_{e1}, e_1, e_2\right) = \frac{p + s - c_2}{p + s} \tag{15-56}$$

$$x_2 > q^2, q^2: F_z\left(q^2 \middle| x_{e2}, e_1, e_2\right) = \frac{p + s - c_2}{p + s} \tag{15-57}$$

$$x_1 \leqslant q^1, q^1: F_z\left(q^1 \middle| x_{e1}, e_1, e_2\right) = \frac{p - c_2}{p} \tag{15-58}$$

$$x_2 \leqslant q^2, q^2: F_z\left(q^2 \middle| x_{e2}, e_1, e_2\right) = \frac{p - c_2}{p} \tag{15-59}$$

要使供应商及零售商的最优点与整个供应链的最优点相同，则有 $w_2 = c_2$。

第七节 算例分析

假设市场信息更新前，供应商、零售商1对市场需求的分析估计为：市场需求服从正态不确定分布 $x_1 \sim N(e, \sigma)$，其中 $e = 50, \sigma = 5$；令 $p = 200$，$c_1 = 40, c_2 = 60, c_3 = 160, w_1 = 130, w_2 = 140, w_3 = 190, \pi_1 = 10, s = 70$；零售商1随市场需求更新信息，$x_{e1} = 60$ 且服从不确定分布 $x_{r1} \sim N(x_{e1}, \sigma), k_1 = \frac{1}{2}, \alpha_1 = 1, \alpha_2 = 1, e_1 = 2, e_2 = 1$；零售商2随市场需求更新信息，$x_{e2} = 60$ 且服从不确定分布 $x_{r2} \sim N(x_{e2}, \sigma)$；零售商1与零售商2具有竞争关系，则有：

(1)零售商1和零售商2诚实反映市场信息，此时 $x_{e1} = \overline{x_{e1}}, x_{e2} = \overline{x_{e2}}$，相对于零售商1，作为供应商，$x_{s1} \sim N(x_{e1}, \sigma)$，此时最优生产量为 $q^{1*} = \overline{x_{e1}} = x_{e1} = 60$ 或 $q^{1*} = q_A^1 = 64.1529$；在零售商相互竞争的情形下，由于零售商1的努力程度比零售商2的努力程度大，故对应的零售商1的最优订货量为 $d_A^1 = 64.299545, d_B^1 = 62.057224, d_C^1 = 62.37963, d^1 = 60$；类似地，对于零售商2，其最优订货量为 $d_A^2 = 60.491298, d_B^2 = 60.26803, d_C^2 = 60.3056, d^2 = 60$。

(2)零售商1和零售商2给出较大的 $\overline{x_{e1}}$、$\overline{x_{e2}}$，此时假设 $x_{e1} = 50 < \overline{x_{e1}} = 60, x_{e2} = 50 < \overline{x_{e2}} = 60$，相对于零售商1，作为供应商，$x_{s1} \sim N(x_{e1}, \sigma)$(其不确定分布的均值按60计算，方差按5计算)，此时最优生产量为 $q^{1*} = \overline{x_{e1}} = 60$ 或 $q^{1*} = q_A^1 = 64.61529$；在零售商相互竞争的情形下，对应的零售商1(其不确定分布的均值按50计算，方差按5计算)的最优订货量为 $d_A^1 = 54.299545, d_B^1 = 52.057224, d_C^1 = 52.37963, d^1 = 50$；类似地，对于零售商2，其最优订货量为 $d_A^2 = 50.491298, d_B^2 = 50.26803, d_C^2 = 50.3056, d^2 = 50$。此时，供应商将会增加成本费、存储费等费用。

(3)若供应商不考虑零售商提供的新信息，仍按$x_{e1}=50,\sigma_{e1}=5,x_{e2}=50,\sigma_{e2}=5$计算，则作为供应商，$x_{s1}\sim N(x_{e1},\sigma)$(其不确定分布的均值按50计算，方差按5计算)，此时最优生产量为$q^{1*}=50$或$q^{1*}=q_A^1=54.61529$；对应的零售商1按相互竞争的新信息下的不确定分布(其不确定分布的均值按60计算，方差按5计算)的最优量为$d_A^1=64.299545$，$d_B^1=62.057224$，$d_C^1=62.37963$，$d^1=60$。此时，将会出现缺货损失等费用。类似地，对应的零售商2按相互竞争的新信息下的不确定分布(其不确定分布的均值按60计算，方差按5计算)的最优量为$d_A^2=60.491298$，$d_B^2=60.26803$，$d_C^2=60.3056$，$d^2=60$，也会出现缺货损失费等费用。

对以上三种情形的讨论是基于零售商1和零售商2具有竞争关系，且零售商1的努力程度大于零售商2的努力程度；若零售商2的努力程度大于零售商1的努力程度，也可得到类似的结果。从上面给出的三种情况来看，第一种较为理想且费用最省，其他两种情况都会出现较大的费用支出。

若零售商1和零售商2是相互依存、相互促进的，则相对于零售商1，令$k_2=\frac{3}{4}e^2$，$\alpha_1=1$，$\alpha_2=1$，$e_1=2$，$e_2=1$；相对于零售商2，令$k_2^*=\frac{3}{4}e^2$，$\alpha_1=1$，$\alpha_2=1$，$e_1=2$，$e_2=1$，其他假设与前面相同，则有：

(1)零售商1和零售商2诚实反映市场信息，此时$x_{e1}=\overline{x_{e1}}$，$x_{e2}=\overline{x_{e2}}$，相对于零售商1，作为供应商，$x_{s1}\sim N(x_{e1},\sigma)$，此时最优生产量为$q^{1*}=\overline{x_{e1}}=x_{e1}=60$或$q^{1*}=q_A^1=64.1529$；在零售商相互促进的情形下，由于零售商1的努力程度比零售商2的努力程度大，故对应的零售商1的最优订货量为$d_A^1=72.48606189$，$d_B^1=63.292674$，$d_C^1=63.90816$，$d^1=60$；类似地，对于零售商2，其最优订货量为$d_A^2=67.3503653$，$d_B^2=62.852141$，$d_C^2=63.348073$，$d^2=60$。

(2)零售商1和零售商2给出较大的$\overline{x_{e1}}$、$\overline{x_{e2}}$，此时假设$x_{e1}=50<\overline{x_{e1}}=60$，$x_{e2}=50<\overline{x_{e2}}=60$，相对于零售商1，作为供应商，$x_{s1}\sim N(x_{e1},\sigma)$(其不确定分布的均值按60计算，方差按5计算)，此时最优生产量为$q^{1*}=\overline{x_{e1}}=60$或$q^{1*}=q_A^1=64.61529$；在零售商相互促进的情形下，对应的零售商1(其不确定分布的均值按50计算，方差按5计算)的最优订货量为$d_A^1=62.48606189$，$d_B^1=53.292674$，$d_C^1=53.90816$，$d^1=50$；类似地，对于零售商2，其最优订货量为$d_A^2=57.3503653$，$d_B^2=52.852141$，$d_C^2=53.348073$，$d^2=50$。此时，供应商将会增加成本费、存储费等费用。

(3)若供应商不考虑零售商提供的新信息，仍按$x_{e1}=50,\sigma_{e1}=5,x_{e2}=50,\sigma_{e2}=5$计算，则作为供应商，$x_{s1}\sim N(x_{e1},\sigma)$(其不确定分布的均值按50计算，方差按5计算)，此时最优生产量为$q^{1*}=50$或$q^{1*}=q_A^1=54.61529$；对应的零售商1按相互促进的新信息下的不确定分布(其不确定分布的均值按60计算，方差按5计算)的最优量为$d_A^1=72.48606189$，$d_B^1=63.292674$，$d_C^1=63.90816$，$d^1=60$。此时，将会出现缺货损失等费用。

类似地，对应的零售商2按相互促进的新信息下的不确定分布（其不确定分布的均值按60计算，方差按5计算）的最优量为 $d_A^2=67.3503653$，$d_B^2=62.852141$，$d_C^2=63.348073$，$d^2=60$，也会出现缺货损失费等费用。

对以上三种情形的讨论是基于零售商1和零售商2具有相互促进关系，且零售商1的努力程度大于零售商2的努力程度；若零售商2的努力程度大于零售商1的努力程度，也可得到类似的结果。从上面给出的三种情况来看，情况（1）较为理想，且费用最省，其他两种情况都会出现较大的费用支出。

另外，作为供应商，若其服从的不确定分布是统一的一种形式，即 x_{s1}、x_{s2} 服从相同的不确定分布，而两个零售商服从的是不同的不确定分布，此时将会出现或者多付库存、生产等费用，或者多付缺货等费用的情况，这里就不具体列举算例了。

第十六章　定周期检查制度下的联合定价与库存控制策略的最优性与优化

第一节　主要思想和符号说明

本部分考虑了在随机和周期检查制度下的一个联合定价与库存控制问题。在一段时间内的需求是随机的，依赖于当时的价格。除了储存和积压成本，系统内还存在库存补货成本，它包含变化的和固定的两部分。在每个时期的开始阶段，需要做出库存补货的决定，并且确定这个阶段的售价，目的是找到最优定价和最大限度地提高长期平均利润。研究表明，每个时期的最佳决策都遵循所谓的(s, S, p)策略，一个(s, S, p)策略的工作原理为：每当库存水平降到s或者s以下的时候，需要发出订单使库存水平达到S，当库存水平x满足$s < x \leqslant S$时，就没有订单发出，并且产品以定价$p(x)$出售，其中$p(x)$依赖于库存水平x。相应地，还开发了一个高效的算法来找到最优的(s, S, p)策略。

对本研究中使用的符号说明如下：

pi：定价水平，$i = 1, 2, \cdots, M$。

py：库存水平y下的定价水平。

(s, S, p_s^S)：一个给定的(s, S, p)策略：根据(s, S)策略排序，库存水平$s+1, s+2, \cdots, S$下的定价为$ps+1, ps+2, \cdots, pS$。

$\overline{p_s^S}$：给定(s, S)订货策略下的最优价格向量。

E：期望。

$D(p)$：一个周期内，在现价p下的价格敏感需求过程。

$q(p)$：$D(p)$的期望值，q与p一一对应。

$D(q)$：$D(p)$的另一种表达。

$\varphi j(p)$：一个周期内需求的概率分布函数$\varphi j(p) = P[D(p) = j]$。

$r(p)$：$(p-c)q(p)$，净收入率，或者$r(q) = p[(q) - c)]q$。

x或y：在任何可能的订货计划之前（或之后）的期初存货水平。

$g(x)$：期间损失函数，为预期的存储成本和短缺成本之和，其中期末存货为x。

$G(y, p)$：$E[G(y - D(p))]$，预计的期内损失函数，其中期初存货水平为y，当时价格为p。

K, c：准备成本和可变采购成本。

$B(y,p)$：$(p-c)q(p)-G(y,p)$或者$[p(q)-c]q-G(y,q)$。

$f(y)$：$\max\limits_{p} B(y, p)$。

y_0和x_0：分别为$f(y)$的极大值和$g(x)$的极小值。

$mj(x)$：更新密度，$M(x)$为累积更新量。

$R(s, S, p_s^S)$：在(s, S, p_s^S)策略下的每次更新周期的预期累计利润。

$T(s, S, p_s^S)$：在(s, S, p_s^S)策略下的每次更新周期的预期长度。

$\pi(s, S, p_s^S)$：(s, S, p_s^S)策略的长期平均利润。

b^*：参数b的最优值，如s^*、S^*、π^*。

γ：虚拟利润。

$l_\gamma(s,S,p_s^S)$：$\pi(s, S, p_s^S)$的辅助函数。

$(\mathrm{s}_\gamma, \mathrm{S}_\gamma, \overline{p_{s_\gamma}^{S_\gamma}})$：给定$\gamma$，使$l_\gamma(s, S, p_s^S)$最大化的最优$(s, S, p_s^S)$策略。

s_γ：$f(s+1)\geqslant\gamma>f(s)$ 且$\overline{S}_\gamma \max\{y: f(y)\geqslant\gamma\}$。

$h(y)$：一个有界函数。

$\delta(x)$：一个示性函数，如果参数为真则取1，否则取0。

第二节　背景介绍

当今，定价策略是大多数制造业和服务业公司在日常操作中面临的一个基本问题，原因是价格是最有效的变量之一，管理者可以在短期内用价格来操纵、诱导或者抑制需求。价格很重要，不仅因为价格与收入直接相关，而且因为价格是调节库存和生产压力的操作工具。有些公司一直提倡“天天低价”策略，如宝洁公司，其他一些公司也积极地利用价格作为实现它们业务目标的工具。

本部分将提到单一产品的联合定价和库存控制问题。在每个时期的开始，要对产品进行定价，在整个时期中，产品就是以这个价格出售。每个时期的不确定需求依赖于这个价格，这个价格选自价格表，并且未满足的需求是完全积压的。补货订单可以在每个时期的开始发出。库存订货带来了固定成本和线性成本两部分成本，然而期末的正(负)库存水平将带来库存存储(短缺)成本。

在任一时期，库存储存成本和库存短缺成本之和在期末库存水平处都是凹的。这个问题的目标在于，确定一个最优的联合定价和库存控制策略，使长期平均利润最大化。

有这样一个模型，要证实(s, S, p)策略的最优性，在(s, S, p)控制策略下的操作如下：当库存水平降到s或低于s，这时需要订货，使库存水平升到S；当库存水平为x，其中$s<x\leqslant S$时不订货，并且产品的出售价格为$p(x)$，其中$p(x)$依赖于库存水平x。换句话说，库存是根据(s, S)订货策略来补充的，并且定价依赖于库存水平。

我们制定了一个有效的算法来计算最优策略的参数 s, S 和 $p(x)$，其中 $x=s+1$, $s+2,\cdots,S$。该算法在寻找最优组合策略的过程中所花费的计算工作量与寻找(特定的)单一(s,S)订货策略的最优价格所花费的计算工作量是同量级的。

为了开发这个算法并建立最优性结果，首先要用更新理论得出在给定(s, S, p)策略下的长期平均利润的精确表达式，这是整个循环周期的预期净收入和循环周期的预期长度之比。然后，引入一个辅助函数，通过一个叫作“虚拟利润”的参数，将利润函数的分数表达转化为线性关系。这个辅助函数的最大化与(s, S, p)的最优化一致，因此可以用动态规划去寻找最优策略。接下来，就辅助函数而言，分析最优(s, S, p)策略的性质，从一个容易得到的(s, S, p)策略的平均利润开始，虚拟利润可以通过迭代来改进，并且迭代会收敛于最大平均利润处。

寻找最优(s, S, p)策略是个很大的挑战，维数的限制使简单枚举法难以实现。考虑 M 个可能的价格，一个价格对应一个库存水平。对 M 个可能的价格进行枚举，需要对 $M^{(S-s)}$ 种价格组合进行检验，来确定在给定(s, S)订货策略下的最优价格。前文中提出的算法确定最优价格是以一种嵌套的方式，依次从库存水平 $x = s + 1$ 到 S 来进行的，只涉及$(S - s) \times M$ 种价格组合。这个算法解决了一个辅助函数最大化的问题，这一序列的问题是为了优化(s, S)订货策略，并且单方向从左到右地优化了 s 和 S。此外，利用最大化问题的这一特性，允许快速定位 s 到对应的每一个虚拟利润水平。这个价格最优化问题只有当虚拟利润增加时才会重新出现，一旦达到订货量水平，则该算法过程结束。

第三节　模型公式化和预演

在本部分中，描述了模型的基本设定，解释了需求是价格(需求率)的随机过程，并且推导出了(s, S, p)策略的利润函数。

一、模型和假设

考虑一个无限的范围、定期检查、随机的库存系统。在每个时期的开始，公司选择一个价格作为本周期内单一产品的售价。价格 p 可以从$[\underline{p}, \overline{p}]$内选择，此区间可为无限或者有限区间。一个时期内的需求是由当时的价格，根据已知的随机过程来影响的，表示为 $D(p) \geqslant 0$。两个不同时期的需求是随机独立的，若价格相同则两个需求是等价的。任一时期内的需求都是遵循完全相同的随机过程。需求过程 $D(p)$ 的期望值用 $q(p)$ 表示，即 $q(p) = E[D(p)]$，需求 $D(p)$ 更进一步满足下面的假设。

假设 1：$q(p)$是严格递减的，其中 $p \in [\underline{p}, \overline{p}]$。

设 $q(p)$ 为需求率，由假设 1 知，p 和 q 之间存在着一一对应关系，也就是说，对于给定的 $p \in [\underline{p}, \overline{p}]$，存在唯一的 $q \in [q(\underline{p}), q(\overline{p})] = [\underline{q}, \overline{q}]$ 使 $q(p) = q$。相反，对于任意的 $q \in [\underline{q}, \overline{q}]$，存在唯一的 $p \in [\underline{p}, \overline{p}]$ 使 $p = p(q)$。因此，将需求过程表达为 p 的函数与表达为

q的函数是等价的，并且p(或者q)作为一个变量，被默认理解为上述定义范围内的被估值。

任一周期内的事件序列如下所述：检查库存水平，如果需要的话发出补货订单→收到补货订单→决定售价→观察时期内的需求。该序列可以在满足任何需求前，补充库存或者更改售价。每一次补货都会带来准备成本K，同时会带来每单位的采购成本c，c只有在需求消耗产品时才需要支付。

库存补给的前置期通常假设为0(或者可以在任何时期重新安排这一系列事件，使前置期可以看作是一个周期那么长)。如果公司缺货，则未满足的需求将会积压，直到有库存可用才会被满足。根据每个时期的期末库存水平来支付库存存储(短缺)成本。期末库存水平为x，用$g(x)$来表示库存储存(短缺)成本。$g(x)$的最小值存在，在x_0处取得，可能$x_0=0$。通常假设如下：

假设2：$g(x)$关于x是凹的，并且当$|x|\to\pm\infty$时，$g(x)$是无界的。

因此，当期初确定了价格p，并且在可能的订购之后库存水平为y，则在期末的总库存存储(短缺)成本的期望为

$$G(y, p)=G[y, q(p)]=E[g(y-D(p))] \tag{16-1}$$

此函数关于y是凹的，p为给定的价格。此时期内的预期毛利润可以表示如下

$$B(y, p)=(p-c)q-G(y, p) \tag{16-2}$$

式中，$(p-c)q$为预期净收入，或者可以简单地看作净收入率，可以表示为$r(p)$，前提是忽略订购的准备成本。预期净收入也可以表示为$r(p)$，或者简单地称作净收入。

若未订货前的期初库存水平为x，其中$y\geqslant x$，则本周期的预期净利润表达式如下

$$\Pi(x, p)=-K\delta(y-x)+B(y, p) \tag{16-3}$$

式中，$\delta(z)=\begin{cases}1, & z>0\\ 0, & z=0\end{cases}$

问题的目标是寻找最优的联合定价和补货策略，使长期平均利润最大化。这样的策略使任一库存水平与一个价格一一对应，尤其对(s, S, p)策略更令人感兴趣。

为了使净利润函数$B(y, p)$关于p最大化，定义一个重要的函数

$$f(y)=\max_{[\underline{p}, \bar{p}]} B(y, p) \tag{16-4}$$

假设此函数满足如下假设：

假设3：$f(y)$是一个单峰(或者拟凹)函数，且在y_0处取得最大值。也就是说，$y\leqslant y_0$时，$f(y)$是非递减的；$y>y_0$时，$f(y)$是非递增的。

大多数库存定价文章中出现的模型都满足假设3。考虑两个例子：第一个例子是海钦(Heaching，1999)提出的模型，其中$q(p)$是严格递减的并且是凸的，$G(y, p)$关于y和p是联合凹的，因此$f(y)$是凸的。

第二个例子是陈等人（Chen，Simchi-Levi，2002a&b）建立的模型 $D(p)=\alpha q(p)+\varepsilon$，其中 α 和 ε 是独立随机变量。在他们的模型中，如果满足假设1和假设2，则 $f(y)$ 的凸性是确定的，并且他们规定 $r(p)$ 是凹的。他们的需求模型可以概括为两个需求过程：加法过程［即 $D(p)=q(p)+\varepsilon$］和乘法过程［即 $D(p)=\alpha q(p)$］。大多数关于定价/库存控制的研究都是基于这两个特殊的需求过程。

在下文中，我们将看到假设3是成立的，因为更多的需求过程满足假设3。

二、对假设3的讨论

首先给出一个定义，为之后的讨论做准备。

定义1：随机变量 X 对随机变量 F 是一阶随机占优的（FSD），如果它们的累积概率分布函数有如下关系

$$P[X\leqslant v]\leqslant P[Y\leqslant v] \tag{16-5}$$

那么对于任意 v，X 对 Y 是二阶随机占优的（SSD）。如果满足 $\int_{-\infty}^{v}P\left[X\leqslant z\right]\mathrm{d}z\leqslant\int_{-\infty}^{v}P\left[Y\leqslant z\right]\mathrm{d}z$，那么根据定义，对于任意 v，如果 X 对 Y 是FSD的，则 X 对 Y 是SSD的。当 $E(X)=E(Y)$ 时，可知 X 对 Y 是SSD的，当且仅当对于任意的凹函数 $a(z)$，有 $E[a(X)]\geqslant E[a(Y)]$。

定义2：需求过程 $D(p)$ 或 $D(q)$ 在价格 $p_0\in[\underline{p},\bar{p}]$ 或者在需求率 $q_0\in[\underline{q},\bar{q}]$ 处是依概率连续的，如果对于任意的 ε，当 $p\rightarrow p_0$ 或 $q\rightarrow q_0$ 时有

$$\lim_{p-p0}P\left[\left|D\left(p\right)-D\left(p_0\right)\right|\geqslant E\right]=0 \tag{16-6}$$

或者

$$\lim_{q-q0}P\left[\left|D\left(q\right)-D\left(q_0\right)\right|>E\right]=0 \tag{16-7}$$

那么当 $D(z)$ 在 z_0 处是依概率连续的时，对于任意的函数 $\phi(x)$，有

$$\lim_{z-z_0}E\left[\varphi(D(z))\right]=E\left[\varphi(D\left(z_0\right))\right] \tag{16-8}$$

定义3：需求过程 $D(q)$ 关于 q 是随机凸的，如果对于任意的 $q_1<q_2$，$0\leqslant\beta\leqslant1$，有 $D\left[\beta q_1+(1-\beta)q_2\right]$ 对于 $\beta D(q_1)+(1-\beta)D(q_2)$ 是二阶随机占优的（SSD），也就是说，对于任意的凸函数 $\alpha(z)$，有

$$E\left[\alpha\left(D\left(\beta q_1+\left(1-\beta\right)q_2\right)\right)\right]\geqslant E\left[\alpha\left(\beta D\left(q_1\right)+\left(1-\beta\right)D\left(q_2\right)\right)\right] \tag{16-9}$$

为了说明随机凸性，设想一个双随机定价方案，产品以价格 p_1 卖出的概率为 β，并且以价格 p_2 卖出的概率为 $(1-\beta)$，其中 p_i 对应着需求率 q_i，$i=1,2$。从这个方案可以看出，

这个时期的需求是这两个需求变量的组合$\beta D(q_1)+(1-\beta)D(q_2)$。当价格$p$对应着需求率$q=\beta q_1+(1-\beta)q_2$时，整个时期的需求为$D\left[\beta q1+(1-\beta)q_2\right]$，可知有

$$E\left[\beta D\left(q_1\right)+\left(1-\beta\right)D\left(q_2\right)\right]=E\left[D\left(\beta q_1+\left(1-\beta\right)q_2\right)\right] \tag{16-10}$$

直观地看，相比于单一价格的方案，随机定价方案介绍了不确定性。$D(q)$的随机凸性是指，如果这两种需求方式是相同的，并且公司的管理者是风险厌恶者，那么其总是更喜欢确定的定价方案。在SSD下，对于随机定价方案是二阶占优的。因此，随机凸性从偏好理论的观点来看具有吸引力。

$D(q)$的随机凸性描述了一族需求过程，包括许多经常用到的需求模型。在这里，当一个需求过程假设了一个特定的形式时，就称它为一个需求模型。比如，加法形式的需求过程就称为加法需求模型。

下面给出三个凸需求过程的例子。

例1：假设需求过程形式为$D(q)=\alpha q+\varepsilon$，并且需求的期望值满足假设1。$D(q)$是随机凸的，并且关于$q$依概率连续，这是因为当$q_1<q_2$，$0\leqslant\beta\leqslant1$时，有

$$D\left(\beta q_1+\left(1-\beta\right)q_2\right)=\beta D\left(q_1\right)+\left(1-\beta\right)D\left(q_2\right) \tag{16-11}$$

其他的两个例子也是随机凸需求过程，但是不包含于例1的模型中。

第一个例子是指数型需求过程。如果$D(q)$是非负的，并且有密度函数$\varphi(z,q)=q^{-1}e^{-\frac{z}{q}}$，其中$z\geqslant0$，那么这个需求过程是指数型的。

第二个例子是均匀需求过程，由密度函数$\varphi(z,q)=\dfrac{1}{2q}$，$0\leqslant z\leqslant2q$定义。

例2：指数型需求过程和均匀需求过程都是随机凸的，前提是q关于p严格递减。

指数型和均匀需求过程是两个很重要的例子，它们的概率分布函数是由需求率来表示的，因此过程$\alpha q+\varepsilon$是不包含在其中的。

下面给出一个引理，为定理2做准备。

引理1：假设满足假设2和$D(q)$是随机凸的，且关于q依概率连续，则函数$G(x, q)$关于(x, q)是联合凹的。

$G(x, q)$的联合凹性是由海钦(Heching，1999)提出并假设的。然而，他只提到一个需求模型满足这个假设：一个线性需求一定价关系，即$D(p)=b_0b_1p+\varepsilon$，其中$b_0>0$，$b_1<0$且为常数。如上述可知，在满足假设1和假设2的前提下，引理1可以通过随机凸需求过程实现。因此，引理1证实了海钦(Heching，1999)的假设。

定理2：如果净收入率$r(q)$是凸的，并且引理1的假设是成立的，则$f(y)$是凸的。

证明：证明是在$B(y, q)$为联合凸的前提下进行的，因为$G(y, q)$是联合凹的，$r(q)$是凸的。由最大化保持的凸性可知，$f(y)$关于y是凸的。在大多数定价/库存控制文献中，都会假设$r(q)$的凸性。

下面提出最后一个例子来说明$f(y)$在某种意义上是单峰的，不一定是凸的。

例3：假设需求过程有加法形式$D(q)=q+\varepsilon$，其中q关于p严格递减。如果$r(q)$是单峰的，则$f(y)$是单峰的。

单峰性对于凸性是更一般的条件，很多需求过程都满足。这些过程可由单调价格弹性来描述。对这些满足假设1的需求过程，价格弹性定义为$e(p)=-\left[p\frac{\mathrm{d}q}{\mathrm{d}p}\right]/q$。若$e(p)$关于价格$p$递增或者关于需求率$q$递减，则这样的需求过程存在一个递增的价格弹性(IPE)。IPE看起来像是一个经济学的特性：价格越高，需求对价格上升的敏感性越高。大多数需求率(如报童模型中的幂形式、线性形式和指数形式)都是IPE。若需求率$q(p)$是IPE，则净收入率$r(q)=[p(q)-c]q$关于q是单峰的。已有学者(Lariviere，Porteus，2001)证明，对$r(q)$求一阶导数，可以得到$r^1(q)=p(q)\left[-\frac{1}{e(q)}+1\right]-c$。当$q$递增时，$p(q)$递减，$e(q)$也递减。

三、价格和需求的离散化

由于接下来的算法分析需要在价格的离散集上进行，因此只需要在$[\underline{p},\overline{p}]$范围内选择有限个价格。这$M$个可能的价格可以组成一个列表，且以降序的顺序排列，即$p^1>p^2>\cdots>p^M$。价格的数量需要满足假设3，即

$$f(y)=\max_{i=1,\cdots,M}B(y,p^i) \tag{16-12}$$

上述函数是单峰的。当期初价格选定为p时，周期内的需求概率分布函数为

$$\phi_j(p)=P\left[D(p)=j\right],j=0,1,\cdots$$

四、(s,S,p)策略的利润函数

在本部分中，将要推导出(s,S,p)策略的利润函数。为了强调价格对订货策略(s,S)的依赖性，我们换一种表示方法(s,S,p_s^S)，其中$p_s^S=(p_s+1,\cdots,p^S)$是一个向量，包含了从价格列表$P^1,\cdots,P^M$中选取的$(S-s)$个价格，因此把p_s^S叫作价格向量。用p_s^S是为了表示简便，并且p_s^S中的每一个价格都是前后相关的。

用$\pi(s,S,p_s^S)$来表示(s,S,p_s^S)策略的长期平均利润，叫作(s,S,p_s^S)策略的利润函数。在(s,S,p_s^S)策略下，订货之后的库存水平组成一个更新的、整数值的马尔可夫过程。特别需要指出的是，一旦收到订单后，库存水平回到S，该过程将重复。

令$R(s,S,p_s^S)$表示预期的累积利润，令$T(s,S,p_s^S)$表示预期的典型的更新周期的长度，则它们的比值定义为策略的利润函数，即

$$\pi\left(s,S,p_s^S\right)=\frac{R\left(s,S,p_s^S\right)}{T\left(s,S,p_s^S\right)} \tag{16-13}$$

下面给出$R(s, S, p_s^S)$和$T(s,S, p_s^S)$的表达式

$$R\left(s,S,p_s^S\right)=-K+\sum_{j=0}^{S-s-1}mj\left(ps-j,\cdots,ps\right)B\left(S-j,ps-j\right) \tag{16-14}$$

$$T\left(s,S,p_s^S\right)=\sum_{j=0}^{S-s-1}mj\left(ps-j,\cdots,ps\right) \tag{16-15}$$

式中

$$m_0\left(p\gamma\right)=\frac{1}{1-\phi_0\left(p\gamma\right)} \tag{16-16}$$

$$mj\left(p\gamma-j,\cdots,p\gamma\right)=\sum_{\imath=0}^{j}\phi_\imath\left(p\gamma\right)m_{j-\imath}\left(p_{\gamma-j},\cdots,p_{\gamma-j}\right),j=1,\cdots,x-s-1 \tag{16-17}$$

式(16-16)为更新密度。更新密度$m_j\left(ps-j,\cdots,ps\right)$可以理解为,在一个更新周期内,库存水平保持在$S-j$的持续时间。

值得注意的是,标准(s, S)策略是一个特殊的案例,产品的售价是常数,任一时期都有$p=p^i$。对于固定价格策略,利润函数为

$$\pi\left(s,S,p_s^S\right)=\left(p-c\right)q\left(p\right)-\frac{K+\sum_{j=0}^{S-s-1}m_j\left(p,\cdots,p\right)G\left(S-j,p\right)}{\sum_{j=0}^{S-s-1}m_j\left(p,\cdots,p\right)} \tag{16-18}$$

上式右边第二项是标准(s, S)策略的长期平均成本。对于给出的固定价格,(s, S)策略是最优的。

第四节　(s, S, p)策略的优化

本部分主要是通过一个辅助函数来最大化$\pi(s, S, p_s^S)$策略。

一、辅助利润函数

为了使优化过程更加简便,我们定义一个与(s, S, p_s^S)策略有关的辅助函数,如下所示

$$l_\gamma\left(s,S,p_s^S\right)=R\left(s,S,p_s^S\right)-\gamma T\left(s,S,p_s^S\right) \tag{16-19}$$

式中$\gamma>0$,是虚拟利润,这个辅助函数是利润函数(16-13)的分数表达形式。

当设定γ为已知$\left(s_0,S_0,p_{s_0}^{S_0}\right)$策略的长期平均利润时,即$\gamma=\pi\left(s_0,S_0,p_{s_0}^{S_0}\right)$。可以这样理解辅助函数(16-19):当参照策略$\left(s_0,S_0,p_{s_0}^{S_0}\right)$实现时,$\gamma$可以看作是一个周期获得的预期

参照利润，则有乘积

$$\gamma T\left(s,S,p_s^S\right)=\pi\left(s_0,S_0,p_{s_0}^{S_0}\right)T\left(s,S,p_s^S\right) \tag{16-20}$$

上述乘积可以解释为在(s, S, p_s^S)策略下，整个典型更新周期内的累积预期参考利润。因此，辅助函数$l_\gamma\left(s,S,p_s^S\right)$可以看作是策略$\left(s,S,p_s^S\right)$和策略$\left(s_0,S_0,p_{s_0}^{S_0}\right)$的比较度量。特别需要指出的是，当$l_\gamma\left(s,S,p_s^S\right)$大于0（或小于0）时，策略$\left(s,S,p_s^S\right)$优于（或劣于）参照策略。

应用表达式（16-14）和式（16-15）将辅助函数展开，得到下式

$$l_\gamma\left(s,S,p_s^S\right)=-K+\sum_{j=0}^{S-s-1}m_j\left(ps-j,\cdots,ps\right)\left[B\left(S-j,ps-j\right)-\gamma\right] \tag{16-21}$$

另外，根据后面的式（16-38）和式（16-40），可以得到与式（16-21）等价的表达式

$$l_\gamma\left(s,S,p_s^S\right)=B\left(S,ps\right)-\gamma-K\left[1-\sum_{j=0}^{y-s-1}\phi_j\left(ps\right)\right]+\sum_{j=0}^{S-s-1}\phi 1\left(ps\right)l_\gamma\left(s,S-j,p_s^{S-j}\right) \tag{16-22}$$

这两种表达方式在后文中都会多次用到。

对于辅助函数的兴趣源于分数规划的一个基本性质，这个性质在引理3中已经提到过。引理的证明过程在这里省略。

引理3：令$\left(\gamma\right)=\max_{s<S,p_s^S\in\left\{p^1,\cdots,p^M\right\}^{S-s}}l_\gamma\left(s,S,p_s^S\right)$，令$\pi^*$为最优$\left(s,S,p_s^S\right)$策略得到的长期平均利润，则$w\left(\gamma\right)=0$当且仅当$\gamma=\pi^*$时成立，并且$w\left(\gamma\right)$关于$\gamma$严格递减。

这个引理意味着式（16-13）的最大化可以通过辅助函数（16-19）的连续优化来实现。

二、最优订货点和最优订购量上限的性质

为了叙述简便，假设γ总是取得$\left(s,S,p_s^S\right)$策略的预期长期平均利润，因此γ是π^*的一个下限，并且$\gamma\leqslant f\left(y_0\right)$，$f\left(y\right)$在$y_0$处取得极大值。

给定一个γ，令$\left(s_\gamma,S_\gamma,\bar{p}_{s_\gamma}^{S_\gamma}\right)$表示使辅助函数$l_\gamma\left(s,S,p_s^S\right)$最大化的最优策略，则可由引理4给出$s_\gamma$和$S_\gamma$的性质。

引理4：假设$\gamma\leqslant\pi^*$，则下面的几条判定成立：

（1）最优订货水平满足$f\left(s_\gamma+1\right)\geqslant\gamma>f\left(s_\gamma\right)$。

（2）$S_\gamma\geqslant\max\left(s_\gamma+1,x_0\right)$，其中$x_0$是$g\left(y\right)$的一个极小值，通常等于0。

（3）令$\bar{S}_\gamma=\sup\left\{x:f\left(x\right)\geqslant\gamma\right\}$，则$S_\gamma\leqslant\bar{S}_\gamma$。

判定（1）通过比较$f\left(y\right)$和γ，可以准确表示出最优订货点，与价格的最优化和订货量上限S无关。从长远的眼光看，若$\gamma\leqslant f(s)$，则两者之差$f(s)-\gamma$代表着γ的一个潜在超

出量，这个超出量可以通过在库存水平 s（而不是 $s+1$）推迟订货获得，并且以库存水平达到 $f(s)$ 的价格定价。

相反，若 $\gamma > f(s)$，则以 $s-1$ 作为订货水平会导致 $\gamma - f(s)$ 的“缺口”，因此有 $s_\gamma = \max_{y_0}\left[y: f\left(y\right) < \gamma\right]$。除了 $\left(s_\gamma + 1\right)$ 之外，判定（2）表明 x_0 是 S_γ 的另一个下限。有了这些明确的限制，这个算法就被限定在区间 $\left[\max\left(s_\gamma + 1, x_0\right), \bar{S}_\gamma\right]$ 内寻找 S_γ。

在图 16-1 中画出了这些关键点。当虚拟利润为 γ 时，最优的订货点为 S_γ，且 S_γ 的上限为 $\bar{S}_\gamma$。根据 $\gamma_1 > \gamma$，比较这些关键点的关系可以看出，上限 $\overline{S_\gamma}$ 关于 γ 递减，而 s_γ 关于 γ 递增。因为 $f\left(y_0\right) \geqslant \pi^*$，所以订货水平最多为 y_0。通常，随着虚拟利润的增加，含有最优订货点和订货量上限的范围会缩小。

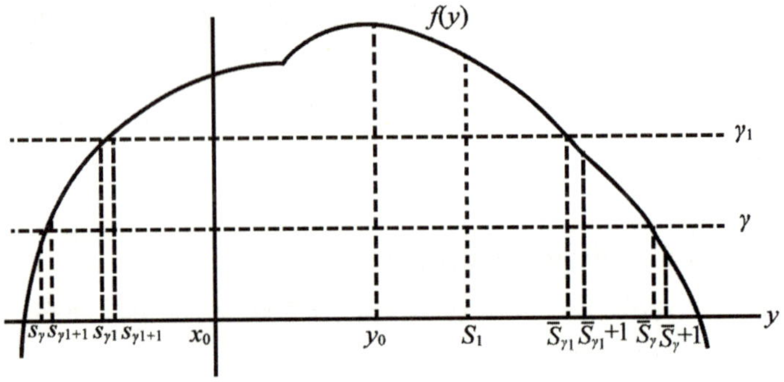

图 16-1　相应的关键点

三、价格最优化

在这一部分我们将详细阐述如何在给定 (s, S) 订货策略下优化价格。引理 5 给出了最基本的结论。

引理 5：对于任意给定的订货策略 (s, S)，用 $\bar{P}_s^S$ 表示相应的最优价格向量，其中 $\bar{P}_s^S = \left(ps+1, \cdots, ps\right)$，即

$$l_\gamma\left(s, S, \bar{P}_s^S\right) = \max_{P_s^S} l_\gamma\left(s, S, P_s^S\right) \tag{16-23}$$

最优价格向量 $\bar{P}_s^S$ 可以这样确定：如何使下式在 p_s+1 处取得最大值

$$-K + \max_{i=1,\cdots,M} m_0\left(p^i\right)\left[B\left(s+1, p^i\right) - \gamma\right] = l_\gamma\left(s, s+1, \bar{P}_s^{S+1}\right) \tag{16-24}$$

而且当 $s+1 < y \leqslant S$ 时，如何使下式在 p_y 处取得最大值

$$-K + \max_{i=1,\cdots,M} m_0\left(p^i\right)\left[B\left(y, p^i\right) - \gamma + \sum_{j=1}^{y-s-1} \phi_j\left(p^i\right)\left[l_\gamma\left(s, y-1, \bar{p}_s^{y-1}\right) + K\right]\right] = L_\gamma\left(s, y, \bar{p}_s^y\right) \tag{16-25}$$

式中，$ps+1,\cdots,py-1$都是已知的最优价格，对应着库存水平$s+1,\cdots,y-1$这些最优价格可以通过$l_\gamma(s,y-1,\bar{p}^{y-1}),j=y-s-1,\cdots,1$依次得到。

证明：由式(16-22)和式(16-25)(其中$y=s+1,\cdots,S$)可知，当$y=s+1$时有

$$l_\gamma(s,s+1,p_s^{s+1})=-K+m_0(ps+1)\left[B(s+1,ps+1)-\gamma\right] \tag{16-26}$$

以上关系式表明，可以从$s+1$开始，依次得到定价优化$l_\gamma(s,y,\bar{p}_s^y)=\max_{p_s^y}l_\gamma(s,y,p_s^y)$，这是因为对于$y=s+1,\cdots,S,p_y$的选择不会影响$l_\gamma(s,y-j,p_s^{y-j})$的值。当且仅当所有的$l_\gamma(s,y-j,p_s^{y-j})$达到最大时，$l_\gamma(s,y,\bar{p}_s^y)$实现最优，其中$j=1,\cdots,y-s-1$。

通过求解一系列单变量最大化问题，可以求出最优价格。当库存水平为$y\in(s,S]$时，在此库存水平做出的定价决策只在更新周期剩余的时间内起作用。因此，y以上的库存与在库存水平y做出的定价决策无关，这个连续的优化过程将变得很直观。

记与$f(y)$相关的价格为$\bar{p}y$，其不一定是库存水平y下的最优价格，这是因为$\bar{p}y$是不全面的，它忽略了定价方式对其他时期的影响。以$ps+1$为例，用$L(s+1,p^i)$表示式(16-24)中与$m_0(p^i)$相乘部分之和，尽管$L(s+1,p^i)$不比$f(s+1)-\gamma$大，但是对于某些$p^i\neq\bar{p}s+1$，可能有$m_0(p^i)L(s+1,p^i)>m_0(\bar{p}s+1)\left[f(s+1-\gamma)\right]$，因此可以看出在$y=s+1$处，$p^i$比$\bar{p}s+1$好。

四、升级虚拟利润

优化过程的另一个组成部分就是升级虚拟利润。接下来我们将要讨论如何提高虚拟利润和升级策略参数，并且确定一个最终的标准。

引理6：下面两个判定成立：

(1)若$l_\gamma(s,S,p_s^S)>0$，则$\gamma1=\pi(s,S,p_s^S)>\gamma$。

(2)若$\gamma<\pi^*$，则$l_\gamma(s_\gamma,S_\gamma,\bar{p}_{s_\gamma}^{S_\gamma})>0$。

证明：由辅助函数的定义可知，$\pi(s,S,p_s^S)=\dfrac{l_\gamma(s,S,p_s^S)}{T(s,S,p_s^S)}+\gamma>\gamma$，判定(1)成立。由判定(1)和引理3可以推出判定(2)。

引理6描述了升级虚拟利润的规则，这是因为只有当$l_\gamma(s,S,p_s^S)>0$时，更大的虚拟利润才会代替γ。

升级完当前的虚拟利润，最优的订货点需要重置，最优的订货量上限需要重新选择，并且价格需要重新最优化。然而，寻求新的最优订货水平不需要可追溯，即前面的迭代所访问的库存水平在未来不会再次访问。

引理7：给定虚拟利润$\gamma1$，如果存在$S_1>s_{\gamma1}$使对于所有的y，都有$s_{\gamma1}<y\leqslant S_1$，$l_{\gamma1}(s_{\gamma1},y,\bar{p}_{s_{\gamma1}}^y)\leqslant0$，则对于$\gamma2>\gamma1$和任意的策略$(s_2,y,p_{s_2}^y)$，都有$l_{\gamma2}(s_2,y,p_{s_2}^y)<0$，其中

$s_{\gamma1} \leqslant s_2 < y \leqslant S_1$，并且价格向量$P_{s_2}^y$是任意的。

证明：设$\bar{p}_{s_{\gamma1}}^y$是$(s_{\gamma1}, y)$策略的最优价格向量，有

$$l_{\gamma2}(s_2, y, p_{s_2}^y) = l_{\gamma1}(s_2, y, p_{s_2}^y) - (\gamma2 - \gamma1)T(s_2, y, p_{s_2}^y) < l_{\gamma1}(s_2, y, p_{s_2}^y) \leqslant l_{\gamma1}(s_{\gamma1}, y, \bar{p}_{s_{\gamma1}}^y)$$

由于策略$(s_{\gamma1}, y, \bar{p}_{s_{\gamma1}}^y)$在$\gamma1$处使$l_{\gamma1}$最大化，所以保证了最后一个不等式成立。由假设$l_{\gamma1}(s_{\gamma1}, y, \bar{p}_{s_{\gamma1}}^y) \leqslant 0$可知，所要证明的关系式成立。

综合引理6和引理7，给出下面的推论。

推论8：假设：

(1)对于任意的y都有$s_{\gamma1} < y < S_1$，并且在策略$(s_{\gamma1}, y, \bar{p}_{s_{\gamma1}}^y)$中，$l_{\gamma1}(s_{\gamma1}, y, \bar{p}_{s_{\gamma1}}^y) \leqslant 0$。

(2)对于$y = S_1$，有$l_{\gamma1}(s_{\gamma1}, S_1, \bar{p}_{s_{\gamma1}}^{S_1}) > 0$。

(3)有$\gamma2 = \pi(s_{\gamma1}, S_1, \bar{p}_{s_{\gamma1}}^{S_1})$。

则有$\gamma2 > \gamma1$，并且$l_{\gamma2}(s_{\gamma2}, y, \bar{p}_{s_{\gamma2}}^y) < 0$对于每一个$y$成立，其中$s_{\gamma2} < y < S_1$。

在解释这个推论之前，需要明确$\bar{P}_{s_{\gamma i}}^y$是关于虚拟利润γi的订货策略$(s_{\gamma i}, y)$的最优价格向量，其中$i = 1, 2$。假设一旦虚拟函数值变成了正值就更新$\gamma1$，也就是说，不需要等到获得$S_{\gamma1}$再去更新$\gamma1$。如果$\gamma1$以这样的方式更新为$\gamma2$，则根据推论，可以知道提高$\gamma2$的订货量上限应该在$[S_1, \bar{S}_{\gamma2}]$中。因此，为了避免重复计算，需要在区间$[\max(s_{\gamma2} + 1, x_0), S_1]$中来寻找$S_{\gamma2}$。再次参考图16-1，如果$y$取$S_1$时，第一次令$l_\gamma(s_\gamma, y, p_{s_\gamma}^y) > 0$，$\gamma_1 = \pi(s_\gamma, S_1, p_{s_\gamma}^{S_1})$，则在$S_1$处虚拟利润$\gamma$可以增加到$\gamma_1$。在虚拟利润为$\gamma_1$时，库存水平$S_1$以下的是没有价值的。

引理9：给出一个虚拟利润$\gamma \leqslant f(y_0)$，假设对于每个y，都有$s_\gamma < y \leqslant \bar{S}_\gamma$，$l_\gamma(s_\gamma, y, \bar{p}_{s_\gamma}^y) \leqslant 0$，并且对于某些$y - S_1$，有$l_\gamma(s_\gamma, S_1, \bar{p}_{s_\gamma}^{S_1}) = 0$，则$S_\gamma = S_1$，$(s_\gamma, S_1, \bar{p}_{s_\gamma}^{S_1})$是$(s_\gamma, S, p_s^S)$的一个最优策略，并且$\pi^* = \gamma$。

证明：由引理4可以推断出$s_\gamma < y_0$并且$s_\gamma < S_\gamma \leqslant \bar{S}_\gamma$，在规定的范围内可以推出$l_\gamma(s_\gamma, y, \bar{p}_{s_\gamma}^y) \leqslant 0$。由引理3可以推出$\gamma \geqslant \pi^*$，其中$\pi^*$是$(s, S, \bar{p}_s^S)$策略的最优长期平均利润。然而$\gamma = \pi(s_\gamma, S_1, \bar{p}_{s_\gamma}^{S_1}) \leqslant \pi^*$，由此可知$\gamma = \pi^*$，并且$(s_\gamma, S_1, \bar{p}_{s_\gamma}^{S_1})$是$(s, S, \bar{p}_s^S)$的最优策略。

第五节　计算最优(s, S, p_s^S)策略的算法

本部分将要介绍一种计算最优(s, S, p_s^S)策略的算法，并且讨论其复杂性。

一、上升算法

在上升算法中，假设损失函数$g(x)$在x_0处取得最小值，$f(y)$在y_0处取得最大值；并

且假设$B\left(y,p^{i}\right)$和$f\left(y\right)$的值是可获得的，在脱机状况下可以算出它们的值。为了使对算法的说明更加简洁，将预期周期长度的计算过程放在后面的说明中。

算法从$\left(s_0,S_0,p_{s_0}^{S_0}\right)$策略开始，初始的虚拟利润为$\gamma_0=\pi\left(s_0,S_0,p_{s_0}^{S_0}\right)$。因为$\gamma_0$是$\pi^*$的下限，所以算法的效率取决于$\gamma_0$和$\pi^*$的接近程度。可以取$\left(s_0,S_0,p_{s_0}^{S_0}\right)$策略为$\left(y_0-1,y_0,p_{i0}\right)$，$p_{i0}$为$f\left(y_0\right)$所对应的价格。因为在每次迭代后，虚拟利润都会增大，所以称这个算法是上升的。在上升算法中，价格优化的实现由两个子程序完成。

二、复杂性讨论

复杂性在这里是指计算的工作量，包括基本的操作如加、减、乘、除和比较。为了评估该算法的复杂性，我们首先评估对于给定的(s,S)订货策略，得到最优单一价格p_y的计算复杂性，其中$y\in(s,S]$。假设库存水平$s+1$到$y-1$对应的最优价格已确定，表示为$\bar{p}_s^{y-1}=\left(p_s+1,\cdots,p_y-1\right)$，则算法将要选择库存水平$y$对应的最佳价格。

在式(16-25)中，计算y下的p^i总共需要$2+3\left(y-s-1\right)$次基本计算，并且涉及的所有变量的值都是容易获得的[即$m_0\left(p^i\right),\phi_j\left(p^i\right),\cdots$]。举两个例子：$y=s+1$和$y=s+2$。当$y=s+1$时，根据式(16-24)，基本的计算次数为2；当$y=s+2$时，计算下式需要5次基本运算

$$m_0\left(p^i\right)\left[B\left(s+2,p^i\right)-\gamma+\phi_1\left(p^i\right)\left(l_\gamma\left(s,s+1,\bar{p}_s^{s+1}\right)+K\right)\right] \tag{16-27}$$

由于该算法将要评估M个不同的价格，优化库存水平y的价格需要总共$\left[2+5+\cdots+\left(2+3\left(y-s-1\right)\right)\right]\times M$次基本运算，与$2\left(y-s\right)\left[1+\frac{3\left(y-s-1\right)}{4}\right]M$等价。需要注意的是，复杂性评估中包括一些小的操作，如增加$-K$和比较获得的$l_\gamma\left(s,y,\bar{p}_s^y\right)$值。

一旦当前的虚拟利润升级了，库存水平y对应的订货点和价格就需要重新最优化。所以，最坏的情况是算法在每一个库存水平$y\in\left[\max\left(s_{\gamma0}+1,x_0\right),S_{\pi^*}\right]$都升级了虚拟利润，因为虚拟利润不可能在$S_{\pi^*}$之后升级，其中$\gamma_0$是虚拟利润的初始值。

回顾价格优化过程中涉及的(s,S)的数目是$\left(\bar{S}_{\pi^*}-s_{\gamma0}\right)$。特别需要指出的是，根据引理8，在虚拟利润从$\gamma_1$升级到$\gamma_2$，对应着订货量上限$y$，重置最优的订货点$s_{\gamma2}>s_{\gamma1}$之后，$\left(s_{\gamma2},y\right]$中的库存水平对应的价格需要重新优化。因此，对于库存水平y，$\left(s_{\gamma2},y\right]$和$\left(s_{\gamma1},y\right]$策略都要进行定价优化。总结来说，该算法最多涉及以下次数的基本运算

$$\left[2+7+15+\cdots+2\left(\bar{S}_{\pi^*}-s_{\gamma 0}\right)\left(1+\frac{3\left(\bar{S}_{\pi^*}-s_{\gamma 0}-1\right)}{4}\right)\right]\times 2M \tag{16-28}$$

这个数值有个上界 $\left[2+4+\cdots+\left(\bar{S}_{\pi^*}-s_{\gamma 0}\right)^2\right]\times 2M$，因为 $(y-s)\left[1+\frac{3(y-s-1)}{4}\right]<(y-s)^2$，并且该算法在有限步迭代后收敛。

根据以上分析，定理10对于下面两个案例的复杂性进行了粗略比较，即得到一个最优(s,S,p_s^S)策略和对于特定的补货策略$(s_{\gamma 0},\bar{S}_{\pi^*})$进行定价优化。

定理10：计算得到最优策略$\left(s_{\pi^*},S_{\pi^*},\bar{p}_{s_{\pi^*}}^{S_{\pi^*}}\right)$的复杂性不多于补货策略$(s_{\gamma 0},\bar{S}_{\pi^*})$定价优化的复杂性的$(\bar{S}_{\pi^*}-s_{\gamma 0})$倍，其中$\gamma_0$是初始的虚拟利润。

用这种粗略的搜索方法来和前面的算法作比较是有意义的。考虑对于给定补货策略(s,S)进行价格优化，这个复杂的过程需要检验总共M^{S-s}种价格组合来寻找库存水平$s+1,\cdots,S$下的最优定价。相比之下，推荐的算法仅仅需要评价$(S-s)\times M$种价格组合。因此，算法的优势是显而易见的。

对上述算法和(s,S)算法做一个简单的比较，其中对于单一的库存水平及价格是固定的，即$M=1$或者式(16-18)代表的问题。接下来不需要优化定价，用式(16-24)和式(16-25)递归地计算$l_\gamma(s,y,p^1)$。可以直接应用当前的算法来找到最优的(s,S)策略。根据定理10，在最坏的情况下，算法的复杂性为评估$(s_{\gamma 0},\bar{S}_{\pi^*})$策略复杂性的$(\bar{S}_{\pi^*}-s_{\gamma 0})$倍。这里，$s_{\gamma 0}$是算法开始时的第一个订货点水平，$\bar{S}_{\pi^*}$是$S_{\pi^*}$的上界。

然而，标准的(s,S)模型赋予了算法某些特性，使查找更有效率。尤其是，$l_\gamma(x)$的计算可以通过复杂的过程来进行，而不用式(16-24)和式(16-25)。有些学者(Feng，Xiao，2000)的算法所需要的基本运算次数，在最坏的情况下只有评估单一$(s_{\gamma 0},\bar{S}_{\pi^*})$策略的两倍。最后，应该承认算法复杂度分析方法是借鉴了某些学者(Zheng，Federgruen，1991)的研究成果。

第六节 (s,S,p_s^S)策略的最优性验证

定理11提出了长期平均成本模型中(s,S,p_s^S)策略的最优性，本部分的主要内容就是对定理11的证明。

定理11：假设$f(y)$是单峰的，$\left(s_{\pi^*},S_{\pi^*},\bar{p}_{s_{\pi^*}}^{S_{\pi^*}}\right)$是通过上述优化过程得到的最优$(s,S,p_s^S)$策略。这个策略对于所有的联合定价和库存控制策略都是最优的。

为了表述简便，用π和(s,S,p_s^S)来代替π^*和$\left(s_{\pi^*},S_{\pi^*},\bar{p}_{s_{\pi^*}}^{S_{\pi^*}}\right)$。在之前，我们没怎么关注库存水平$S$以上的$(s,S,p_s^S)$的策略。然而，从马尔可夫决策过程的角度来看，这个策略必须明确在S以上的每一个库存水平如何做决策。特别需要指出的是，对于$x>S$，令策略采取行动，不发出任何订单，通过式(16-25)递归来确定价格，其中用π来代替γ。

需要注意的是，当初始的库存水平x在S之上时，这样增加的(s,S,p_s^S)策略会使库存水平在有限个周期内下降至S或者低于S，因此它的长期平均利润依旧是π，与初始的库存水平无关。我们称这个增加的最优(s,S,p_s^S)策略为最优(s,S,p_s^S)策略，简称为(s,S,p_s^S)策略。

根据动态规划的基础理论，(s,S,p_s^S)策略的长期平均利润是所有允许策略中最大的。若存在一个有界函数$h(x)$使如下最优等式成立：

$$h(x)=\sup_{y\geqslant x,i=1,2,\cdots,M}\left\{-K\cdot\delta(y>x)+B(y,p^i)-\pi+\sum_{j=0}^{\infty}\phi_j(p^i)h(y-j)\right\}\tag{16-29}$$

并且有一个平稳策略做出行动使最大化等式(16-29)的右边是可以受理的，那么若式(16-29)成立，则最大化等式(16-29)右边所隐含的策略是最优的，而且π是长期平均利润，所以(s,S,p_s^S)策略是最优的。

上述条件通常称为一个动态优化问题的长期平均利润最优标准。

由于式(16-29)涉及一个未知的有界函数$h(x)$，所以我们首先来构造它。特别需要指出的是，我们运用辅助函数$l_\pi(s,x,\bar{p}_s^x)$，其中$\bar{p}_s^x$是补货策略(s,x)的最优价格，并且$s<x<\bar{S}_\pi$。我们定义$h(x)$有如下形式

$$h(x)=\begin{cases}-K,\ x\leqslant s\\ l_\pi(s,x,\bar{p}_s^x),\ s<x\leqslant S\\ \max_i=1,\cdots,M\left[B(x,p^i)-\pi+\sum_{j=0}^{\infty}\phi_j(p^i)h(x-j)\right],\ S<x\leqslant\bar{S}_\pi\\ -K,\ \max_i=1,\cdots,M\left[B(x,p^i)-\pi+\sum_{j=0}^{\infty}\phi_j(p^i)h(x-j)\right],\ x>\bar{S}_\pi\end{cases}\tag{16-30}$$

需要注意的是，对于$x\in(S,\bar{S}_\pi]$，若依次定义

$$l_\pi(s,x,\bar{p}_s^x)=\max_{i=1,\cdots,M}\left[B(x,p^i)-\pi+\sum_{j=0}^{\infty}\phi_j(p^i)h(x-j)\right]\tag{16-31}$$

从$x=S+1$开始，则$h(x)=l_\pi(s,x,\bar{p}_s^x)$。

函数$h(x)$不容易直观地理解，然而，正如下文将要解释的那样，隐含的策略实现式(16-29)关于$h(x)$的最大化是可以理解的。

讨论的主线按照以下顺序进行：首先，$h(x)$是特别有界的，对于所有整数π，都有$0\geqslant h(x)\geqslant -K$；其次，我们确认一个可以受理的策略，对于所有的库存水平，这个策略使式(16-29)右边的式子最大化，有平均利润π。

根据定义，对于$x\leqslant s$，有$0\geqslant h(x)\geqslant -K$。然而，证明在$x$其他范围内$h(x)$的有限性不是那么容易：对于$x\in(s,\bar{S}_\pi]$，因为$(s,S,p_s^S)$策略最大化了利润辅助函数，且有$l_\pi(s,x,p_s^x)\leqslant l_\pi(s,S,p_s^S)=0$，可以推出$h(x)\leqslant 0$。

为了证明$h(x)\geqslant -K$，我们将要利用$f(x)$的单峰性。通过$f(x)$的假设和(s,S,p_s^S)的最优化过程可推出$f(x)\geqslant\pi,x\in(s,\bar{S}_\pi]$。令$\bar{p}_\pi$表示与$f(x)$有关的价格，因此$f(x)=B(x,\bar{p}_x)$，并且实现$f(s+1),\cdots,f(x)$的价格向量可以表示为$\bar{p}_s^x=(\bar{p}_s+1,\cdots,\bar{p}_x)$，$x>s$。由于$\bar{p}_s^x$是可以求得的，因此我们可以得出，对于$s<x\leqslant\bar{S}_\pi$，有$l_\gamma(s,x,\bar{p}_s^x)\geqslant l_\gamma(s,x,\bar{p}_s^x)\geqslant -K$，其中$\bar{p}_s^x$是定价优化过程的道德最优化价格向量，因此有$0\geqslant h(x)\geqslant -K,x\leqslant\bar{S}_\pi$。

下面考虑$x>\bar{S}_\pi$的情况。我们从$x=\bar{S}_\pi+1$开始推导。通过构造，$h(\bar{S}_\pi+1)$取两个值中的最大值。第一个值如下

$$h(\bar{S}_\pi+1)=m_0(p\bar{s}_\pi+1)\left\{B(\bar{S}_\pi+1,p\bar{s}_\pi+1)-\pi+\sum_{l=1}^{\infty}\phi_l(p\bar{s}_\pi+1)h(\bar{S}_\pi+1-l)\right\} \tag{16-32}$$

其中$p\bar{s}_\pi+1$是从$p^i,i=1,\cdots,M$中选取的。

最大化下面的式子

$$m_0(p^i)\left[B(\bar{S}_\pi+1,p^i)-\pi+\sum_{j=1}^{\infty}\phi_j(p^i)h(\bar{S}_\pi+1-j)\right] \tag{16-33}$$

这个式子的值为负，因为

$$m_0(p^i)\left[B(\bar{S}_\pi+1,p^i)-\pi\right]<m_0(p^i)\left[f(\bar{S}_\pi+1)-\pi\right]<0 \tag{16-34}$$

因此$h(\bar{S}_\pi+1)<0$。

第二个值是$h(\bar{S}_\pi+1)=-K$，所以$-K\leqslant h(\bar{S}_\pi+1)<0$。剩下的推导过程类似，在此省略。所以我们可以断定$h(x)$是有界的。

现在来确认一个可以受理的策略，这个策略可以使式(16-29)的右边可以达到最大化。然而，对于构造的$h(x)$，策略(s,S,p_s^S)最大化式(16-29)的右边式子似乎是不可能的。因此，我们提出需要一个扭曲的想法，这个想法起初是由其他学者(Zheng，1991)提出的，旨在证明(s,S)策略的最优性。

我们放宽模型的条件，允许公司以相同的订单准备成本和可变成本将过量的库存返

还给供应商。返还一定单位的库存相当于发出相同数量的负值订单，这个附加的选择可以节约成本。我们称修正过的模型为放宽模型，很容易联想到，如果在放宽模型中证明了(s, S, p_s^S)策略的最优性，并且得到了平均利润π，则它在原始模型中也一定是最优的，因为这个(s, S, p_s^S)策略在放宽模型中也是可以受理的。

通过式(16-29)修正放宽模型中的长期平均利润标准。也就是说，若存在一个有界函数$h(x)$使下式成立

$$h(x)=\sup_{y, p^i, i=1,\cdots,M}\left\{-K\cdot\delta(y\neq x)+B(y,p^i)-\pi+\sum_{j=0}^{\infty}\phi_j(p^i)h(y-j)\right\}, \forall x \tag{16-35}$$

并且有一个平稳的策略使式(16-35)的右边最大化，若这个策略在放宽模式里是可以受理的，则通过最大化式(16-35)右边的式子所得到的策略是最优的，并且长期平均利润是π。这个(s, S, p_s^S)策略在放宽模型和原始模型中都是最优的。

接下来说明，关于$h(x)$的最优性等式(16-35)决定了一个修订的(s, S, p_s^S)策略，并且它在放宽模型中也是可以受理的。

为了方便证明，我们定义这样一个函数：

当$x>s$时，有

$$H(x)=\max_{p^i, i=1,\cdots,M}\left[B(x,p^i)-\pi+\sum_{l=0}^{\infty}\phi_l(p^i)h(x-l)\right] \tag{16-36}$$

在这里，若$h(x)$可以理解为终止值函数，则$H(x)$可以看作是一个周期的利润最大化函数。因此，当库存水平保持在x处，并且确定了一个最优定价时，则$H(x)$代表这个周期内的利润。

通过对$h(x)$的定义或者构造出如下的备注，我们可以看出当$x>\bar{S}_\pi$时，$H(x)<0$，因为$B(x,p^i)\leqslant f(x)<\pi, i=1,\cdots,M$。所以$H(x)$在$x=S$处达到最大值$H(S)=0$。$H(x)$的用处在于简化式(16-35)为如下形式

$$\begin{aligned}h(x)&=\sup_{y, p^i, i=1,\cdots,M}\left\{-K\cdot\delta(y\neq x)+B(y,p^i)-\pi+\sum_{j=0}^{\infty}\phi_j(p^i)h(y-j)\right\}\\&=\sup_{y}\left\{-K\cdot\delta(y\neq x)+H(y)\right\}\\&=\max\left[-K+H(S),H(x)\right]\\&=\max\left[-K,H(x)\right]\end{aligned} \tag{16-37}$$

现在规定一个策略可以由(s, S, p_s^S)策略修订而得到，并且符合式(16-37)。这个策略在三个范围内的具体行动是不同的，分别是$x\leqslant s$，$s<x\leqslant\bar{S}_\pi$和$x>\bar{S}_\pi$。

在第一个范围中，因为$f(x)<\pi$，$h(x)=f(x)-\pi-K<-K$，策略选择一个最优行动，可以确定一个$S-x$单位的订单，使库存水平上升至$y=S$。

现在考虑第二个范围。因为$h(x)=H(x)=l_{\pi}(s,x,p_s^x)\geqslant -K$，并且在$x$处的最优定价是$p_x$，因此推迟任何订单并且以价格$p_x$售出产品是最优的。

在第三个范围中，因为$h(x)=\max[-K,H(x)]$，故最优的行动取决于这两个值的比较：若$-K\geqslant H(x)$，则返回$(x-S)$单位的产品给供应商是最优的，即发出一个负值的订单使库存水平下降至S；否则，$h(x)=H(x)$，停留在库存水平x处，并且以满足$H(x)$的价格出售是最优的。因为当$x>S$时，原始的最优策略不需要任何订单；反之，当$x>\bar{S}_{\pi}$时，修正的策略可以确定一个负值的订单，这两个策略在库存水平$\bar{S}_{\pi}$以上，可能会选择不同的行动。若初始的库存水平在S以上，则不论哪一个策略，都会在有限个周期内使库存水平降到S或者S以下。很显然，修正的策略在放宽的模型中是可以受理的。

正如前面的论证和式(16-29)、式(16-35)的推导所展示的那样，可以得出(s,S,p_s^S)策略在原始模型中也是全局最优的。这样就完成了证明。

最后以一个特别的案例结束本部分：订购建立成本可以忽略，即$K=0$。通过与之前的分析作比较，可以得出在这个案例中，单一价格基本储备的策略是最优的。这个策略取决于$f(y)$的最大因子y_0。假设与$f(y_0)$相关的价格是p_{i_0}，则$f(y_0)=B(y_0,p_{i_0})$是策略(y_0-1,y_0,p_{i_0})的长期平均利润。

第七节　若干例子

下面列举几个例子，目的有两个：一是为了验证提出的算法，二是为了确定动态定价比静态定价多获得利润的大小。研究的(s,S,p_s^S)策略是动态定价策略，因为它可以随着时间的变动改变价格，而静态定价策略是一直固定在一个价格。

例1：

假设一家公司每周检验库存水平并且调整定价，每周的需求是一个随机变量，有形式$D(p)=q_1(p)+\alpha$，其中α是一个随机成分。假设α服从泊松分布，均值$\lambda=5$，则平均需求$q(p)=q_1+5$，准备成本（固定的货运成本）为200，采购与运输成本为每单位8，储存成本（每周）为$h=5$，短缺成本为每周期每单位$b=10$，价格弹性关于p递增。

需求率与净收入率（或价格）的关系方面，净收入率关于需求率是凸的，即关于价格是递减的。净收入率在$p^4=17$和$p^5=16$处达到峰值。

最优的解决方案方面，选取了8个价格水平，库存水平越高，则定价越低，与我们的判断是一致的。然而，这并不是普遍的模式。

例 2：

例 2 可认为是例 1 的一个变形。可变订单成本为每单位 $c=11$，储存(短缺成本为 1 或 2，并且泊松率为 3。与例 1 的模式相比，最高的定价出现在库存水平的中间和库存水平较低的范围内。这种低-高-低-高模式与高-中间-低模式相结合，在许多情况中是经常出现的。

直观地来说，在高库存水平下应该支付较低的价格，为的是获得更高的需求来消耗库存。然而，即便是在高库存水平下，有的公司仍然保持很高的定价。出现这种情况有以下两个原因：第一，高定价的缺点意味着在未来的周期会有库存的剩余；第二，可以获得每单位更高的利润。如果可以用当前库存的一部分来满足未来时期的需求，我们就能节省未来时期的固定订货成本。这就解释了这两个原因，也解释了为什么定价的峰值会在库存水平的中间取得。

最后，我们来比较一下动态定价策略和静态定价策略：在静态定价的案例中，最优的单一定价通过最优 (s,S) 策略选取。在例 2 中，动态定价相对于静态定价的利润优势是显而易见的，并且通常优势是很明显的。

第八节　部分证明

一、对引理 1 的证明

由假设 1，可以将 $G(y,p)$ 表达成 $G(y,q)$。当 $y_1<y_2, q_1<q_2<0\leqslant\beta\leqslant 1$ 时，因为

$$E\left[D\left(\beta q_1+(1-\beta)q_2\right)\right]=\beta q_1+(1-\beta)q_2=E\left[\beta D(q_1)+(1-\beta)D(q_2)\right]$$

并且 $g\left[\beta y_1+(1-\beta)y_2-x\right]$ 关于 x 是凹的，则有

$$\begin{aligned}
&G\left[\beta y_1+(1-\beta)y_2,\beta q_1+(1-\beta)q_2\right]\\
&=E\left[g\left(\beta y_1+(1-\beta)y_2-D\left(\beta q_1+(1-\beta)q_2\right)\right)\right]\\
&\leqslant E\left[g\left(\beta y_1+(1-\beta)y_2-\beta D(q_1)-(1-\beta)D(q_2)\right)\right]\\
&\leqslant \beta G(y_1,q_1)+(1-\beta)G(y_2,q_2)
\end{aligned}$$

可以得出 $G(y,q)$ 在 (y,q) 处是联合凹的，引理 2 得以证明。

验证：

先证明指数过程。需要注意的是，假设 1 允许我们将 $D(p)$ 表达成 $D(q)$。当 $z\geqslant 0$ 时，有 $P\left[D(q)>z\right]=e_q^p$ 是需求率 q 的连续函数，可以很容易地证明 $D(q)$ 是依概率分布连续的。

为了说明$D(q)$的随意凸性，我们考虑一个非负凸函数$\alpha(x)$，进一步证明

$$E\left[\alpha\left(D\left(\beta q_1+(1-\beta)q_2\right)\right)\right]\geqslant E\left[\alpha\left(\beta D(q_1)+(1-\beta)D(q_2)\right)\right]$$

其中$D(q_1)$和$D(q_2)$是独立的。事实上，根据代数运算，可以得到下面的式子

$$E\left[\alpha\left(\beta D(q_1)+(1-\beta)D(q_2)\right)\right]=\frac{1}{q_1q_2}\int_0^{\infty}\int_0^{\infty}\alpha\left(\beta x+(1-\beta)y\right)e^{-\frac{z}{q_1}-\frac{y}{q_2}}\mathrm{d}x\mathrm{d}y$$

$$=\int_0^{\infty}\int_0^{\infty}\alpha\left(\beta q_1x+(1-\beta)q_2y\right)e^{-x-y}\mathrm{d}x\mathrm{d}y$$

$$=\int_{x>y}\alpha\left(\beta q_1x+(1-\beta)q_2y\right)e^{-x-y}\mathrm{d}x\mathrm{d}y+\int_{x\leqslant y}\alpha\left(\beta q_1x+(1-\beta)q_2y\right)e^{-x-y}\mathrm{d}x\mathrm{d}y$$

$$=\int_{x>y}\left[\alpha\left(\beta q_1x+(1-\beta)q_2y\right)+\alpha\left(\beta q_1y+(1-\beta)q_2x\right)\right]e^{-x-y}\mathrm{d}x\mathrm{d}y$$

$$\leqslant 2\int_{x>y}\alpha\left(\beta q_1\frac{x+y}{2}+(1-\beta)q_2\frac{x+y}{2}\right)e^{-x-y}\mathrm{d}x\mathrm{d}y$$

$$=\int_0^{\infty}\alpha\left(\left(\beta q_1+(1-\beta)q_2\right)u\right)e^{-2u}\mathrm{d}\upsilon\int_0^{u}\mathrm{d}\upsilon$$

$$\leqslant\int_0^{\infty}\alpha\left(\left(\beta q_1+(1-\beta)q_2\right)u\right)e^{-u}\mathrm{d}\upsilon$$

$$=E\left[\alpha\left(D\left(\beta q_1+(1-\beta)q_2\right)\right)\right]$$

其中最后一个不等式是因为$e^{-2u}u\leqslant e^{-u}$，其中$u\leqslant e^{u}$，$u\geqslant 0$，因此$D(q)$是随机凸的。

我们现在来看均值过程。对于任意的$z>0$，概率为

$$p\left[D(q)>z\right]=\begin{cases}0, & z>2q\\ 1-\dfrac{z}{2q}, & z\leqslant 2q\end{cases}$$

上式关于q是递增的，同时可以看出$D(q)$是依概率连续的。我们需要证明

$$E\left[\alpha\left(D\left(\beta q_1+(1-\beta)q_2\right)\right)\right]\geqslant E\left[\alpha\left(\beta D(q_1)+(1-\beta)D(q_2)\right)\right]$$

其中$0\leqslant\beta\leqslant 1$，有两个需求率$q_2$和$q_2$，$\alpha(z)$是任意的凸函数。需要注意的是，假设需求$D(q_1)$和$D(q_2)$是独立的。以上不等式成立是因为

$$
\begin{aligned}
&E\left[\alpha\left(\beta D\left(q_1\right)+(1-\beta) D\left(q_2\right)\right)\right] \\
&=\int_0^{2q_1}\int_0^{2q_2}\alpha\left(\beta x+(1-\beta) y\right)\frac{\mathrm{d}x\mathrm{d}y}{4q_1q_2} \\
&=\int_0^1\int_0^1\alpha\left(2\left(\beta q_1 x+(1-\beta) q_2 y\right)\right)\mathrm{d}x\mathrm{d}y \\
&=\int_{0\leqslant x<y\leqslant 1}\left[\alpha\left(2\left(\beta q_1 x+(1-\beta) q_2 y\right)\right)+\alpha\left(2\left(\beta q_1 x+(1-\beta) q_2 y\right)\right)\right]\mathrm{d}x\mathrm{d}y \\
&\leqslant 2\int_{0\leqslant x\leqslant y\leqslant 1}\alpha\left(\beta q_1(x+y)+(1-\beta) q_2(x+y)\right)\mathrm{d}x\mathrm{d}y \\
&=\int_0^1\alpha\left[2\left(\beta q_1+(1-\beta) q_2\right)u\right]\mathrm{d}\upsilon\int_0^u\mathrm{d}\upsilon \\
&\leqslant\int_0^1\alpha\left[2\left(\beta q_1+(1-\beta) q_2\right)u\right]\mathrm{d}\upsilon \\
&=E\left[\alpha\left(D\left(\beta q_1+(1-\beta) q_2\right)\right)\right]
\end{aligned}
$$

所以$D(q)$是随机凸的，并且满足引理1的假设。

二、对例3的验证

作为Chen和Simichi-Levi提出的需求模型的一个特殊的案例，例3满足定理2的假设(1)和假设(2)，并且根据引理1，有$G(y,q)$在(y,q)是联合凹的。我们考虑如下$B(y,q)$的一阶偏导数

$$
\frac{\partial B(y,q)}{\partial y}=-\frac{\partial G(y,q)}{\partial y}=-E\left[g'(y-q-e)\right]
$$

还有

$$
\frac{\partial B(y,q)}{\partial q}=p'(q)q+(p-c)-\frac{\partial G(y,q)}{\partial q}=p'(q)q+p(q)-c+E\left[g'(y-q-e)\right]
$$

令它们为0，可以得到关于两个未知变量的线性方程组

$$
\begin{cases}
-E\left[g'(y-q-e)\right]=0 \\
p'(q)q+(p-c)+E\left[g'(y-q-e)\right]=0
\end{cases}
$$

解这个方程组可以得到(y^*,q^*)，使$B(y,q)$达到最大。显然，由于$r'(q^*)=p'(q^*)q+p(q^*)-c$和$E\left[g'(y^*-q^*-e)\right]=0$，有$y^*=y_0$，$f(y^*)=B(y^*,q^*)$。

当$y<y^*$时，我们要证明一个矛盾$-E\left[g'(y-q-e)\right]\geqslant 0$。相比可知，假

设 $-Eg'\big(y-q(y)-e\big)<0=-Eg'\big(y^*-q-e\big)$，因为有 $\dfrac{\partial B\big(y,q(y)\big)}{\partial q}=0$，所以 $p'\big(q(y)\big)q(y)+\big(p\big(q(y)\big)-c\big)>0$。同时由于 $q(y)>q^*$，可推出 $r(q)$ 是单峰性的曲线，因此 $y-q(y)<y^*-q^*$，$E\Big[g'\big(y-q(y)-e\big)\Big]\leqslant E\Big[g'\big(y^*-q^*-e\big)\Big]=0$（由凹性可得），矛盾。

同样，当 $y>y^*$ 时，$E\Big[g'\big(y-q(y)-e\big)\Big]\leqslant 0$。由链式法则有

$$f'(y)=\frac{\partial B\big(y,q(y)\big)}{\partial y}+\frac{\partial B\big(y,q(y)\big)}{\partial q}q'(y)=\frac{\partial B\big(y,q(y)\big)}{\partial y}$$
$$=-E\Big[g'\big(y-q(y)-e\big)\Big]$$

因此，当 $y<y^*$ 时，有 $f'(y)\geqslant 0$；当 $y>y^*$ 时，有 $f'(y)\leqslant 0$，所以 $f(y)$ 是单峰的。

对 (s,S,p) 策略利润函数的推导如下：

令 $R(x)$ 和 $T(x)$ 表示预期的剩余利润和典型更新周期的长度，其中库存水平为 $x\leqslant S$。建立 $R(x)$ 和 $T(x)$ 的递归方式来得到预期的周期利润和周期长度。当库存水平下降到 s 或者 s 以下时就会发出补货订单，这时周期结束。

在平稳的 (s,S,p_s^S) 策略中，长远来看，购买的产品与售出的产品数量应该相等。因此，可以方便地假设，只有需求消耗产品时才会有变动的订单成本。然而，即便是购买产品时已经支付了变动成本，结果应该也是一样的。在最后的更新周期里，只支付了订单准备成本，即当 $x\leqslant s$ 时，有 $R(x)=-K$。

$R(x)$ 的递归从 $x=s+1$ 开始，过程如下

$$\begin{aligned}R(s+1)&=\sum_{j=0}^{\infty}\phi_j(ps+1)\big[R(S+1-j)-g(s+1-j)+(ps+1-c)j\big]\\&=\phi_0(ps+1)\big[R(s+1)+K\big]-K\\&\quad-\sum_{j=0}^{\infty}\phi_j(ps+1)\big[g(s+1-j)-(ps+1-c)j\big]\\&=\phi_0(ps+1)\big[R(s+1)+K\big]-K+B(s+1,ps+1)\end{aligned}$$

重新排列最后一个等式我们可以得到

$$R(s+1)+K=m_0(ps+1)B(s+1,ps+1) \tag{16-38}$$

其中 $m_0(p)=\dfrac{1}{1-\phi_0(p)}$ 是需求质量函数 $\phi_j(p)$ 的周期密度，$j=0$。

对于任意的 $s<x\leqslant S$，由几个相似的代数操作我们可以得到

$$R(x)=-K+B(x,p_x)+\sum_{j=0}^{x-s-1}\phi_j(p_x)\big[R(x-j)+K\big] \tag{16-39}$$

对$R(x-j)$进行迭代可以得到

$$\begin{aligned}R(x)+K&=B(x,p_x)+\sum_{j=0}^{x-s-1}\phi_j(p_x)B(x-j,p_{x-j})\\&\quad+\sum_{j=0}^{x-s-1}\phi_j(p_x)\sum_{l=0}^{x-j-s-1}\phi_l(p_{x-j})\left[R(x-j-l)+K\right]\\&=B(x,p_x)+\sum_{j=0}^{x-s-1}\phi_j(p_x)B(x-j,p_{x-j})\\&\quad+\sum_{j=0}^{x-s-1}\sum_{j_1+j_2=j}\phi_{j_1}(p_x)\phi_{j_2}(p_{x-j_1})\left[R(x-j)+K\right]\\&=\sum_{j=0}^{x-s-1}m_j(p_{x-j},\cdots,p_x)B(x-j,p_{x-j})\end{aligned}$$

其中，$m_0(p_x)$和$m_j(p_{x-j},\cdots,p_x)$由式(16-16)递归得到。

由定义可知$R(S)$是更新周期的预期利润，由于$R(S)$通常是策略参数s、S和p_s^S的函数，因此用$R(s,S,p_s^S)$表示$R(S)$可以使依赖性更加明确。

库存水平x的预期剩余周期长度为$T(x)$，其中$s<x\leqslant S$，可以由类似的递归过程求得。对所有的$x=s+1,\cdots,S$，可得

$$T(x)=1+\sum_{j=0}^{x-s-1}\phi_j(p_x)T(x-j)=m_0(p_x)\left[1+\sum_{j=1}^{x-s-1}\phi_j(p_x)T(x-j)\right] \quad (16\text{-}40)$$

或者令式(16-38)中的$K=0$，$B(x,p_x)=1$，可以得到$T(x)$的表达式，即式(16-15)。同$R(S)$，用$T(s,S,p_s^S)$来更明确地表示$T(x)$与策略参数的依赖性。结合这两个变量的表达形式，参考前文的分析，长期平均利润可以表示为式(16-13)。

三、对引理4的证明

先证明判定(1)。不失一般性，分别将补货策略(s,S)和$(s-1,S)$的价格向量表示为p_s^S和p_{s-1}^S。假设这两个策略在库存水平重叠部分$x=s+1,\cdots,S$有相同的定价，即$p_{s-1}^S=(p_s,p_s^S)$。由这两个价格变量，进一步证明$l_\gamma(s-1,S,p_{s-1}^S)\geqslant l_\gamma(s,S,p_s^S)$当且仅当$\gamma\leqslant f(s)$时成立。

假设$p_s^S=(p_{s+1},\cdots,p_S)$，根据式(16-21)，并且从$l_\gamma(s-1,S,p_{s-1}^S)$中减去$l_\gamma(s,S,p_s^S)$，可以得到

$$l_\gamma(s-1,S,p_{s-1}^S)-l_\gamma(s,S,p_s^S)=m_{S-s}(p_s,\cdots,p_S)\left[B(s,p_s)-\gamma\right]$$

由这个等式可以推出$l_\gamma(s-1,S,p_{s-1}^S)\geqslant l_\gamma(s,S,p_s^S)$当且仅当$B(s,p_s)\geqslant\gamma$时成立。若$f(s)=B(s,p^i)$，则有不等式$B(s,p_s)\geqslant\gamma$和$f(s)\geqslant B(s,p_s)\geqslant\gamma$。相反，若$f(s)\geqslant\gamma$，则

令 $p_s = p^i$ 或 $p_{s-1}^{S} = (p^i, p_s^S)$，则 $l_\gamma(s-1, S, p_{s-1}^S) \geqslant l_\gamma(s, S, p_s^S)$，判定(1)得证。

为了证明判定(2)，我们用反证法，假设 $S_\gamma < x_0$。因为 $g(x)$ 是凹的，当 $x < x_0, i = 1, \cdots, M$，有

$$G(x+1, p^i) \leqslant G(x, p^i)$$

根据这个不等式，我们可以得出策略 $\left(s_\gamma + 1, S_\gamma + 1, p_{s_\gamma+1}^{S_\gamma+1}\right)$ 至少和 $\left(s_\gamma, S_\gamma, \bar{p}_{s_\gamma}^{S_\gamma}\right)$ 一样好，其中 $p_{s_\gamma+1}^{S_\gamma+1} = \left(p_{s_\gamma+1}, p_{s_\gamma+2}, \cdots, ps_\gamma\right)$，即在策略 $\left(s_\gamma + 1, S_\gamma + 1, p_{s_\gamma+1}^{S_\gamma+1}\right)$ 下，将库存水平 $s_\gamma + 2, s_\gamma + 3, \cdots, S_\gamma + 1$ 处的价格定为 $p_{s_\gamma+1}, p_{s_\gamma+2}, \cdots, ps$。由此可以看出

$$\begin{aligned}
& l_\gamma\left(s_\gamma + 1, S_\gamma + 1, p_{s_\gamma+1}^{S_\gamma+1}\right) \\
&= -K + \sum_{j=0}^{S_\gamma - s_\gamma - 1} m_j\left(ps_\gamma - j, \cdots, ps_\gamma\right)\left[B\left(S_\gamma + 1 - j, ps_\gamma - j\right) - \gamma\right] \\
&\geqslant -K + \sum_{j=0}^{S_\gamma - s_\gamma - 1} m_j\left(ps_\gamma - j, \cdots, ps_\gamma\right)\left[B\left(S_\gamma - j, ps_\gamma - j\right) - \gamma\right] \\
&= l_\gamma\left(s_\gamma, S_\gamma, \bar{p}_{s_\gamma}^{S_\gamma}\right)
\end{aligned}$$

因为有 $B\left(S_\gamma + 1 - j, ps_{\gamma-j}\right) \geqslant B\left(S_\gamma - j, ps_{\gamma-j}\right)$，故不等式成立，判定(2)得证。同样可以用反证法证明判定(3)。为此，假设 $f\left(S_\gamma\right) < \gamma$，$ps_\gamma = p^i$，根据式(16-22)有

$$\begin{aligned}
l_\gamma\left(s_\gamma, S_\gamma, \bar{p}_{s_\gamma}^{S_\gamma}\right) &\leqslant f\left(S_\gamma\right) - \gamma - K\left(1 - \sum_{j=0}^{S_\gamma - s_\gamma - 1} \phi_j\left(p^i\right)\right) + \sum_{j=0}^{S_\gamma - s_\gamma - 1} \phi_j\left(p^i\right) l_\gamma\left(s_\gamma, S_\gamma - j, p_{s_\gamma}^{S_\gamma - j}\right) \\
&< -K\left(1 - \sum_{j=0}^{S_\gamma - s_\gamma - 1} \phi_j\left(p^i\right)\right) + \sum_{j=0}^{S_\gamma - s_\gamma - 1} \phi_j\left(p^i\right) l_\gamma\left(s_\gamma, S_\gamma, \bar{p}_{s_\gamma}^{S_\gamma}\right)
\end{aligned}$$

其中第一个不等式由假设 $f\left(S_\gamma\right) \geqslant B\left(S_\gamma, ps_\gamma\right)$ 得证，第二个不等式由假设 $f\left(S_\gamma\right) < \gamma$ 和定义 $l_\gamma\left(s_\gamma, S_\gamma, \bar{p}_{s_\gamma}^{S_\gamma}\right) = \max_s, S, p_s^S l_\gamma\left(s, S, p_s^S\right)$ 得证。

重新排列不等式，我们可以得到

$$l_\gamma\left(s_\gamma, S_\gamma, \bar{p}_{s_r}^{S_\gamma}\right)\left(1 - \sum_{j=0}^{S_\gamma - s_\gamma - 1} \phi_j\left(p^i\right)\right) < -K\left(1 - \sum_{j=0}^{S_\gamma - s_\gamma - 1} \phi_j\left(p^i\right)\right)$$

由此可以推出 $l_\gamma\left(s_\gamma, S_\gamma, \bar{p}_{s_r}^{S_\gamma}\right) < -K$，显然这是一个不可能成立的式子。

现在我们考虑一个特殊策略 $\left(s_\gamma, s_\gamma + 1, p_{i_0}\right)$，使 $f\left(s_\gamma + 1\right) = B\left(s_\gamma + 1, p_{i_0}\right) \geqslant \gamma$。显然，这样的策略是存在的，并且可以推出 $l_\gamma\left(s_\gamma, S_\gamma, \bar{p}_{s_r}^{S_\gamma}\right)$ 的一个下限，过程如下

$$l_\gamma\left(s_\gamma, S_\gamma, \bar{p}_{s_r}^{S_\gamma}\right) \geqslant l_\gamma\left(s_\gamma, s_\gamma + 1, p_{i_0}\right) = m_0\left(p\left(s_\gamma + 1\right)\right)\left[f\left(s_\gamma + 1\right) - \gamma\right] - K \geqslant -K$$

上式与之前的结果 $l_\gamma\left(s_\gamma, S_\gamma, \bar{p}_{s_r}^{S_\gamma}\right) < -K$ 矛盾，因此与假设 $f\left(S_\gamma\right) < \gamma$ 矛盾，判定(3)得证。

第十七章　防止信息泄露的供应链契约

第一节　主要思想

本部分确定了有助于在供应链中进行纵向信息共享，同时又避免竞争报童模型之间的横向信息泄露的契约类别。

考虑一个供应链，零售商从一个共同的供应商处补充库存以满足不确定的需求，并参与报童模型竞争。每个零售商都有不完全的需求信息，且一个零售商（在位者）的需求预测比另一个零售商（进入者）更为准确。在这类竞争性的零售商之间的信息泄露阻止了纵向信息共享，这往往是许多零售商放弃协同预测－共享倡议的原因，导致供应链处于次优化状态。研究表明，契约能否防止信息泄露，取决于存货风险（即供需不匹配成本）和利润如何在供应商和零售商之间分配。与批发价格契约相比，按照契约如何在企业间分配库存风险对契约进行分类，这种比较产生了四个相互排斥、集体穷举的契约类别。

下行保护契约是通过将零售商的部分超额库存成本转移给供应商，从而有效地降低零售商的超额库存成本，此类契约的例子包括回购契约和收益共享契约。上行保护契约是通过将供应商的部分不足成本转移到零售商身上，从而有效地增加零售商的库存短缺成本，此类契约的例子包括惩罚契约和回扣契约。双向保护契约结合了前两类的特点。无保护契约是一种未能将企业库存短缺或过剩的成本从一方转移到另一方的契约，此类契约的例子包括批发价格契约和二部定价契约。

研究发现，在实践中广泛使用的无保护契约并不能防止信息泄露，其他契约则可能做到；研究还发现，对于供应链而言，防止信息泄露可能是代价高昂的（即渠道效率低）。另外，本章还研究了各种契约的统一框架如何使企业在协调渠道的同时确定（在许多契约中）防止信息泄露的最佳执行契约。例如，通过分析说明了为什么回购契约的效果要明显优于收益共享契约或回扣契约。

第二节　背景介绍

本节确定了供应链契约，竞争零售商（现有零售商和进入者）从共同的供应商那里采购来满足不确定的市场需求，该契约可以防止它们之间出现信息泄露。零售商面临经典的报童模型，因为每个零售商都必须在销售旺季之前从供应商处订购库存并进行存储，在此期间无法补货。在确定库存量时，每个零售商都将自己的预期收入减去预期的供应—供需不匹配成本（即超额和不足的成本）最大化。在首选零售商处找不到产品的客户可以访问其他零售商，因此，零售商通过竞争来满足不确定的需求。

使事情复杂化的是，其中一个零售商（在位者）通常具有私有需求信息，而其他零售商（进入者）或供应商均不拥有该信息。这种信息优势有利于在位者决定要存储的库存量并占领进入者的市场份额。但是，如果在位者将这些信息传达给供应商，则供应商可能发现将在位者的私密的预测信息泄露给进入者是有利可图的；通过减小需求预测的不确定性，可以引发更具竞争性的环境和更高的订货量。如此一来，在位者可能会失去其信息优势并面临激烈的竞争。因此，这种信息泄露阻止了公司在横向竞争中纵向共享信息，甚至阻止了参与协作的预测共享计划，进而导致供应链关系的优化不足。本部分研究的目标是确定可以防止信息泄露，描述信息泄露预防条件的特性，并量化产生供应链利润的契约。

供应链中，竞争激烈的零售商之间的需求信息泄露会对各个行业的公司的盈利能力产生负面影响，这样的例子并不罕见。例如，有的公司曾面临着来自其零售商的强烈抵制，即零售商拒绝共享其私有需求信息，他们担心该公司会将这些有价值的信息泄露给竞争的零售商。此外，由于担心供应商可能会将此类敏感信息泄露给竞争的零售商，一些零售商也不愿与供应商共享它们的销售点数据。有研究者讨论了为什么一个能够比折扣零售商更早地识别市场趋势的专业的玩具零售商，不愿意与供应商共享需求信息。

从服装到玩具零售商，再到高科技行业，各种行业的纵向信息共享都存在风险，对此，相关文献中有大量的例证。这些行业例证中的大多数也已在运营管理文献中反复使用，以激发经典的报童模型（例如，在这样的环境中，零售商经常有一个补货机会来满足需要相对较长补货时间的短寿命周期产品的不确定需求）。在这样的市场中，零售商的订货量不一定会影响产品的市场价格。由于供应商经常设定价格，因此各个零售商的价格差别不大。在此，与以前的相关文献不同，我们分析了竞争性的报童模型及其共同供应商之间的信息泄露。

本节主要分析上述供应链中的企业为何以及如何共同优化物流（也就是说，面对不确定的需求和竞争而进行库存决策，从而优化库存风险）、信息流（即纵向分享需求信息）以及资金流（即利润分配）。我们展示了一些主要用于优化运营（如订购和库存的数量）的契约如何影响企业的信息需求（例如，是否纵向分享私有需求信息）。我们的研究还表明，忽略业务需求而仅优化资金需求也将导致信息流不足（如信息泄露）和业绩欠佳（如利润损失和渠道效率低下）。为了量化和理解这三种流程在供应链绩效中的联合作用，我们提供了一个统一的框架，其中包括以往文献中广泛研究的各种契约（例如批发价格契约、回购契约、回扣契约和收益共享契约）。

理论分析表明，信息泄露是由于预期的供需不匹配成本造成的。换句话说，供需不匹配除了促使企业在补货决策中发挥众所周知的作用外，还推动了企业的信息需求。我们的研究还表明，仅在企业之间分配库存流量而没有适当分配库存风险的契约，不能防止供应链中的信息泄露，分配存货风险（即供应-需求不匹配成本）与资金流分配的结合对于防止信息泄露来说是必要的。此外，我们说明了防止信息泄露的契约的性质（即充分条件），并对产生的订单数量和利润进行了量化。

这项研究还使我们能够根据在供应商和零售商之间如何分担供应链的库存风险来对契约进行分类。如果通过将部分超额成本转移给供应商来有效降低库存过剩的成本（由于潜在的低需求而产生的下行风险），可以将契约定义为下行保护契约。这种转变鼓励零售商增加库存，因为它们现在不再担心潜在的低需求，因此可以保护供应链免受潜在的下行风险（低需求），回购契约和收益共享契约就属于此类。

如果通过将一些超额成本转移给零售商来有效地增加零售商的库存短缺成本（由于潜在的高需求而带来的上行风险），可以将契约定义为上行保护契约。这种转变鼓励零售商也增加库存，但这是因为零售商更关注潜在的高需求，因此保护了供应链的上行风险（高需求），罚款契约和回扣契约就属于此类。

如果契约增加了零售商的库存短缺成本，同时又通过在公司之间重新分配库存风险来减少库存过剩的成本，可以将契约定义为双向保护契约，某些回扣契约和回购契约的组合属于此类。

最后，如果仅旨在重新分配资金流量，而不转移任何一方的库存短缺成本或多余库存成本，可以将契约定义为无保护契约，批发价格契约和二部定价契约就属于此类。以上四类契约在一起是互斥的，并且是穷举的，也就是说，它们涵盖了一大类供应链契约。

研究表明，无保护契约不能防止信息泄露，而其他三个类别的契约可以这样做。这展示了在一个竞争激烈的市场中，每个零售商以最佳方式需要订购多少。对由此产生的供应链利润和渠道效率进行了量化，并表明通过某些契约（如双向保护契约）防止信息泄露会导致渠道效率低下（即企业公开留下的钱）。我们还将说明研究各种契约的统一框架如何帮助公司选择效果最佳的契约（在那些防止信息泄露的契约中）并几乎协调的渠道。

第三节　模型框架

在这里，我们首先对两个竞争零售商及其供应商之间的相互作用进行建模，不确定的需求代表了零售商所感知的总体市场状况，并提供了由此产生的利润。介绍该模型时，不需要指定契约类型。其次，我们通过提供具体例子来说明该模型如何涵盖多种契约类型。最后，我们会介绍契约分类，这对于确定防止信息泄露的契约的性质非常有用。

一、事件的顺序和预期利润

考虑一个供应链，其中有一个供应商（由 s 表示）和两个销售替代产品的竞争零售商。在销售季节，每个零售商都被赋予了不确定的需求。每个零售商的需求状态是高或低，可能与另一个零售商的需求状态相关。其中一位零售商（“在位者”，由 i 表示）在销售旺季开始之前就了解自身的需求状态 $t_i \in \{H, L\}$，因为其与最终客户的关系很好。

但是，另一个零售商（“进入者”，由 e 表示）不知道其自身的需求状态 $t_e \in \{H, L\}$。当在位者的需求状态为 $t_i \in \{H, L\}$ 时，在位者的需求由 $D_i = \mu_{t_i}^i + \eta\varepsilon$ 表示，$\mu_{t_i}^i$ 项表示在位者在时刻 t_i 的需求均值，且 $\mu_H^i > \mu_L^i$；$\eta\varepsilon$ 表示不可预测的需求对现有市场的冲击，随机变量 ε 表示非系统的总市场不确定性，在 $\left[\underline{\varepsilon}, \bar{\varepsilon}\right]$ 上具有零均值，严格递增累积分布函数 $F(x)$ 和概率分布函数 $f(x)$，$\eta \in (0, 1)$ 项表示非系统性总市场不确定性对现有市场的影响。同样，当进入者的需求状态为 $t_e \in \{H, L\}$ 时，其需求由 $D_e = \mu_{t_e}^e + (1-\eta)\varepsilon$ 给出，且 $\mu_H^i > \mu_L^i$。$1-\eta$ 项表示非系统的总体市场不确定性对进入者需求的影响。

在位者的需求处于高状态 $t_i = H$，先验概率是 $\lambda \in (0, 1)$；或者处于低状态 $t_i = L$，概率为 $1-\lambda$。需要指出的是，在位者肯定知道其需求状态；但是，进入者仅知道在位者的需求状态很高，概率为 λ。零售商的需求状态是相关的，如果在位者的需求状态为 $t = H$，则进入者的需求处于高状态 $t = H$ 的概率为 $\lambda \in [0, 1]$；或处于低状态 $t = L$，概率为 $1-\lambda$。如果在位者的需求状态为 $t_i = L$，则进入者的需求处于低状态 $t_e = L$，概率为 1。换句话说，在位者比新进入者对产品的时尚趋势和市场状况有更深刻的了解。在位者对市场知识的精通以及运作良好的既有业务模式使其能够比进入者吸引更多的客户。因此，当在位者的市场条件良好时 $(t_i = H)$，进入者的市场条件可能会好，也可能不会很好。在当前市场状况不佳时 $(t_i = L)$，则入市者的市场状况再好不过了。

事件的顺序如下：

(1)供应商和两个零售商达成契约 T 指定金融和产品交付条款。

(2)在位者观察其需求状态 $t_i \in \{H, L\}$ 和从供应商处订购 q_i 单位产品使其预期利润最大化，预计供应商可能会将此订单信息泄露给进入者。

(3)供应商决定是否向进入者透露现订购数量。

(4)考虑到泄露的信息（如有泄露），进入者向供应商订购 q_e 单位产品。因此，在位者和供应商或者进入者之间的相互作用导致出现了一个信号博弈。

(5)供应商按每单位成本 c 生产，并向在位者交付 q_i 单位产品和向进入者交付 q_e 单位产品。

(6)两个零售商的需求都实现了。

零售商根据以下规则满足需求：每个零售商首先从可用库存中满足自己的需求（主

要需求来源)；接下来，如果零售商$l \in \{i,e\}$无法满足其所有的需求D_1，则零售商l的未满足需求的部分$a_{lk} \in [0,1]$溢出，并寻找零售商$k \neq l$。零售商k尽可能多地满足从零售商l(第二需求来源)溢出的需求。因此，零售商k的总有效需求为

$$\bar{D}_k = D_k + a_{lk}\left(D_l + q_l\right)^+ \tag{17-1}$$

上式取决于其他零售商l的订单数量q_l。从零售商k的总有效需求函数中减去q_l，以确保表述清晰。满足一个单位需求的零售价是$p > c$。根据契约条款T，资金和产品被转移。未售出的产品没有残值，除两个零售商需求状态外的所有信息都已知。

下面，我们以最一般的形式介绍由此产生的利润函数，这不需要指定契约条款，这种一般形式是确定影响均衡策略的契约的关键特征。在本节的后面，说明了许多广泛使用和经过仔细研究的供应链契约，如回购契约和收益共享契约都可以用这种通用形式表示。

以在位者的需求状态$t_i \in \{H, L\}$为条件，公司的总预期利润不取决于契约T，而是由下式给出

$$\pi_{t_i}^I(q_i, q_e) = (c_u^I + c_o^I)E_{t_e}[E_\varepsilon[\min\{\overline{D}_i, q_i\} + \min\{\overline{D}_e, q_e\}] \mid t_i] - c_o^I(q_i + q_e) \tag{17-2}$$

$E_{t_e}[x]$是关于进入者需求状态t_e的期望，期望$E_{t_e}[x]$与ε有关，$c_u^I = p - c$和$c_o^I = c$分别为公司的单位未足额成本和超额成本。

以在位者的需求状态$t_i \in \{H, L\}$为条件，在位者的预期利润取决于契约T，由下式给出

$$\pi_{t_i}^I(q_i, q_e; T) = (c_u^r + c_o^r)E_{t_e}[E_\varepsilon[\min\{\overline{D}_i, q_i\} \mid t_i] - c_o^r q_i - h^i \tag{17-3}$$

其中$c_u^r > 0$，$c_o^r > 0$分别为零售商的单位未足额成本和超额成本。正(负)h^i代表由在位者向(从)供应商支付(收取)的固定费用；也就是说，转账与订单数量和在位者的需求状态无关。未足额和超额成本仅取决于契约T，固定费用可能同时取决于契约T和事前指定的可能的需求实现值。从这些成本函数减去T是为了表述清晰。相反，需要时可在文本中明确声明这种依赖关系。

同样，在位者的需求状态$t_i \in \{H, L\}$的条件下，进入者的预期利润取决于契约T，由下式给出

$$\pi_{t_i}^e(q_i, q_e; T) = (c_u^r + c_o^r)E_{t_e}[E_\varepsilon[\min\{\overline{D}_e, q_e\} \mid t_i] - c_o^r q_e - h^e \tag{17-4}$$

式中，h^e代表进入者和供应商之间转移的固定费用。

在位者的需求状态$t_i \in \{H, L\}$的条件下，供应商的预期利润为

$$\begin{aligned}\pi_{t_i}^s(q_i, q_e; T) &= \pi_{t_i}^I(q_i, q_e) - \pi_{t_i}^i(q_i, q_e; T) - \pi_{t_i}^e(q_i, q_e; T) \\ &= (c_u^s + c_o^s)E_{t_e}[E_\varepsilon[\min\{\overline{D}_i, q_i\} + \min\{\overline{D}_e, q_e\}] \mid t_i] - c_o^s(q_i + q_e) + h^i + h^e\end{aligned} \tag{17-5}$$

其中$c_u^s \triangleq c_u^I - c_u^r$是供应商的单位未足额成本，$c_o^s \triangleq c_o^I - c_o^r$是供应商的单位足额成本。假设$c_u^s, c_o^s \neq 0$，供应商单位未足额和超额成本取决于契约$T$（也就是说，$c_u^s$和$c_o^s$取决于契约条款），可能是正的也可能是负的，这与零售商的单位未足额和超额成本不同。

二、契约示例

接下来，我们将提供示例来说明如何从上述一般利润函数中得出各种契约下的利润函数。

(1)批发价格契约(w)：每个零售商为订购的每单位产品向供应商支付$w \in (c, p)$。零售商和供应商的利润由式(17-3)、式(17-4)和式(17-5)给出，其中$h^i = 0, h^e = 0, c_u^r = p - w, c_o^r = w, c_u^s = w - c, c_o^s = -(w - c)$。

(2)两部定价契约(w, F_i, F_e)：供应商向在位者和新进入者一次性收取总金额，除每单位批发价w外，还分别支付F_i和F_e。零售商和供应商的利润由式(17-3)、式(17-4)和式(17-5)给出，其中$h^i = F, h^e = F, c_u^r = p - w, c_o^r = w - b, c_u^s = w - c, c_o^s = b - (w - c)$。

(3)回购契约(w, b)：每个零售商对每单位产品向供应商支付$w \in (c, p)$。在销售季节结束时，供应商以单价$b \in (0, w)$从零售商处回购未售出的库存。零售商和供应商的利润由式(17-3)、式(17-4)和式(17-5)给出，其中$h^i = 0, h^e = 0, c_u^r = p - w, c_o^s = w - b, c_u^s = w - c, c_o^s = b - (w - c)$。

(4)收益共享契约(w, f)：每个零售商对每单位产品向供应商支付$w \in (c, p)$。在销售季节结束时，每个零售商保留销售收入的部分为$f \in (0, 1)$，转给供应商的销售收入的部分为$1 - f$。契约的条款是$w \in \left[\left(c - (1 - f)p\right)^+, fp\right]$，因为如果$w \geqslant fp$，零售商将获得负利润；如果$w \leqslant 0$，零售商将订购无限量产品；如果$w \leqslant c - (1 - f)p$，供应商将获得负利润。零售商和供应商的利润由式(17-3)、式(17-4)和式(17-5)给出，其中$h^i = 0, h^e = 0, c_u^r = fp - w, c_o^s = w, c_u^s = (1 - f)p + w - c, c_o^s = b - (w - c)$。

(5)罚款契约(w, u)：每个零售商向供应商对于订购的每单位产品支付$w > c$。在销售季节结束时，供应商针对每个零售商在自己的市场中未满足的需求向每家零售商收取单位罚款价格u。对于在满足自己需求后又满足另一零售商需求的零售商，供应商以其对另一零售商满足的需求以单位奖励价格$u > 0$奖励供应商。契约条款如下：$u > (w - p)^+$，因为不订购任何商品可使零售商的利润最大化。零售商和供应商的利润由式(17-3)、式(17-4)和式(17-5)给出，其中$h^i = uE_{t_i}[\mu_t^i], h^e = uE_t[\mu_{t_e}^e], c_u^r = p - w + u, c_o^s = w, c_u^s = w - u - c, c_o^s = -(w - c)$。

(6)回扣契约(w, r, K)：每个零售商$k \in \{i, e\}$对于订购的每单位产品给供应商支付$w > c$以及固定费用K^k。在销售季节结束时，供应商会为零售商提供每销售一件商品的

返利奖励 $r>0$。契约的条款是 $r>(w-p)^{+}$，因为不这样做零售商将获得负利润。零售商和供应商的利润由式(17-3)、式(17-4)和式(17-5)给出，其中 $h^{i}=K^{i}$，$h^{e}=K^{e}$，$c_{Uo}^{r}=p-w+r$，$c_{u}^{s}=w$，$c_{o}^{s}=w-r-c$，$c^{s}=-(w-c)$。

三、契约分类

我们的研究目标是确定一系列契约的属性，对于这些契约供应商，不会将现有的订单数量信息泄露给进入者。根据供应商和零售商之间如何分担库存风险，我们将契约分为四类，这种分类在确定影响均衡结果的条件中起着关键作用。

(一)下行保护契约

如果零售商在此契约下的单位超额成本低于在批发价格契约下的单位超额成本，而其单位未足额成本相同，则该契约属于此类别。换句话说，与批发价格契约相比，此类契约通过将多余库存的成本转移给供应商，有效降低了零售商的多余库存成本(由于面临潜在的低需求而产生的下行风险)。由于拥有过多库存的成本降低了，因此这些契约为零售商订购和携带更多库存提供了动力。

下行保护契约可以保护供应链免受下行风险。注意到 $c_{U}^{s}=c_{u}^{I}-c_{u}^{r}$，$c_{o}^{s}=c_{o}^{I}-c_{o}^{r}$，因此这些契约增加了供应商的超额成本，同时又保持了未足额成本不改变。此外需要注意的是，根据批发价格契约，$c_{Uu}^{s}>0$ 和 $c^{s}+c_{o}^{s}=0$，因此所有此类别的契约满足条件 $c_{u}^{s}>0$ 和 $c_{u}^{s}+c_{o}^{s}=0$，以及 $c_{u}^{r}>0$ 和 $c_{o}^{r}>0$。回购契约和收益共享契约的目标是减少零售商的下行风险，因此这些契约是下行保护契约。

(二)上行保护契约

如果零售商使用契约的每单位未足额成本高于批发价格契约的每单位未足额成本，而其每单位超额成本相同，则该契约属于上行保护契约。换句话说，与批发价格契约相比，此类契约通过将库存不足的成本转移给零售商，有效地增加了零售商的库存短缺成本(由于面临潜在的高需求而带来的上行风险)。由于库存短缺使成本变得更高，因此这些契约为零售商提供了动机，去订购和携带更多库存。因此，这些契约可以保护供应链以应对上行风险。注意到 $c_{u}^{s}=c_{u}^{I}-c_{u}^{r}$，$c_{o}^{s}=c_{o}^{I}-c_{o}^{r}$，因此这些契约在减少供应商未足额费用的同时保持其足额成本不变。回想一下，批发价格契约具有 $c_{o}^{s}<0$ 和 $c_{u}^{s}+c_{o}^{s}=0$ 的属性。因此，该类别中的所有契约均满足 $c_{o}^{s}<0$ 和 $c_{u}^{s}+c_{o}^{s}<0$ 以及 $c_{u}^{r}>0$ 和 $c_{o}^{r}>0$。惩罚契约和回扣契约的目标是增加零售商的上行风险。因此，这些契约是上行保护契约。

(三)双向保护契约

如果在某契约下，零售商单位未足额成本大于其在批发价格契约下的每单位未足额成本，且在该契约下的单位超额成本小于其在批发价格契约下的单位超额成本，则该契约属于双向保护契约。换句话说，与批发价格契约相比，此类契约增加了库存短缺成本(上行风险)，同时通过重新分配零售商之间的供需不匹配成本来降低其过剩库存成本(下行风险)。因为库存短缺成本更高，库存过剩成本更低，因此这类契约为零售商提供了订购和携带更多库存的动力。双向保护契约可以保护供应链免受上行风险和下行风险。注意,根据任何批发价格契约,都有 $c_u^s > 0$, $c_o^s < 0$ 以及 $c_u^s + c_o^s = 0$,因此该类别中的所有契约都满足以下属性:$c_u^s \leqslant 0$ 和 $c_o^s \geqslant 0$, c_u^s, $c_o^s \neq 0$, $c_u^r > 0$ 和 $c_o^r < 0$。有学者(Taylor,2002)研究的一些回扣契约和回购契约的组合就属于双向保护契约。

(四)无保护契约

如果零售商根据契约的每单位未足额成本和超额成本分别与其与批发价格契约的每单位未足额成本和超额成本相同,则该契约属于无保护契约。换句话说,这类契约不会将库存风险(由不确定的需求导致的超额成本或短缺成本)从一家公司转移到另一家公司。因此,这些契约不能保护供应链免受上行或下行风险。无保护契约主要用于转移和共享利润(即重新安排资金流)而不改变库存风险状况。注意,$c_u^s = c_u^I - c_u^r$, $c_o^s = c_o^I - c_o^r$。回想一下批发价格契约具有的属性使 $c_u^s > 0$ 和 $c_o^s < 0$,以及 $c_u^s + c_o^s = 0$。因此,无保护契约中的所有契约都满足以下属性:$c_u^s > 0$ 和 $c_o^s < 0$, $c_u^s + c_o^s = 0$,以及 $c_u^r > 0$ 和 $c_o^r > 0$。批发价格契约和二部定价契约既不会增加零售商的上行风险,也不会降低零售商的下行风险,因此它们属于无保护契约的范畴。

上述四类契约在不依赖预先定义的可能需求场景的契约类别中,是全面且互斥的。任何这样的供应链契约恰好属于这四种类型契约中的一种。后面我们将阐明为什么要介绍这四类契约。简单地说,我们证明了在不受保护的契约下供应商总是有泄露信息的动机(即不存在无泄露均衡);相反,仅当企业使用下行保护契约、上行保护契约或双向保护契约时,供应商才可能有动力不泄露信息(即存在无泄露均衡)。换句话说,仅在企业之间分配资金流而没有适当分配存货风险的契约,不能防止供应链中的信息泄露。此外,我们为每个类别推导了必要和充分的非泄露条件,并就这些条件和所产生的契约的利润含义提供了易懂的见解。

第四节 基准分析

通过确定供应商的决定来考虑两个基准:第一个基准是假设供应商从不向进入者泄露现有的订单数量信息,第二个基准是假设供应商总是泄露该信息。可以设想这样一种情况,即采用严格的契约条款来防止任何泄露(与第一个基准相对应),或者在另一种情况下,所有三家公司都知道在位者的需求状态(与第二个基准相对应)。在第一个基准中,零售商的均衡订单量对应于供应商没有动机向进入者泄露现有订单量的均衡下的订单量。在第二个基准中,零售商的均衡订单量对应于供应商有泄露动机的均衡下的订单量。在后文中,我们将使用这些基准来确定无泄露均衡条件。

将零售商的临界比率表示为

$$z_r \triangleq \frac{c_u^r}{c_u^r + c_o^r} \tag{17-6}$$

零售商的临界比率取决于契约 T。下面的引理将用于推导和描述均衡订购量和激励相容条件。

引理 1：在契约 T 下，假设在位者的需求状态为 $t_i \in \{H, L\}$，则有以下结果：

(1) 在位者对进入者的订单数量为 q_e 的最佳反应为 $q_{it_i}^*(q_e, z_r) = \arg\max_{q_i \geqslant 0} \prod_{t_i}^{i}(q_i, q_e;\ T)$ 在 q_e 中减少，并且大于 $\mu_{t_i}^i + \eta F^{-1}(z_r)$。在进入者对在位者的订单数量为 q_i 的最佳反应为

$$\begin{aligned} q_e^*(q_i, \lambda;\ z_r) &= \arg\max_{q_e \geqslant 0} \lambda \prod\nolimits_H^e(q_i, q_e;\ T) + (1-\lambda) \prod\nolimits_L^e(q_i, q_e;\ T) \\ &\triangleq \arg\max_{q_e \geqslant 0} \prod\nolimits^e(q_i, q_e, \lambda;\ T) \end{aligned} \tag{17-7}$$

上式在 q_i 中减少，在 μ_H^i 和 λ 中增加，并且大于 $\mu_L^e + (1+\eta) F^{-1}(z)$。

(2)在位者的预期利润为 $\prod_{t_i}^{i}(q_i, q_e;\ T)$，其在 $q_i \in [0, q_{it_i}^*(q_i, z_r)]$ 中增加，在 $q_i \in R_+$ 中减少。

(3)在充分信息和纳什博弈下，假设进入者准确地知道需求状态 $t_i \in \{H, L\}$，并且两个零售商同时向供应商下单，则存在一个纳什均衡 $\left[q_{it_i}^F(z_r), q_{et_i}^F(z_r)\right]$，其中有

$$\begin{aligned} q_{iH}^F(z_r) &= q_{iH}^*(q_{eH}^F(z_r);\ z_r) \\ q_{eH}^F(z_r) &= q_e^*(q_{iH}^F(z_r), 1, z_r) \\ q_{iL}^F(z_r) &= q_{iL}^*(q_{eL}^F(z_r), z_r) = \mu_L^i + \eta F^{-1}(z_r) \\ q_{it_i}^F(z_r) &= q_e^*(q_{iL}^F(z_r), 0, z_r) = \mu_L^e + (1-\eta) F^{-1}(z_r) \end{aligned}$$

且满足下列性质

$$q_{iH}^F(z_r) > q_{iL}^F(z_r), q_{iH}^F(z_r) > q_{iL}^F(z_r)$$

(4)在充分信息和斯塔克尔伯格博弈下，假设进入者准确地知道需求状态 t_i，并且进入者在了解在位者的需求状态为 q_i 之后向供应商下单，则在位者的均衡订单数量为

$$q_{it_i}^s(z_r) \triangleq \arg\max_{q_i \geqslant 0} \prod\nolimits_{t_i}^{i}(q_i, q_e^*(q_i, 1\{t_i = H\};\ z_r);\ T)$$

并且有 $q_{iHr}^S(z) > q_{iHr}^F(z)$ 和 $q_{iL}^S(z) = q_{riLr}^F(z)$，进入者的均衡订单数量为

$$q_{et_i}^s(z_r) \triangleq q_e^*(q_{it_i}^s(z_r), 1\{t_i = H\};\ z_r)$$

并且满足 $q_{e_H}^s(z_r) \in \left[q_{e_L}^F(z_r), q_{e_H}^F(z_r)\right]$ 和 $q_{e_L}^s(z_r) = q_{e_L}^F(z_r)$。

引理 1 表示零售商彼此之间的最佳反应，以及由此产生的利润和均衡订单数量。它表明零售商的临界比率是一个充分的统计量，它决定了零售商对彼此订货数量的最佳响应。

引理 1 第(1)部分描述了每个零售商的最佳响应订单数量。注意，当其中一个零售商(在位者或进入者)的订单增加时，另一零售商的订单减少。随着库存水平的提高，每个

零售商都更有可能满足自己的需求,从而减少对其他零售商的溢出效应,进而减少供应商的订单。但是,无论其他零售商的订单量是多少,每个零售商都至少要订购最少数量的产品,如在位者最佳订单最少为$\mu_{ti}^{i}+\eta F^{-1}(z)$单位产品。当在位者仅面对其主要需求来源$D$时,这个数量是最佳的报童订购数量。如果在位者未从进入者那里收到任何溢出需求(例如$a_{ie}=0$),则此最小订单将是在位者的最佳订单数量。因此,现有的订单和库存足以对冲至少是在位者的不确定需求,加上一些额外的以满足进入者可能的溢出需求。同样,进入者的最小订购量为$\mu_{L}^{e}+\left(1-\eta\right)F^{-1}(z)$。此外,当在位者面临较大的市场规模时,进入者订购更多的产品,或者是进入者认为在位者的市场规模更有可能处于高需求状态,因为在这种情况下,在位者的未被满足的需求更可能溢出到进入者那里。

引理1第(2)部分表明,如果一个零售商从供应商处订购更多的产品,则每个零售商的利润将减少,因为每个零售商将面临来自次要需求源的更低需求(即其他零售商的未满足的需求)。每个零售商都会增加其最优订购量,来增加其相应的利润,直到达到第1部分中指定的最佳响应订购量为止。这些观察部分说明了为什么一个现有的零售商希望其订单数量(或其需求状态的情况)是保密的,而不是泄露给进入的零售商。

引理1第(3)部分说明了两个零售商从供应商处订购而不观察彼此的订单决策和在位者的已知的需求状态(即在全部信息下)。当进入者知道在位者是低需求状态$t_i=L$时,纳什均衡将仅对自己的不确定需求(主要需求来源)进行排序和对冲。换句话说,在低需求状态下,零售商不会为了满足他人未满足的需求而额外订购。然而,当在位者是高需求状态$t_i=H$时,它们的订单都超过了它们各自的主要需求来源的最优水平,以竞争满足未填补的(即溢出)其他零售商的需求。

引理1第(4)部分显示了当进入者在向供应商下订单之前观察了在位者的订单数量(或供应商总是泄露此信息)时发生的情况。当竞争者知道在位者的需求状态为$t_i=L$时,则子博弈的完美均衡将仅对自己的不确定需求(主要需求来源)进行订购和对冲,如第(3)部分所述。在低需求状态下,零售商不会为了满足他人未满足的需求而订购更多商品。但是,当进入者知道在位者为高需求状态$t_i=H$时,两个零售商都订购了超出其各自主要需求来源最佳水平的订单,并竞争满足次要需求来源(即其他零售商溢出的需求)。但是,与第(3)部分纳什博弈下的均衡不同,在这种情况下,在位者的竞争更加激烈。

特别需要指出的是,在位者利用其先发优势,订购的数量比其在同时移动博弈下订购的数量要高,即$q^{s}(z)\geqslant q^{F}\left(z_{r}\right)$,以阻止进入者利用其在连续移动博弈中获得的市场信息(即在位者的订购数量)。这样一来,在位者就难以进入竞争并追逐在位者未满足的需求。结果,进入者的次要需求来源减少了(也就是说,来自与同时移动博弈相比的需求)。因此,作为第二推动者的进入者,最优订购的数量将小于其在同时移动博弈中所订购的数量,即$q_{eH}^{s}(z_{r})>q_{eH}^{F}(z_{r})$。

一、基准Ⅰ:供应商从不泄露信息

假设供应商从不泄露在位者的订单数量,此基准可帮助在无泄露均衡(如果存在)中表示零售商的订单数量。在该均衡中,供应商不会将在位者的订单数量泄露给进入者。于是,进入者无法从在位者的订单数量推断出在位者的需求状态。因此,进入者的订单数量不取决于在位者需求的状态。在在位者的需求状态下,在位者和进入者在信息不对称的条件下同时进行移动博弈。引理1第(3)部分(即具有完整信息的纳什博弈)帮助利用不对称信息(如以下定理所述的)来表示该博弈的贝叶斯-纳什均衡。

定理1:根据契约T,假设供应商从不泄露信息,则有一个贝叶斯-纳什均衡,作为以下方程的解:

当$t_i \in \{H,L\}$时,$q_{it_i}^N(z_r) \triangleq \arg\max_{q_i \geq 0} \prod_{t_i}^{i}(q_i, q_e^N(z_r); T)$

$$q_e^N(z_r) \triangleq \arg\max_{q_e \geq 0} \lambda \prod_H^e (q_{iH}^N(z_r), q_e; T) + (1-\lambda) \prod_L^e (q_{iL}^N(z_r), q_e; T) \quad (17\text{-}8)$$

上述方程具有以下性质:

(1)$q_{iH}^N(z_r) > q_{iH}^F(z_r)$,$q_{iL}^N(z_r) = q_{iL}^F(z_r)$。

(2)$q_e^N(z_r) \in \left[q_{eL}^F(z_r), q_{iH}^F(z_r)\right]$。

回想引理1的第(3)部分,如果进入者要知道在位者的需求状态,那么当$t \in \{H,L\}$时,其均衡订货量将是$q^F(z)$。但进入者不能根据在位者的需求状态做出订购决定,因为供应商承诺不会泄露在位者的订购量给进入者。因此,进入者在在位者的高需求与低需求状态的可能性之间取得最佳平衡,并且选择一个中间订单数量$q^N(z)$,即落在完全信息情况下的最佳订货量之间,就是介于$\left[q_{eL}^F(z_r), q_{eH}^E(z_r)\right]$之间。

就预测进入者的订购策略而言,当需求状态很高时,现有订单超过其下达的订单数量$q_{iH}^F(z_r)$,因为进入者下达的订单数量$q_{eH}^F(z_r) - q_e^N(z_r)$小于最优值(前提是进入者知道在位者的需求状态很高)。也就是说,在位者知道其更有可能面对进入者的未满足的高需求(溢出),所以在位者订购和存储的商品要比在完整信息下所订购的商品多得多$\left[q_{iH}^N(z_r) > q_{iH}^F(z_r)\right]$,这是为了捕获由进入者的信息缺陷所引起的额外需求流。但是,当需求状态很低时,在不知道此信息的情况下,进入者订购的商品超过了所需数量,较高的订货量可能会导致对现有企业的溢出需求减少。这样一来,在预期到这一结果的情况下,在位者最优地订购了最小且最佳的响应订单数量$q_{iL}^F(z_r)$。

正如从引理1的第(3)部分所知的那样,这仅对冲在位者不确定的主要需求来源的订单数量。因此,如果供应商没有泄露在位者的订单信息,那么在位者的订货量至少是其在完整信息情况下所确定的订货量。但是,当在位者的需求状态很高时,进入者最终从供应商那里订购的量减少了。注意,如果供应商决定何时将高需求状态泄露给进入者,其将在泄露信息的收益(即来自进入者的较高订单数量)与成本(即来自在位者的较低订单数量)之间进行权衡。稍后我们将重新讨论这种权衡,以获得非泄露均衡条件。还要注意,与引理1类似,零售商的临界比率是一个充分的统计量,它决定了无泄露均衡订单数量。

二、基准二:供应商总是泄露信息

假设供应商总是向进入者泄露现有的订单信息,在此情况下,进入者对在位者的需求状态形成后验信息,并根据在位者的订单数量和更新后的信息确定其最佳响应订单数量。该基准描述了一个完美的贝叶斯均衡(PBE),其中包括两个零售商的均衡订单量,以及进入者如何更新其对现有需求状态的信息。引理1的第(4)部分(即具有完整信息的斯塔克尔伯格博弈)可以帮助描述具有不对称(即不完全)信息的博弈的最终均衡。

定理2:根据契约T,假设供应商总是泄露信息,则存在PBE,结果如下:

有$\underline{\mu}_H^i \geqslant \mu_L^i$,对$\mu_H^i \in (\mu_L^i, \underline{\mu}_H^i)$有$\underline{\lambda}(\mu_H^i) \in (0,1]$,$\underline{\lambda}(\mu_H^i)$在$\mu_H^i \in (\mu_L^i, \underline{\mu}_H^i)$上是$\underline{\lambda}(\mu_H^i)$递增的。

1.(分离均衡)当$\mu_H^i \geqslant \underline{\mu}_H^i$时,有

(1)在位者的订单数量为

$$q_{it_i}^A(z_r)=\begin{cases} q_{iH}^s(z_r),\ t_i=H \\ q_{iL}^F(z_r),\ t_i=L \end{cases}$$

(2)当被告知在位者的订单数量q后,进入者对在位者的需求状态高的后验概率为

$$\lambda_e(q_i,z_r)=\begin{cases} 1,\ q_i \neq q_{iL}^F(z_r) \\ 0,\ q_i = q_{iL}^F(z_r) \end{cases}$$

(3)进入者对在位者的订单数量q_i的最佳反应是

$$q_e^A(q_i,z_r)=\begin{cases} q_e^*(q_i,1,z_r),\ q_i \neq q_{iL}^F(z_r) \\ q_e^*(q_i,0,z_r),\ q_i = q_{iL}^F(z_r) \end{cases}$$

在 PBE 中,在位者的订单数量是$q^A(z)$,进入者的订单数量为

$$q_e^A(z_r)=\begin{cases} q_{eH}^s(z_r),\ q_{it_i}^A(z_r)=q_{iH}^s(z_r) \\ q_{eL}^F(z_r),\ q_{it_i}^A(z_r)=q_{iL}^s(z_r) \end{cases}$$

2.(混合均衡)当$\mu_H^i \in (\mu_L^i, \underline{\mu}_H^i)$且$\lambda \in [0, \underline{\lambda}(\mu_H^i)]$时,有

(1)在位者的订单数量由下式给出

$$q_{it_i}^A(z_r)=q_{iL}^F(z_r),\ \forall t_i \in \{H,L\}$$

(2)当被告知在位者的订单数量q_i后,进入者对在位者的需求状态是高状态的后验概率为

$$\lambda_e(q_i,z_r)=\begin{cases} 1,\ q_i \neq q_{iL}^F(z_r) \\ \lambda,\ q_i = q_{iL}^F(z_r) \end{cases}$$

(3)进入者对在位者的订单数量 q_i 的最佳反应是

$$q_e^A(q_i,z_r)=\begin{cases}q_e^*(q_i,1,z_r),\ q_i\neq q_{iL}^F(z_r)\\ q_e^*(q_i,\lambda,z_r),\ q_i=q_{iL}^F(z_r)\end{cases}$$

在 PBE 中,在位者的订单数量是 $q_{iL}^F(z_r)$,进入者的订单数量为

$q_e^A(z_r)=q_e^*(q_{iL}^F(z_r),\lambda;z_r)$,且大于 $q_{eL}^F(z_r)$。

3.(半分离均衡)当 $\mu_H^i\in(\mu_L^i,\underline{\mu}_H^i)$ 且 $\lambda\in(\underline{\lambda}(\mu_H^i),1)$ 时,有:

(1)在位者的订单数量由下式给出

$$q_{et_i}^A(z_r)=\begin{cases}q_{iH}^s(z_r)w.p.p^{ss},\ q_{iL}^F(z_r)w.p.1-p^{ss},t_i=H\\ q_{iL}^F(z_r),\ t_i=L\end{cases}$$

p^{ss} 是以下方程的解

$$\prod\nolimits_H^i(q_{iH}^s(z_r),q_e^*(q_{iH}^s(z_r),1;z_r);T)=$$

$$\prod\nolimits_H^i\left(q_{iL}^F(z_r),q_e^*(q_{iL}^F(z_r),\frac{\lambda(1-p^{ss})}{\lambda(1-p^{ss})+(1-\lambda)};z_r);T\right)$$

(2)当被告知在位者的订单数量 q_i 后,进入者对在位者的需求状态是高状态的后验概率为

$$\lambda_e(q_i,z_r)=\begin{cases}1,\ q_i\neq q_{iL}^F(z_r)\\ \bar{\lambda},\ q_i=q_{iL}^F(z_r)\end{cases}$$

其中 $\bar{\lambda}\triangleq\dfrac{\lambda(1-p^{ss})}{\lambda(1-p^{ss})+(1-\lambda)}$ 并严格小于 λ。

(3)进入者对在位者的订单数量 q_i 的最佳反应是

$$q_e^A(q_i,z_r)=\begin{cases}q_e^*(q_i,1,z_r),\ q_i\neq q_{iL}^F(z_r)\\ q_e^*(q_i,\bar{\lambda},z_r),\ q_i=q_{iL}^F(z_r)\end{cases}$$

在 PBE 中,在位者的订单数量是 $q_{it_i}^A(z_r)$,进入者的订单数量是

$$q_e^A(z_r)=\begin{cases}q_{eH}^s(z_r), & q_{it_i}^A(z_r)=q_{iH}^s(z_r)\\ q_e^*(q_{iL}^F(z_r),\bar{\lambda},z_r), & q_{it_i}^A(z_r)=q_{iL}^F(z_r)\end{cases}$$

$q_e^A(z_r)$ 大于 $q_{eL}^F(z_r)$,这些均衡符合直观的标准。

上述定理表明,当供应商总是泄露信息时,会出现以下几种类型的均衡:

(1)当在位者的需求状态较低时,其没有动机假装处于高需求状态,也就是说,其总是在所有均衡中要求 $q_{iL}^A(z_r)=q_{iL}^F(z_r)$。

(2)当在位者的需求状态高时,其分别在高需求状态 q_{iHr}^S 和低需求状态 $q_{iHr}^F(z)$ 下的均衡订单量之间进行选择。然而,在这种情况下,在位者可以通过订购 $q_{iL}^F(z_r)$ 单位产品来误导进入者相信其需求状态是低的。

在位者误导进入者的动机取决于与市场环境相关的两个因素:一是在位者的高、低

需求状态的差值$\mu_H^i-\mu_L^i$,二是进入者对在位者正面临高需求状态的可能性的先验概率λ。因此,这两个因素影响了在位者的订购策略,导致了三种类型的PBE:分离均衡、混合均衡和半分离均衡。图17-1说明了市场环境(由$\mu_H^i-\mu_L^i$和λ指定)如何定义均衡类型。

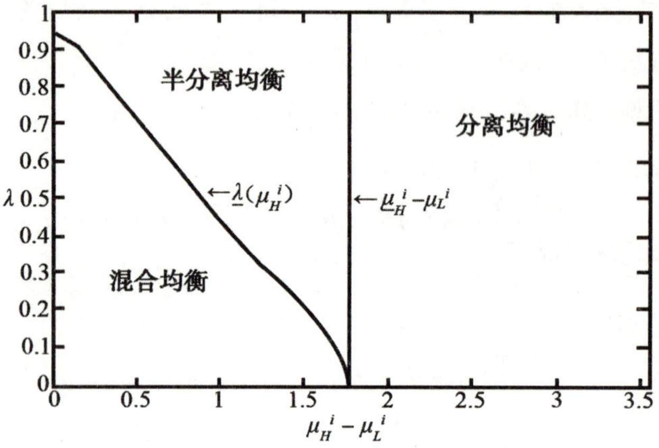

图17-1　当$\mu_H^e=10,\mu_L^e=5,h'=0.5,a_{ie}=0.8,c\sim U=6,z_r=0.7$时,PBE的三种类型

考虑定理2第(1)部分的第一个市场情况,在该情况中,在位者的高、低需求差别很大$\left(\mu_{HL}^i-\mu^i\geqslant\mu_H^i-\mu_L^i\right)$。当在位者的需求状态很高时,假设在位者假装处于低需求状态,通过订购$q_{iL}^F\left(z_r\right)$单位产品,从而诱导进入者减少订单。在这种情况下,进入者的库存量不足,因此其未满足的需求流向了在位者,从而产生了更大的次要需求。但是,为了发出低需求信号,在位者订购得太少,这样一来,其甚至无法充分满足自己的主要需求来源(因为在位者把订单仅对冲低需求状态的情况),更不用说利用进入者的大量溢出效应了。因此,当在位者的高需求状态与低需求状态之间的差异较大时,在位者有动机通过订购$q_{iH}^S\left(z_r\right)$来真实地揭示其需求状态。由此可得到一个分离均衡,在这个均衡中,在位者真实地揭示了其需求状态,而进入者在完整的信息下给出其订单。

考虑定理2第(2)部分的第二个市场情况,在该情况中,在位者的高、低需求差别很小$\left(\mu_{HL}^i-\mu^i\geqslant\mu_H^i-\mu_L^i\right)$。进入者对在位者面临高需求状态的可能性的先验概率$\left[\lambda<\underline{\lambda}\left(\mu_H^i\right)\right]$较低。换句话说,进入者认为在位者极有可能面临低需求状态)。当在位者的需求状态较高时,假设在位者通过订购多于其均衡订单量$q_{iL}^F(z_r)$的货物向进入者发出高需求状态信号。在此情况下,进入者更新其信息,并假设在位者正面临概率为1的高需求状态。因此,进入者也存储更多库存以满足自己的主要需求来源。于是,进入者的未满意需求将减少,进而减少了在位者需求的次要来源。

因此,在位者即使面临高需求,其也有动力订购均衡订单量并发出低需求信号,以增加其次要需求来源(即进入者的溢出需求)。但是,在位者将面临这样一个选择:通过订购比其均衡订购量$q_{iL}^F(z_r)$更多的订单(结果是发出信号并有可能揭示出其真实高需求状态)，在位者可以更好地满足自己的主要需求来源。但需要注意的是，当在位者的高需求状态与低需求状态之间的差异较小时，不能满足自己的一些主要需求来源的预期成本可能由误导进入者的预期收益所主导，从而满足从进入者那里溢出来的大量的次要需求来源。后来利益主导成本，特别是当进入者最初认为在位者不太可能面临高需求的状态时，即$\lambda < \underline{\lambda}(\mu_H^i)$。在这种情况下，如果进入者不更新其关于在位者拥有高需求状态的可能性的先验概率，那么在位者将受益。于是，在位者无论其需求状态如何，最优订购数量都是相同的。因此，进入者在观察了在位者的订单数量后无法更新其信息。

上述市场情况导致了一种市场均衡，在这种均衡中，供应商和进入者都不了解在位者的需求状态。还要注意，在这个均衡中，在位者的订单量和在低在位者-需求状态下的分离均衡中相同，这比在位者在高在位者-需求状态下的分离均衡中所下的订单量要少，即$q_{it_i}^A(z) = q_{riLr}^F(z) < q_{iHr}^S(z)$。然而，在现有需求较低的情况下，新进入者的订单比其在另一种情况下的订单要多，即$q_e^A(z_r) > q_{eL}^F(z_r)$。这一结果是因为进入者不知道均衡中在位者的需求状态，只认为在位者面临高需求状态的概率为λ。因此，其订单比分离均衡订单量多一点，以对冲在位者实际面临高需求状态的可能性。

现在考虑定理2第(3)部分的第三个市场情况，在位者高、低需求状态之间的差异很小$(\mu_{HL}^i - \mu^i < \mu_H^i - \mu_L^i)$，但与第(2)部分不同，进入者对在位者面临高需求状态的先验概率很高。当在位者的需求状态很高时，在位者在发出其需求状态信号时将面临权衡。特别是通过发信号可能让进入者误认为其处于低需求状态。也就是说，通过从供应商处订购数量为$q_{iL}^F(z_r)$的货物，在位者可能会增加其需求来源(因为在位者可能会诱使进入者减少订购)。但是，这样一来，在位者最终可能无法满足自己的主要需求来源(因为在位者的订货和库存量少于高需求状态的最优需求量)。

与之前的情况不同，进入者对在位者面临高需求状态的先验概率很高。当在位者订购相同数量$q_{iL}^F(z_r)$时，无论其需求状态如何(即在总订购策略中)，进入者都无法更新其信息，结果导致进入者继续相信在位者面临着高需求状态并订购了大量产品。因此，这种欺骗并不会实质上增加在位者的第二需求来源。相反，在位者可以在其面临高需求状态时随机化其订购策略(即信号)，即以概率p^{SS}订购$q_{iH}^F(z_r)$单位产品，以$1 - p^{SS}$概率订购$q_{iL}^F(z_r)$单位产品。

这样一来，在位者就会发出混乱的信号，导致进入者无法从订单量中完美地推断出其是否正处于低需求状态。这种情况[即有时通过订购低订单量$q_{iL}^F(z_r)$并暗示在位者正处于低需求状态来发送信号]会导致进入者更新其信息并降低在位者正面临高需求状态的概率，即从λ'降低到λ。如果知道需求的真实状态，那么进入者的订单将少于其所订购的数量。因此，通过高需求状态混淆在位者的信息并欺骗进入者，在位者将面临来自进入者的更多次要需求。总之，当在位者订购和发出其确实处于高需求状态的信号时，进入者了解在位者的需求状态并订购$q_{eH}^s(z_r)$单位产品，以满足高需求状态环境下的顾客需求。在这种情况下，各方都有完整的信息(类似于分离均衡)。

然而，当在位者订购 $q_{iL}^{F}(z_r)$ 单位的货物时，进入者不能完全推断在位者的总需求状态。此时，进入者会更新其信息并订购 $q_e^{A}(z_r)=q_e^{*}(q_{iL}^{F}(z_r),\ \bar{\lambda};\ z_r)$ 单位的货物。在这种情况下，只有在位者知道自己真实的需求状态(类似于均衡)，这个市场情况将导致半分离平衡。还要注意，在这种半分离均衡中，在位者的平均订单比其在分离均衡下的订单要少，即当在位者面临高需求状态时，它有时订购较少以表现低需求状态并欺骗进入者。相比之下，进入者的订购量要大于它在分离均衡中的订购量，也就是说，当在位者面临低需求状态时，进入者无法完全推断出在位者的低需求状态而订购得比 $q_{eL}^{F}(z_r)$ 更多。

第五节　存在无泄露均衡的契约属性

本部分为各种契约提供了无泄露的充分必要条件。此外，我们还说明了无保护契约不能满足这些条件，而下行保护契约、上行保护契约或双向保护契约可以满足这些条件。

一、无泄露的充分必要条件

当且仅当以下两个条件共同成立时才存在无泄露均衡：第一，供应商没有动机将在位者的无泄露均衡订单数量 $q_{it_i}^{N}(z_r)$ 泄露给进入者；第二，在位者没有动机偏离该均衡订单量。我们将第一个条件称为供应商的激励相容性条件，将第二个条件称为在位者的激励相容性条件。

定理3：当且仅当供应商和在位者的激励相容性条件都满足以下几项时，契约 T 防止信息泄露：

一是(供应商的激励相容性条件)当 $t_i\in\{H,L\}$ 且在位者订购 $q_{it_i}^{N}(z_r)$ 时，供应商没有动机将此信息泄露给进入者。当 $t_i\in\{H,L\}$ 时，有

$$\prod_{t_i}^{s}(q_{it_i}^{N}(z_r),q_e^{A}(q_{it_i}^{N}(z_r);\ z_r);\ T)\leqslant\prod_{t_i}^{s}(q_{it_i}^{N}(z_r),q_e^{N}(z_r);\ T)\tag{17-9}$$

其中 $q_e^{A}(q_{iH}^{N}(z_r);\ z_r)\geqslant q_e^{N}(z_r)$。

二是(在位者的激励相容性条件)当在位者的需求状态为 $t_i\in\{H,L\}$ 时，对于在位者的任何订单数量 $q_i\neq q_{it_i}^{N}(z_r)$，供应商都没有动机将此信息泄露给进入者，即

$$\prod_{ti}^{s}\left(q_i,q_e^{A}\left(q_i;\ z_r\right);\ T\right)\leqslant\prod_{ti}^{s}\left(q_i,q_e^{N}\left(z_r\right);\ T\right)\tag{17-10}$$

或者是供应商鼓励将这些信息泄露给进入者，但是在位者无法通过偏离无泄露均衡订货数量 $q_{it_i}^{N}(z_r)$ 而获得更多利润，即

$$\prod_{t_i}^{s}(q_i,\ q_e^{A}(q_i;\ z_r);\ T)\leqslant\prod_{t_i}^{s}(q_{it_i}^{N}(z_r),q_e^{N}(z_r);\ T)\tag{17-11}$$

第1部分建立了供应方不泄露信息的必要条件。通过不将在位者的订单数量信息泄露给进入者，供应商的收入至少与其泄露该信息所获得的收入一样多。注意，供应商的

激励相容性条件要在在位者的高需求和低需求状态下都成立。假设情况并非如此，只有一个条件成立，例如假设供应商在需求中状态较低时没有泄露的动机，而在位者的需求状态较高时则有泄露的动机，从而可以通过诱导进入者订购更多的货物来提高利润。当在位者的需求状态较低时，尽管供应商没有泄露，但进入者可以准确地推断出在位者的需求状态很低，因为进入者知道，如果在位者的需求状态很高，那么供应商就会泄露此信息。不泄露此信息是一个很好的信号，表明在位者的需求状态很低。因此，激励相容性条件要在在位者的两个需求状态下都成立。第2部分给出了在位者没有理由偏离无泄露均衡的条件，因为这样做对在位者获得更多的利润没有好处。

我们注意到，定理3还揭示了信息泄露是由于供需不匹配成本造成的。在任何契约T下，每个零售商之间的固定费用$k\in\{i,e\}$和供应商h^k仅影响零售商和供应商之间的资金流分配。但是，此固定费用不会影响无泄露条件是否成立(参见定理3)。该结果确定了供需不匹配的新结果：除了影响与存货相关的成本外，它还影响公司的信息共享特权。

推论1：当在位者的高需求状态足够高时，即$\mu_H^i \geqslant \mu_H^i$并且进入者的需求状态与在位者的需求状态完全正相关时(即$\lambda'=1$)，契约T防止信息泄露的充要条件是当且仅当供应商的激励相容性条件成立。

推论表明，在这样的市场环境中，如果供应商泄露了在位者的无泄露均衡订单数量，则进入者将准确地推断出自己和在位者的需求状态。只要供应商的激励相容性条件成立，在位者就没有理由偏离无泄露均衡。要检查契约是否支持无泄露均衡，仅检查供应商的激励相容性条件同时在在位者的高需求状态和低需求状态下都成立即可。

二、为什么需要在零售商和供应商之间重新分配库存风险

在这里我们将说明，为了使契约防止信息泄露，为什么必须在供应商和零售商之间重新分配库存风险。

定理4：在报童竞争的供应链中，任何无保护契约(例如批发价格契约和二部定价契约)都不存在无泄露均衡。

根据无保护契约，供应商将从供应链的库存短缺中受到惩罚(即$c_o^s>0$)，并从供应链的过剩库存中得到奖励(即$c_o^s=-c_o^s<0$)。在无保护契约下，供应商始终拥有诱导零售商订购更多产品的动机。当在位者的需求状态很高时，供应商总是有动力将在位者的订单数量信息泄露给进入者，并从进入者订购的额外数量中受益。

无保护契约的目的是仅在供应链中的公司之间实现利润共享(即重新安排资金流)。但是，它们不会改变每个公司的库存风险状况。因此，仅在公司之间分配资金流而没有适当分配存货风险的契约不能防止信息泄露。例如，批发价格契约和二部定价契约不能防止报童模型中竞争的供应链中的信息泄露。二部定价契约在实践中经常被广泛使用，因为该契约可以在各种渠道设置中实现渠道协调，并且易于管理。但是，以上结果表明使用此类契约的负面结果是无法防止信息泄露。

为了防止信息泄露，需要签订契约，以促进在供应链中的公司之间分配库存风险，从而消除供应商诱导零售商尽可能多订购的动机。对此，有三种可能的方法。

第一种可能的方法是制定契约将零售商的剩余库存成本转移给供应商，同时保持各方的库存短缺成本不变，使得：

(1)供应商不会从供应链的过量库存中获得回报，而是从供应商那里获得成本(即$c_o^s>0$)。

(2)供应商仍然会因为供应链库存短缺而产生成本(即$c_u^s>0$)。

这些契约本质上是$c_o^s>0$的下行保护契约。

防止信息泄露的第二种可能方法是制定契约，这些契约将供应商的库存短缺成本转移给零售商，同时保持各方的多余库存成本不变，从而使得：

(1)供应商不会因供应链的库存短缺而受到惩罚，而是会因此受到奖励(即$c_u^s<0$)。

(2)供应商仍然会从供应链的剩余库存中得到回报(即$c_o^s<0$)。

这些契约本质上是$c_u^s<0$的上行保护契约。

第三种可能的方法是设计契约将供应商的库存短缺成本转移到零售商，同时将零售商的剩余库存成本转移到供应商，使$c_o^s\geqslant 0$和$c_u^s\leqslant 0$，$c_u^s\leqslant 0$。这些契约本质上是双向保护契约。下面的定理5表明，只有这三类契约才可能导致无泄露均衡。

定理5：当且仅当契约是一个$c_o^s>0$的下行保护契约，或者是一个$c_u^s<0$的上行保护契约，或者是一个双向保护契约时，无泄露均衡才存在。

$c_o^s>0$的下行保护契约将零售商的下行风险(由于面临低需求)转移给了供应商，并惩罚了供应链中供应商的剩余库存。因此，当在位者的需求状态很高时，下行保护契约可以阻止供应商泄露在位者的需求信息，并通过增加供应商剩余的供应链库存的预期成本来诱导进入者订购更多产品。

相比之下，$c_u^s<0$的上行保护契约将供应商的上行风险(由于面临高需求)转移给零售商，并因供应链库存不足而奖励供应商。因此，当在位者的需求状态很高时，一份上行保护契约可以阻止供应商泄露在位者的需求信息并诱导进入者订购更多的货物。

双向保护契约既可以将供应商的上行风险(由于面临高需求)转移给零售商，又可以将零售商的下行风险(由于面临低需求)转移给供应商。此外，双向保护契约对供应链中库存不足的供应商进行奖励，对供应链中库存过剩的供应商进行惩罚。因此，当在位者的需求状态很高时，双向保护契约可以阻止供应商泄露在位者的需求信息，并同时增加供应商对供应链库存短缺的预期回报和供应链库存超额的预期成本。

下行保护契约、上行保护契约和双向保护契约除了分配资金流外，还具有在公司之间分配库存风险的功能。这些结果表明，为了防止信息泄露，契约需要能重新分配库存风险。

三、无泄露条件的进一步表示

不等式(17-11)中的供应商利润有两部分：一是固定收益，包括从零售商收到的转移支付；二是减去由于可能的短缺或过剩而导致的预期库存成本的变量(例如，预期的供应与需求不匹配成本)。供应商的泄露决定仅取决于可变的预期库存成本(也就是说，它与收入无关)。具体而言，此决定取决于如果供应商泄露在位者的订单数量信息给进入者，那么供应链的库存剩余和库存短缺将如何变化。

引理2描述了由于$\mu_H^i \geqslant \mu_H^i$和$'\lambda = 1$的市场环境的信息泄露而导致的总超额库存和未满足需求的变化。也就是说，在这样的市场中，如果供应商要泄露在位者的无泄露均衡订单数量，则进入者可以准确地推断出在位者的需求状态。

引理2：当在位者的需求状态为$t_i \in \{H, L\}$时，将$\Delta O_{ti}(z_r)$和$\Delta U_{ti}(z_r)$分别定义为由于信息泄露导致供应链的过剩库存和未满足的需求的变化。当在位者的需求状态高时，有$\Delta O_H(z_r) > 0$并且$\Delta U_H(z_r) < 0$；或者当在位者的需求状态低时，有$\Delta O_L(z_r) > 0$并且$\Delta U_L(z_r) < 0$。

当在位者的需求状态很高时，如果被告知在位者的订购量，则进入者将订购更多。此类信息泄露将导致供应链总库存增加，即$\Delta O_H(z_r) > 0$；同时减少未满足需求的预期数量，即$\Delta U_H(z_r) < 0$。

当在位者的需求状态很低时，如果被告知在位者的订购量，则进入者的订购量会减少。这种泄露将导致供应链总库存减少，供应链预期库存短缺增加。需要注意的是，由泄露造成的这种过剩和短缺的程度是零售商的临界比率z_r的函数，因为零售商面对的是顾客而不是供应商。

定理6：对于$t_i \in \{H, L\}$，定义$\lambda_{t_i}(z_r) \triangleq \left| \dfrac{\Delta Q_{t_i}(z_r)}{\Delta U_{t_i}(z_r)} \right|$，则有

(1)当且仅当$\dfrac{c_u^s}{c_o^s} \leqslant \gamma_H(z_r)$且$\dfrac{c_u^s}{c_o^s} \leqslant \gamma_L(z_r)$时，下行保护契约支持无泄露均衡成立。

(2)当且仅当$\dfrac{c_u^s}{c_o^s} \leqslant \gamma_H(z_r)$且$\dfrac{c_u^s}{c_o^s} \leqslant \gamma_L(z_r)$时，上行保护契约支持无泄露均衡成立。

(3)当$a_{ie} = a_{ei} = 1$时，每个支持无泄露均衡的下行(或上行)保护契约都有$z_r \in (0, z_I)$且$z_r \in (z_I, 1)$。

第(1)部分和第(2)部分表明，信息泄露在很大程度上取决于由信息泄露导致的库存过剩的变化与未满足的需求变化之间的比率，即$\gamma_{t_i}(z_r)$，我们将此比率称为供应链的临界泄露比率。该比率为正态分布需求的封闭形式，可以使用简单的电子表格轻松进行计算。类似地，给定下行契约或上行契约的条款，供应商的成本比率c_u^s/c_o^s可以被计算出来，并且它可以快速被验证是否所提出的契约可以通过检查上述定理中的条件来阻止信息

泄露。因此，成本比率和临界泄露率是确定契约能否保证无泄露均衡的充分统计量。

第3部分展示了在竞争激烈的市场中（也就是说，当一个零售商的所有未满足需求流向另一个零售商时），这些契约无法防止信息泄露，同时无法协调供应链（即 $z_r \neq z_I$）。为了防止信息泄露，必须牺牲供应链效率，来奖励对在位者需求信息守口如瓶的供应商。有了下行保护契约，避免信息泄露会导致供应链携带的库存少于系统最优的库存。相比之下，有了上行保护契约，避免信息泄露会导致供应链携带的库存超过系统最优的库存。在下文中，我们将讨论其他市场条件和双向保护契约。

第六节　量化无泄露条件和供应链利润

首先，我们将量化和说明在供应链中防止信息泄露的必要条件和充分条件。接下来，我们将研究防止信息泄露的契约是如何影响供应链利润的。为此，我们重点关注三种契约里每种契约中的一个代表性契约，即回购契约、回扣契约以及两者的组合。

对于其他契约，目前学界仍在继续讨论。对于供应链 $k \in \{i, e, s\}$ 中的每一家公司和给定的契约 T，当在位者的需求状态为 $t_i \in \{H, L\}$ 时，预期利润为

$$\prod\nolimits_{t_i l}^{k}(T) \triangleq \begin{cases} \prod\nolimits_{t_i}^{k}(q_{it_i}^{N}(z_r), q_e^{N}(z_r); T), & l=N \\ \prod\nolimits_{t_i}^{k}(q_{it_i}^{A}(z_r), q_e^{A}(q_{it_i}^{A}(z_r); z_r); T), & l=A \end{cases}$$

式中，N 表示的是前面的基准Ⅰ（即供应商从不泄露信息），A 表示的是前面的基准Ⅱ（即供应商总是泄露信息）。

供应链的总预期利润为

$$\prod\nolimits_{t_i l}^{I}(T) = \prod\nolimits_{t_i l}^{i}(T) + \prod\nolimits_{t_i l}^{e}(T) + \prod\nolimits_{t_i l}^{s}(T)$$

对 $t_i \in \{H, L\}$，公司的最佳预期利润与契约 T 无关，由下式表示

$$\prod\nolimits_{t_i}^{I,*} \triangleq \max_{q_i, q_e \geq 0} \prod\nolimits_{t_i}^{I}(q_i, q_e)$$

在下面的内容中，我们将首先借助图17-2说明可用于防止信息泄露的契约参数范围。接下来，我们将选择5份契约以防止信息泄露，并在表17-1中说明公司相应的预期利润。我们还说明了在无泄露均衡中整个供应链的预期利润，并将该利润与公司的最佳预期利润进行比较。这种比较有助于计算防止信息泄露到供应链的预期成本以及在位者需求的预期值。设 $\mu_H^i = 12, \mu_L^i = 10, \mu_H^e = 8, \mu_L^e = 6, '\lambda = 0.9, \eta = 0.6, p = 1, c = 0.9, a_{ie} = 0.9, a_{ei} = 0.9, \varepsilon$ 是 $[-3, 3]$ 上的均匀分布，以此来定义基本案例市场环境。我们还将通过分析基本案例市场环境的变体来讨论零售商之间的竞争强度如何影响结果。

一、回购契约

图17-2中，阴影区域表示所有防止信息泄露的回购契约（即所有满足定理3条件的回购

契约)。由于信息泄露的主要驱动力是供需不匹配,因此我们可以观察到,对于给定的批发价格 w,为了防止信息泄露,回购价格 b 不能太低或太高,即 $b \in [b_l, b_h]$。较低的曲线表示最低的回购价格 b_1,当在位者的需求状态较高时,该价格不允许信息泄露。

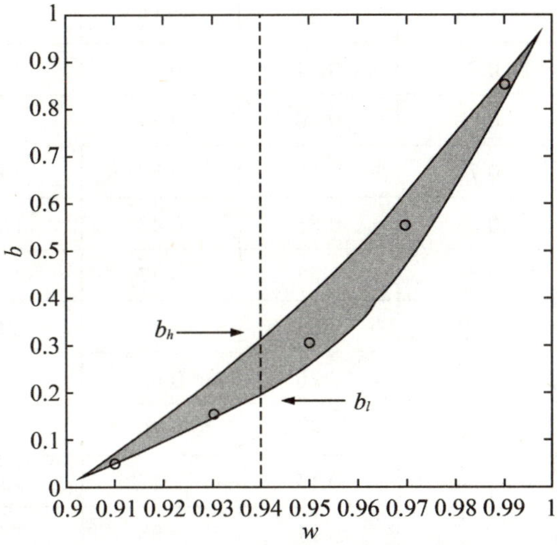

图 17-2　防止信息泄露的回购契约

对于任何落在这条曲线上的回购契约,供应商对泄露都不感兴趣,因为其从减少库存短缺成本中获得的额外预期收益(因为供应商将在位者的高需求状态泄露给了进入者)被额外的过剩库存预期成本所完全抵消了。对于 $b' > b_l$ 的任何回购价格,供应商都会承受更多的下行风险,也就是说,每个未售出的产品将给供应商带来更多的惩罚。因此,在较高的回购价格下,供应商缺乏泄露在位者的高需求状态信息以诱导进入者订购更多产品的动机。但是,还必须将回购价格设置为 $b' < b_l$,使供应商在现有需求状态低时不会泄露信息。

随着回购价格的上涨,供应商将承受更多的下行风险,也就是说,对于每种未售出的产品,将给供应商带来更多的惩罚。因此,在较高的回购价格下,供应商更有动力泄露在位者的低需求状态信息,从而诱使进入者减少订购。上边界表示泄露此信息的收益(目的是降低库存过剩的预期成本)超过库存短缺的增量预期成本的价格。因此,防止信息泄露需要使回购价格既不能太低,也不能太高。

接下来,我们将分析回购契约对每个公司的预期利润的影响。在落在图 17-2 的阴影区域的回购交易中,随机选择其中的 5 个(标记为圆圈),并在表 17-1 中报告产生的利润。可以看到,表 17-1 中列出的所有防泄露回购契约至少占了整体公司最佳预期利润的 99.14%;还可以看到,在图 17-2 所示的所有契约中,(0.91,0.06)的回购契约导致渠道效率最低,为 99%。这些观察结果表明,回购契约既可以防止信息泄露,又几乎可以协调供应链(即防止信息泄露的成本很低)。

表 17-1　防止信息泄露的回购契约的预期利润

$T=(w,b)$	t_i	$\prod_{t_i l}^{i}(T)$	$\prod_{t_i l}^{e}(T)$	$\prod_{t_i l}^{s}(T)$	$\prod_{t_i l}^{l}(T)$	$\prod_{t_i l}^{i}(T)/\prod_{t_i l}^{i}(*)$
(0.91,0.05)	H	1.04	0.47	0.15	1.66	99.39%
	L	0.76	0.44	0.12	1.32	99.58%
	$E_{t_i}[x]$	0.90	0.46	0.14	1.49	99.47%
(0.93,0.15)	H	0.78	0.35	0.52	1.65	98.79%
	L	0.57	0.33	0.42	1.32	99.58%
	$E_{t_i}[x]$	0.68	0.34	0.47	1.49	99.14%
(0.95,0.30)	H	0.61	0.28	0.77	1.66	99.39%
	L	0.45	0.26	0.62	1.33	99.95%
	$E_{t_i}[x]$	0.53	0.27	0.70	1.49	99.64%
(0.97,0.55)	H	0.34	0.15	1.17	1.66	99.39%
	L	0.25	0.14	0.93	1.32	99.58%
	$E_{t_i}[x]$	0.30	0.15	1.05	1.49	99.47%
(0.99,0.85)	H	0.11	0.05	1.49	1.65	98.79%
	L	0.08	0.05	1.19	1.32	99.58%
	$E_{t_i}[x]$	0.10	0.05	1.34	1.49	99.14%

二、回扣契约

图 17-3 中，阴影区域代表所有防止信息泄露的回扣契约。对于回扣契约(w,r,K)，存在固定费用条款K^k，其中$k\in\{i,e\}$，其仅有利于重新分配供应链中企业之间的供应链总利润。回扣契约固定费用条款不会影响订单数量以及由此产生的库存风险分配，因此它对供应商的泄露决定没有影响，故将其从随后的讨论中删除。

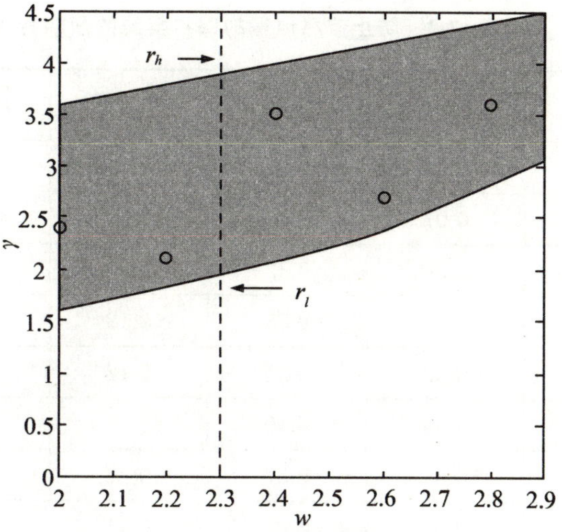

图17-3　防止信息泄露的回扣契约

可以观察到，对于给定的批发价格 w，为了防止信息泄露，返利 r 既不要太低也不要太高(即 $r\in[r_l,r_h]$)。较低的曲线表示最低回扣率 r_l，在在位者的需求状态较高时不泄露任何信息。对于 $r'>r_l$ 的任何回扣率，供应商的上行风险都较小，也就是说，对于每一个已满足的需求，其都会给零售商更多的回报。因此，在较高的回扣率下，供应商没有动力泄露在位者的高需求状态信息，以诱使进入者订购更多。但是，我们必须将回扣率设置为 $r'<r$，以使供应商在现有需求状态低时不会泄露信息。因此，在较高的回扣率下，供应商更有动力泄露在位者的低需求状态信息，以诱使进入者减少订购。上边界表示回扣率，高于该回扣率时，泄露此信息所带来的收益将超过因减少对进入者的超额销售而产生的奖励损失(即超额库存)。对此，要防止信息泄露，回扣率既不能太低也不能太高。

在图17-3的阴影区域的回扣契约中，随机选择其中5个(在图17-3中用圆圈标记)并在表17-2中表示产生的利润，结果发现防止信息泄露的回扣契约与协调供应链相去甚远。在图17-3中所有防止信息泄露的回扣契约中(由阴影区域表示，包括带有圆圈标记的5个契约)，达到的最高总供应链的期望利润为 $E_{t_i}[\prod_{t_i N}^{I_i *}(T)]$，批发价格 $w=2.13$，回扣率 $r=1.73$。根据这项契约，公司最多获得的整体最优预期利润为 $E_{t_i}[\prod_{t_i}^{I_i *}]$ 的84.79%。因此，防止信息泄露的回扣契约可能会导致公司留下大量利润(例如，供应链利润损失高达15.21%)。在此情况下，通过使用回扣契约来防止信息泄露的代价是非常大的。

表 17-2 防止信息泄露的回扣契约的预期利润

$T=(w,r)$	t_i	$\prod^i_{t,l}(T)$	$\prod^e_{t,l}(T)$	$\prod^s_{t,l}(T)$	$\prod^l_{t,l}(T)$	$\prod^i_{t,l}(T)/\prod^i_{t,l}(*)$
(2.00,2.40)	H	0.69	0.55	0.15	1.39	83.22%
	L	0.07	0.08	0.04	0.19	14.33%
	$E_{t_i}[x]$	0.38	0.32	0.09	0.79	52.74%
(2.20,2.10)	H	0.82	0.58	0.18	1.58	94.60%
	L	0.23	0.21	0.12	0.56	42.25%
	$E_{t_i}[x]$	0.53	0.40	0.15	1.07	71.43%
(2.40,3.50)	H	0.65	0.37	0.27	1.29	77.24%
	L	0.02	0.01	0.11	0.14	10.56%
	$E_{t_i}[x]$	0.33	0.19	0.19	0.71	47.73%
(2.60,2.70)	H	0.65	0.37	0.27	1.29	77.24%
	L	0.02	0.01	0.11	0.14	10.56%
	$E_{t_i}[x]$	0.33	0.19	0.19	0.71	47.73%
(2.80,3.60)	H	0.69	0.66	0.12	1.47	88.01%
	L	0.04	0.06	0.19	0.29	21.88%
	$E_{t_i}[x]$	0.37	0.36	0.16	0.88	58.75%

三、回购契约和回扣契约的组合

将回购契约与回扣契约结合在一起，可以获得一份双向契约。根据此类契约(w,b,r,K)，每个零售商向订购的每单位产品向供应商支付$w>c$，并收取固定费用K。在销售季节结束时，供应商以每单位产品为$b\in(0,w)$的价格从该零售商处回购未售出的库存，并且还为销售的每单位产品提供返利$r>0$。零售商和供应商的利润由式(17-3)、式(17-4)和式(17-5)给出，且满足$h^i=k^i$，$h^e=k^e$，$c^r_u=p-w+r$，$c^r_o=w-b$，$c^s_u=w-r-c$。由于前面已经定义了一个双向保护契约，因此可以满足条件$c^s_u\leqslant 0$和$c^s_o\geqslant 0$。

一个重要的发现是，对于回购和回扣的组合契约（这是一种双向保护契约），没有契约参数的组合能够满足基本案例市场环境中防止信息泄露的充要条件。可以看出，下行契约、上行契约或双向契约都不能在每种可能的市场环境中防止信息泄露。因此，为了防止在基本案例市场环境中发生信息泄露，需要使用回购契约（包含在这里考虑的三个特定契约中）。也就是说，契约的特定形式（例如回扣契约）不能总是被设计得可以防止所有可能的市场环境下的信息泄露。因此，需要有一个统一的框架来了解其他类型的契约如何影响各种市场环境中的信息泄露。

为了便于分析无泄露条件和企业之间针对回购和回扣组合契约的供应链利润分配，这里提供这样一个框架：我们考虑 $\mu_H^i = 12$, $\mu_L^i = 10$, $\mu_H^e = 8$, $\mu_L^e = 4$, $\lambda = 0.3$, $'\lambda = 0.6$, $\eta = 0.7$, $p = 1$, $c = 0.6$, $a_{ie} = 0.9$, $a_{ei} = 0.9$，ε是在$[-5, 5]$上的均匀分布。图 17-4 中阴影区域代表所有防止信息泄露的回购和回扣组合契约。固定费用K不会影响公司之间的库存风险分配，因此不会在供应商的泄露决策中发挥作用。

我们重点研究了r和b对同一批发价格$w=0.8$的一类契约的影响，在此强调四个观察结果：第一，由图 17-4 观察到具有足够高的回购价格b和回扣奖励r的回购和回扣组合契约可以防止信息泄露；第二，表 17-3 给出了从图 17-4 中阴影区域随机选择的5份契约下的利润，可以发现防止信息泄露的回购和回扣组合契约与协调供应链相去甚远；第三，在图 17-4 所示的所有防止信息泄露的契约中（用阴影区域表示），获得最高总供应链预期利润 $E_{t_i}\left[\prod_{t_i N}^{I}(T)\right]$，其回购价格 $b = 0.30$，回扣率 $r = 0.62$；第四，在此契约下，公司占总的最佳预期利润 $E_{t_i}\left[\prod_{t_i}^{I,*}\right]$ 的 88.48%，因此，这一防止信息泄露的组合契约可以为企业留下可观的利润（即供应链利润损失高达 11.52%）。

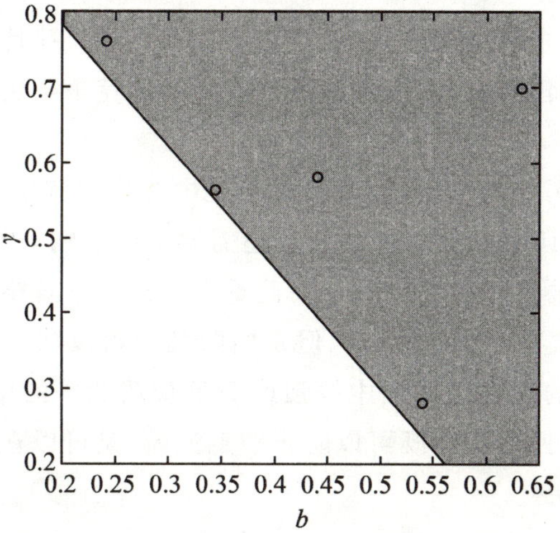

图 17-4　防止信息泄露的回购和回扣组合契约

表 17-3　防止信息泄露的回购和回扣组合契约下的预期利润

$T=(w,r)$	t_i	$\prod_{t_i l}^{i}(T)$	$\prod_{t_i l}^{e}(T)$	$\prod_{t_i l}^{s}(T)$	$\prod_{t_i l}^{I}(T)$	$\prod_{t_i l}^{i}(T)/\prod_{t_i l}^{i}(*)$
(0.80,0.24,0.76)	H	2.96	0.47	2.10	5.53	93.92%
	L	1.27	1.11	1.22	3.60	83.29%
	$E_{t_i}[x]$	2.12	0.79	1.66	4.57	89.42%
(0.80,0.34,0.56)	H	3.68	0.49	1.41	5.58	94.77%
	L	2.03	0.96	0.68	3.67	84.91%

续表

$T=(w,r)$	t_i	$\prod^{i}_{t,l}(T)$	$\prod^{e}_{t,l}(T)$	$\prod^{s}_{t,l}(T)$	$\prod^{l}_{t,l}(T)$	$\prod^{i}_{t,l}(T)/\prod^{i}_{t,l}(*)$
	$E_{t_i}[x]$	2.86	0.73	1.05	4.63	90.60%
(0.80,0.44,0.58)	H	1.93	0.85	2.56	5.34	90.70%
	L	1.88	0.60	0.90	3.38	78.20%
	$E_{t_i}[x]$	1.91	0.73	1.73	4.36	85.41%
(0.80,0.54,0.28)	H	2.53	1.24	1.74	5.51	93.58%
	L	2.17	0.58	0.85	3.60	83.29%
	$E_{t_i}[x]$	2.35	0.91	1.30	4.56	89.23%
(0.80,0.64,0.70)	H	2.66	0.95	1.02	4.63	78.64%
	L	0.99	0.70	0.53	2.22	51.36%
	$E_{t_i}[x]$	1.83	0.83	0.77	3.43	67.09%

四、竞争实力的影响

当每个零售商的需求高度相关(也就是说有较高的λ'),并且未满足的需求中有很大一部分溢出到另一家零售商时,在位者和进入者之间的竞争会更激烈。先前的分析是针对$\lambda'=0.9$(其中$a_{ie}=a_{ei}=0.9$),称之为强竞争。

在这里,可以关注另外两个市场环境:一个是中等强度竞争$\lambda'=0.50$,另一个是较弱竞争$\lambda'=0.1$,同时保持所有其他条件相同。还需要关注回购契约,因为在基本案例市场环境下,该契约的结果要优于其他契约。在此重点介绍三个观察结果:第一,在这两个市场环境中,回扣契约不能防止信息泄露,但是回购契约可以防止信息泄露;第二,所有关于强竞争(即$\lambda'=0.9$)的观察结果在中等强度竞争和弱竞争的市场环境下仍然成立;第三,这些观察结果表明,回购契约既可以防止信息泄露,又可以在竞争水平不同的广泛市场环境中几乎协调供应链。

五、相同市场环境下三种契约的比较

在这里,我们将在本部分研究开头指定的相同基本案例市场环境中比较三类契约。我们研究了回购契约$(w,b)=(0.96,0.05)$、回扣契约$(w,r)=(2.76,2.00)$以及回购和回扣组合契约$(w,b,r)=(2.80,0.50,2.00)$下的供应商的均衡泄露决策,还研究了供应链的财务绩效。所有这些契约都具有相同的临界比率$z_r=0.08$,结果在表17-4中展示。可以看到,回购契约既可以防止信息泄露,也可以几乎协调供应链。但是,在相同的市场环境中,回扣契约以及回购和回扣组合契约只能以牺牲在位者的隐私为代价来协调供应链。

表 17-4　三类契约下的预期利润

T	供应商泄露情况	t_i	$\prod_{t,l}^{i}(T)$	$\prod_{t,l}^{e}(T)$	$\prod_{t,l}^{s}(T)$	$\prod_{t,l}^{l}(T)$	$\prod_{t,l}^{i}(T)/\prod_{t,l}^{i}(*)$
回购契约 (0.96,0.50)	从不泄露	H	0.45	0.21	1.01	1.67	99.21%
		L	0.33	0.19	0.80	1.33	99.03%
		$E_{t_i}[x]$	0.39	0.20	0.91	1.50	99.13%
回扣契约 (2.76,2.00)	经常泄露	H	1.23	0.26	0.19	1.67	99.55%
		L	0.51	0.15	0.68	1.33	98.92%
		$E_{t_i}[x]$	0.87	0.20	0.43	1.50	99.27%
回购与回扣组合契约 (2.80,0.50,2.00)	经常泄露	H	0.97	0.46	0.25	1.68	99.42%
		L	0.38	0.36	0.60	1.33	99.17%
		$E_{t_i}[x]$	0.67	0.41	0.42	1.50	99.31%

六、结果汇总

前面的分析表明，只要契约属于我们讨论的三类契约之一（每种契约具有不同的充分必要条件），在供应链中就可以使用这几类契约来防止信息泄露。但是，这些分析还表明，下行保护契约、上行保护契约或双向保护契约不能总是防止每种可能的市场环境中的信息泄露。此外，这些分析还表明，防止信息泄露（尽管企业参与和合作是必需的）对于供应链而言可能代价很大。因此，这些观察结果进一步凸显了拥有一个统一的框架来研究不同契约类型及其在信息泄露中的作用的重要性。这样的框架能够使我们选择执行效果最好的契约（也就是说既能防止信息泄露，同时又不会留下太多利润），本部分研究就提供了实现这一目标的框架和条件。最后，我们在研究中还观察到，回购契约可防止大范围市场环境中的信息泄露，同时几乎可以协调供应链（前提是几乎没留多少资金）。

第十八章　供应链竞争:一种市场博弈方法

第一节　主要思想

本部分主要研究多个供应商通过批发市场销售给多个零售商的供应链问题。在实践中,我们经常看到供应商和零售商都倾向于影响零售商支付给供应商的批发市场价格。然而,现有的供应链竞争模型并没有捕捉到零售商对批发价格(即买方能力)的影响,这表明批发价格和每个零售商的订货量不随零售商数量的变化而变化。为了克服这一局限性,我们建立了一个基于市场博弈机制的竞争模型,在这个模型中,批发价格是由供应商和零售商共同决定的。当考虑零售商的买方力量时,得到了与观察到的实践一致的结果:随着零售商数量的增加,每个零售商的买方力量逐渐减小,每个零售商愿意为自己的订单支付更多的钱,因此批发价格会增加。

在这种情况下,如果供应链扩张包括更多的零售商或供应商,那么在供应链效率方面比之前的文献显示的更有利,前提是不考虑买方力量。最后,分析两个本地的集成供应链总和可以看出,尽管集成供应链的利润大于当地供应链的总利润的总和,但集成可能会降低公司在零售商导向的供应链的总利润,从而比供应商有更多的零售商。

第二节　背景介绍

我们在此研究了多个供应商通过批发市场向多个零售商销售产品的供应链。在实践中,我们经常可以观察到,供应商和零售商都倾向于影响零售商支付给供应商的批发市场价格。然而,现有的供应链竞争模式并没有反映出零售商对批发价格的影响(即买方的市场势力),且批发价格和每个零售商的订单数量不会随着零售商数量的变化而变化。

为了克服这一限制,我们开发了一个基于市场博弈机制的竞争模型,其中批发价格是根据供应商和零售商的决定来给出的。当考虑到零售商的购买能力时,研究得到的结果与观察到的实践情况是一致的:随着零售商数量的增加,每个零售商的购买能力下降,导致每个零售商都愿意为其订单支付更多的费用,所以批发价格上涨。在这种情况下,供应链倾向于扩张,即纳入更多的零售商或供应商;在供应链效率方面,相比之前的文献，在没有考虑买方市场势力的情况下，我们的研究给出了更有利的结果。

最后，我们分析了两个地方供应链的集成问题，并发现虽然集成供应链的利润大于地方供应链的总利润的总和，但集成在某些条件下可能会减少公司的总利润。

大致来说，本部分研究讨论的是“一种商品的价格如何被确定”的问题。回想博弈论最经典的垄断市场模型，在该模型中，决定价格的是处于完全垄断地位的卖家，而卖家需要考虑市场对价格的反应。而在设定类似的双寡头模型中，仍旧是卖家决定价格，且需要考虑市场反应，然而，因为此时卖家有两个，于是模型中存在一个新的因素，即双寡头之间的竞争，这对消费者来说是个利好，因为零售商为了彼此竞争，会争相向消费者让利，以争取在市场地位上不落后于对手。

在供应链管理中，常见的情况是零售商需要同时考虑供应商的开价和市场对零售价的反应，但在这种情况下，零售商和供应商都在各自的领域处于垄断地位，即不存在竞争。也有文献研究了双零售商竞争的问题或双供应商竞争的问题。但无论是垄断还是寡头（以古诺模型为代表），零售商的市场势力、议价权等基本上都是被忽略的因素，为了捕捉这些因素，需要额外的设置。

除了垄断与寡头之外，还有一种情况是自由竞争，其含义是每个成员都无法通过只改变自己的行为而决定自己这方整体的表现。例如，零售商自由竞争的市场可以理解为，市场上有数量庞大的零售商，且彼此的竞争力并不相差过大，任何一家决定自身行动时都要考虑其他人的行动。

大部分文献研究自由竞争都只会研究某一方数量很多，而另一方是垄断的情况，本研究则把供应商和零售商都设置为数量庞大的情况，这会产生一些有趣的结论。

我们利用本部分内容建立的市场博弈模型研究了供应链扩张和集成对价格、数量、利润、效率的影响。研究表明，零售商数量的增加减少了每个零售商的“买方势力”，并会导致更高的批发价格和更大的订单数量。虽然这些结果与经合组织在1998年和2008年给出的研究结果相一致，但在古诺模型下是不能捕捉到这些结果的。

我们的分析进一步产生了以下关于零售商有独立需求的供应链的扩张和集成的见解，主要有：在供应链中拥有更多的零售商可以提高供应商的利润，因为当买方能力下降时，每个零售商都愿意为供应商的订单支付更多的费用；在供应链中，拥有更多的零售商可以增加零售商的利润，特别是在供应商数量很大的情况下。相比之下，在古诺模型下，零售商的数量对零售商的利润没有影响。

当两个本地供应链整合时，集成供应链的利润大于本地供应链的总利润之和。此外，当两个本地供应链都以零售商为导向（即零售商多于供应商）或两者都以供应商为导向（即供应商多于零售商）时，整合就提高了两个本地供应链中公司的总利润。相比之下，供应链整合可能会降低供应链中更面向零售商的企业的总利润。

第三节　模型分析

在我们构建的市场博弈模型中,批发价格w是根据供应商的生产决策和零售商的采购决策来决定的。每个供应商决定其生产数量,用$O=\sum o_s$表示生产总量。每个零售商决定其采购预算b_r,这是该零售商为采购一定的订单数量q_r所支付的款项。每个零售商都在不知道单位批发价格的情况下决定自己的采购预算。总预算$B=\sum b_r$和总产量$O=\sum o_s$共同决定产品的价值,因为这种方式本质上是用稀缺性定义价值,属于比较流行且实用的经济学观念。

基于上述条件,商品的批发单价就被定为投资与产量之比,即

$$w=\frac{B}{O} \tag{18-1}$$

依此单价,每个投资的零售商都按照自己当初的投资额获得相应数量的产品,即

$$q_r=\frac{b_r}{w}=\frac{b_r}{B}O=\frac{b_r}{b_r+b_{-r}}O \tag{18-2}$$

如此便可完成市场出清。在售卖阶段按照常规的古诺模型定价$p_r=A-\mathrm{d}q_r$,于是每个零售商的利润函数为$(A-\mathrm{d}q_r-w)q_r$。

另一方面,供应商也需要合理规划自己的产量和定价,具体来说就是要实现下面问题的最优化,即

$$\max_{w,o_s} wo_s-co_s\, s.t. O_{-s}+o_s=\sum q_r^C \tag{18-3}$$

上式的含义是,任何一个供应商都不知道其他供应商的产量,也不知道零售商的投资(也就相当于不知道订货量),供应商要在这些前提下决定自己最优的产量。这里达成的协调是,如果产量大,那么产品就不值钱;但如果产量小,那么供应商自己能满足的订单就少。

使用该模型可以得出一系列结果,包括每种参数对决策变量有什么影响,哪一方中的哪部分成员从中受益,两组市场的集成是否给它们带来了好处,谁受益,谁受损,哪一方受益更大,等等。

第十九章　供应链中的垂直契约与牛鞭效应

第一节　主要思想

有研究表明，与垂直整合的供应链相比，上游企业若采用线性批发价的分散供应链，则上游生产和下游销售的波动可能更小，也更不容易受到牛鞭效应的影响，这里的“牛鞭效应”是指上游生产的方差超过下游销售的方差。原因在于，集中式供应链表现出价格效应，上游生产商在需求冲击为正的情况下提高批发价格，在需求冲击为负的情况下降低批发价格。然而，上游生产商受益于价格效应，因此牛鞭效应减弱可能会让下游企业遭受损失，整个供应链的利润可能会减少。

第二节　背景介绍

牛鞭效应是广泛存在于供应链内部，尤其是多级供应链内部的一种现象，它是指供应链上的需求变异逐级放大，从而使每追溯一级供应链，信息扭曲都会越变越大，最终可能导致严重的库存问题。从根本上来说，牛鞭效应出现的原因是供应链节点之间的信息共享不够，供应链末端的需求波动传递到上一级的时候，上一级为了保证满足下级的需求而导致信息不实。例如，在末端需求没有得到满足的场合，整个供应链会自查“问题出在哪一级”，那些没有能够满足下游需求的节点就要承担责任。为了避免责任由自己承担，一般的供应链节点会选择“至少让自己这个节点不出问题”，从而放大需求信号，而为了提交被放大的订单，该节点向更上一级提交订单的时候会提交一个被放大的量，更上一级也为了避免需求在自己这一节出问题而继续放大需求信号，最终最上游的企业会发现自己收到的订单需求已经严重偏离市场的真实需求，大量库存积压在各个节点的仓库，成为废品等待回收或过期，白白浪费大量资源。

研究表明，在上游企业采用线性批发价格的分散供应链中，上游生产和下游销售波动可能低于垂直整合供应链，且可能不太容易受到上游生产的方差超过下游销售的牛鞭效应。原因是分散的供应链表现出价格效应，即上游生产者在正需求冲击下提高批发价格，在负需求冲击下降低批发价格。然而，上游生产者受益于价格效应，因此，由于牛鞭效应的抑制，下游公司可能会遭受损失，整体供应链利润可能会下降。

研究表明，分散的供应链可能比垂直整合的供应链更能面对需求冲击（可以用“更有弹性”来描述这一点），其能表现出更低的制造商生产和零售商销售方差，牛鞭效应发生的可能性更低，甚至在有些情况下反而可能实现“生产平稳”。在此需要特别指出的是，其结果适用于供应链中最常用的定价契约，即线性批发价格。对于这种类型的契约，可以证明其本质上会产生价格效应。也就是说，制造商有动机在市场呈现积极需求冲击时提高批发价格，以及在市场呈现消极需求冲击时降低批发价格，这有助于“生产平稳”的发生，换言之，也就是使供应链更能抵抗牛鞭效应的影响。

除对牛鞭效应的产生进行建模之外，还需要着重讨论这样一个问题：能不能直接把供应链在信息共享完全与信息共享不完全两种情况下的供应链利润差全都归于牛鞭效应而产生的损失？怎样确定牛鞭效应本身带来了多少利润损失？怎样构建一个真正能够分离出牛鞭效应的对照组？

下面我们将讨论牛鞭效应和价格效应。从部分结论中，可以看到这两种效应分别在什么方向和多大程度上影响供应链的运作。

第三节　模型分析

假设供应链的结构是“一个供应商＋一个零售商”，为营造牛鞭效应的产生条件，假设博弈会连续进行两轮，分别记为第t期，$t\in\{1,2\}$，且市场需求存在波动。具体来说，市场需求为

$$p(s_t,\varepsilon_t)=1-s_t+\varepsilon_t \tag{19-1}$$

需求波动是能够传递到下一期的，这也正是牛鞭效应存在的原因，它的影响不会马上消除，而是越积越多。具体来说，有以下式子成立

$$\varepsilon_1=v_1 \tag{19-2}$$

$$\varepsilon_2=v_2+\rho\varepsilon_1 \tag{19-3}$$

式中，v_1、v_2独立且均服从同一个均匀分布，ρ是一个0～1之间的数，表示前一期的波动延续到下一期的程度。

两轮博弈内，第一期零售商先订购一定数量的商品(q_0)，第一期结束的时候可以保留一些库存（即选择出售s_1）；第二期零售商会获得第二次订货机会（订购q_1），并选择售卖s_2。注意，这些符号是用来表示集中式供应链的，在针对分散式供应链的研究中，这些符号会被改写，不过基本特征还是一样的。

下一个问题是，如何识别牛鞭效应？既然牛鞭效应表现为需求波动的放大，那么很显然应该比较上下两级之间的需求波动，例如销量的方差$\mathrm{Var}[s_1(\varepsilon_1)]$与订货量的方差$\mathrm{Var}[q_1(\varepsilon_1)]$（这里考虑第二期的订货量当然是因为只有第二期订货量才能反映到达的需求波动），假如后者更大，就可以认为需求波动在向回传递的时候被逐级放大了，即表

现出牛鞭效应;相反,如果前者更大,那就可以认为"生产平稳"。

因为衡量方差不是很方便,所以我们使用一个引理把方差的比较转化为导数的比较,后面的比较改为围绕销量和订货量的导数来进行。

首先来看集中式供应链,其第二期利润函数为

$$(1-s_2+\rho\varepsilon_1)s_2-c[s_2-(q_0-s_1)] \tag{19-4}$$

第一期的利润函数和分散式供应链的利润函数可以用类似的思路表示出,这里不再赘述。

通过模型,我们可以得到一些有用的结论:牛鞭效应确实是随需求波动的传递而呈现的,需求波动越大,或者需求波动在下一期保留下来的部分越大(即传递下去的部分越大),则牛鞭效应越明显。按照模型也能够计算出,与集中式供应链相比,受牛鞭效应影响的分散式供应链到底损失了多少利润。

正如前文所说,我们不能武断地认为损失的利润全都是因为牛鞭效应而导致的,也不能肯定两种供应链形式的利润差异是否全都只因牛鞭效应而致。在此,我们列举了集中式供应链与离散式供应链的几点不同:

(1)价格效应。价格效应会导致双方互相选择抑制对方走向极端的倾向。例如,如果批发价格有走向极端高的趋势,那么零售商就会减少订货量,这个行动的存在会让供应商不敢真的走向极端,这就是一种抑制;反过来说,如果批发价格很低,那么零售商就会增大订货量,供应商根据其决策模型会得出结论,自己应该提高批发价格,这也是一种抑制。

(2)牛鞭效应。牛鞭效应是本部分研究的重点,它会放大需求波动,从而造成严重的供应链上游库存失调。

研究表明,鉴于集中式供应链与分散式供应链之间的差异并不只有信息共享程度的不同,所以有必要采用一些手段把这些效应的影响量化出来。为此,我们使用了第三个模型,其中零售商不再针对价格做出反应,从而消除了分散式供应链内的价格效应,如此就构造了一个"仅不含价格效应"的分散式供应链。

通过衡量这个对照组,可以具体指出每种效应的影响:价格效应增加了零售商的利润(实际上这也是符合直觉的,因为价格效应本质上就是零售商的行为,自然会为其带来直接利益),但它既降低了供应商利润,又降低了供应链总利润。此外,牛鞭效应在此之上再次减少了整个供应链的利润,这一点可以通过比较"分散式供应链"和"对照组"的差值以及"分散式供应链"和"集中式供应链"的差值,或者比较"对照组"和"集中式供应链"而得出。

第二十章　供应链声誉风险管理:有限责任下风险分担的作用

第一节　主要思想

当供应商未能遵守社会和环境标准时,买方的声誉将受到损害。信誉成本对于买方来说通常是非常高的,而供应商在这方面的责任通常是有限的。传统的采购策略(如双重采购)可以减轻买方的操作风险,但往往以增加信誉风险和采购成本为代价。

在本部分中,我们提出了一个风险分担合同来管理买方的声誉问题。研究发现,通过分担供应商的部分经营损失,买方可能在某些情况下降低其声誉风险,但这必须与经营风险的增加相平衡。风险分担还可以降低采购成本,因为对于资金有限的供应商来说,买方承担了一些最不好的损失。

这些结果表明,风险分担作为一种采购策略,可能优于双重采购或惩罚合同等传统方法。当声誉和采购成本是一个重要的考虑因素,而运营成本不是那么高时,很多供应商就会选择风险分担策略。在某些条件下,为了降低采购成本,即使增加了信誉风险,买方也可以选择风险分担策略。

第二节　背景介绍

本部分的研究对象是“声誉风险”问题,这是一种随着经济社会发展而越来越受人们重视的风险。企业出于短视而实施的恶劣行为会给企业带来负面影响,然而,现实中的商品生产活动通常是合作完成的,制造商对材料进行加工,或者对配件进行组装,但制造商本身往往并不负责生产这些原材料和配件,而是从更上游的各个供应商处进货。这样一来,就会产生一个问题:更上游的企业会不会由于其短视而做出恶劣行为?制造商应该如何处理那些自己不违规,却由于上游企业的违规而承受的声誉风险问题?这类问题能用契约的形式解决吗?

传统的采购策略(如双重采购)可以降低买方的运营风险,但往往以增加买方的声誉风险和采购成本为代价。在本部分中,我们提出了一个风险分担契约来管理买方的声誉问题。研究发现,通过分担部分供应商的部分运营损失,买方可能在某些情况下降低其声誉风险，但这必须与运营风险的增加相平衡。风险分担还降低了采购成本，因为买家承担了一个资金有限的供应商的一些最不好的损失。

在研究这个问题时，我们的做法是，将努力水平设置为两种，即“好的努力”与“坏的努力”，前者可以理解为是遵守社会道德而使产量上升的努力，例如技术投入、设备升级等；后者则可以理解为由短视行为而进行的产量提升，其见效快，但本质上是对消费者和社会有害的“违规”行为。两种努力的水平分别设为e_g和e_b。两种努力水平对利润的影响通过概率实现，即以一定的概率出现经营损失，以一定的概率出现声誉损失，至于损失的值暂且被设定为与努力水平无关，努力水平只影响损失发生的概率。

此处的设置有以下两点需要说明：

其一是将“努力”解释为异质的两个“种类”，而不是单纯的“正向”与“负向”。这一点能够反映现实中同时存在的良好行为与不良行为，例如，如果采用一维的建模方式，那么一家企业不投入额外的努力，与它既投入好的努力又投入坏的努力，应该是不一样的，并且多少好的努力能替换多少坏的努力，这一点不容易量化。但设置为异质的两种努力就可以方便地通过考察形成的二元函数的横切面来考虑其效应等价的组合，同时不影响解释现实。

其二是将风险表现为“以概率承担确定的损失”。一种自然的想法是，把损失本身写成与努力水平相关的，不过在这个问题中，两种办法是类似的，这里考虑的是期望收益。

第三节 模型分析

设制造商营业额为V，转移支付为T，经营损失为X_M且以概率$F_S(e_b, e_g)$发生（这反映了经营风险与任何一种努力都脱不开关系），而声誉损失为R_M且以概率$F_M(e_b)$发生（这反映了声誉风险只取决于不良的行为，实际上也可以假设良好的行为能扳回声誉，不过这并不影响整体结论）。

设供应商决定两种努力水平和投资额K，并且也会遭遇经营风险X_S，其发生概率与制造商相等，这反映了供应链出现经营问题时二者都受到冲击，而供应链不受到冲击时二者均不受冲击。

建立的批发价格契约模型为

$$\max_{T\geqslant 0} E\Pi_M = V - T - F_S(e_b^*, e_g^*)X_M - F_M(e_b^*)R_M \tag{20-1}$$

使下面的条件成立

$$T - X_S - K - e_g^* - e_b^* \geqslant 0 \tag{20-2}$$

$$T - F_S(e_b^*, e_g^*)X_S - K - e_g^* - e_b^* \geqslant 0 \tag{20-3}$$

$$(e_b^*, e_g^*) \in \arg\max_{e_b^*, e_g^* \geqslant 0}\left[T - F_S(e_b, e_g)X_S - K - e_g - e_b\right] \tag{20-4}$$

$$E\Pi_M \geqslant 0 \tag{20-5}$$

仿此可以建立其他契约的模型。由此模型得到的主要结论是，在某些条件下，分散式供应链的批发价格契约结果在改善好的努力方面不如集中式供应链（这一结论当然是符合经验的）。

在本部分主要探讨的“风险分担契约”下（即 X_S 的一部分由对方支付），情况根据两种努力的边际替代率不同而有所不同，具体来说分为以下几种情况：

（1）当坏的努力对好的努力的边际替代率较低时，风险分担契约不但起不到作用，反而比批发价格更差。

（2）当边际替代率很高时，风险分担契约不但能减少坏的努力，而且能增加好的努力。

（3）当边际替代率既不是很高也不是很低时，风险分担契约可以减少坏的努力，但同时也会减少好的努力。

（4）无论是上面哪一种情况，风险分担契约的总努力水平都低于批发价格契约。

此处的“边际替代率”可以理解为，在保持总效用不变的情况下，一单位的好的努力能相当于多少单位的坏的努力。如果降低一单位好的努力需要增加很多单位的坏的努力来达到同样的效果，则说明坏的努力比好的努力更“高效”，这将诱导供应商去投入坏的努力，此时实施风险分担契约；供应商会选择最能降低其努力水平的方式，呈现的结果就是优先降低好的努力（因为好的努力是更加低效的，如果要保留一种努力，自然是选择保留高效的坏的努力）。其余两种情况可以类似地进行分析。

对这些结果的最核心的解释是，风险分担在本质上是通过缓解供应商的经营压力，从而降低供应商做出坏的努力的动机。从倾向上看，执行风险分担本身就是在抑制供应商的积极性，在格外需要注意供应商可能做出坏的努力的情况下，通过这类手段为供应商“排忧解难”是一种降低声誉风险的可行方案。

最后，可进一步探讨供应商惩罚在此供应链中的定位，以及风险分担与较为简单直接的罚金契约的比较，从而得出一个结合二者特点的契约。

下篇思考题

1.如何扩展供应链库存风险中的推、拉及预购折扣契约模型?

2.在战略客户、承诺及绩效中,如何比较不同契约形式的供应链绩效,并且讨论“如何向对方呈现自己的承诺的可靠性”的问题?

3.供应链反映期权模型的其他表述形式有哪些?如何给出其模型的精确解?

4.如何扩展基于不确定理论的承诺契约的供应链模型?

5.该怎样考虑随机和定时长检查制度下的一个联合定价与库存控制问题?

6.讨论一下,还有什么契约可以防止信息泄露?有何代价?

7.供应链中的市场博弈方法会使哪一方受益?哪一方受损失?它们的受益及损失大小是多少?

8.能不能直接把供应链在信息共享完全与信息共享不完全情况下的供应链利润差全都归于牛鞭效应产生的损失?怎样确定牛鞭效应本身带来了多少利润损失?

9.关于供应链声誉风险问题,如何比较风险分担与罚金契约?如何设计更好的契约模型?

10.如何考虑基于CVAR的“公司+农户”型订单农业供应链协调机制设计问题?

11.如何设计基于随机产出与随机需求的农产品供应链风险共担的机制问题?

12.如何考虑“公司+农户”型订单农业供应链支付激励机制的设计问题?

13.如何设计农超对接农户心理变动博弈模式?

14.如何考虑交易费用与农户合作模式选择问题?

15.如何设计基于顾客需求驱动的供应链合作问题?

16.如何考虑不确定需求下供应链技术创新的共享收益问题?

17.如何考虑订货时间影响的扩展供应链收入共享问题?

18.如何考虑信息不对称下具有需求预测更新的供应链收益共享问题?

19.如何考虑网络游戏产业供应链的设计问题?

20.如何考虑基于随机期望的供应链收入共享问题?

21.如何考虑含风险规避的需求不确定供应链收益共享问题?

22.如何设计基于博弈模型的农超对接模式问题?

参考文献

一、中文文献

[1]刘德田,王德玉,张光欣,等.电网企业以“承诺制”推进流程优化方法研究与实践[J].计算机集成制造系统,2021,27(9):2729-2735.

[2]陈祥锋,朱晨波.供应链采购管理中的期权合同价值研究[J].系统工程学报,2007,22(4):401-406.

[3]李毅学,冯耕中,徐渝.价格随机波动下存货质押融资业务质押率研究[J].系统工程理论与实践,2007,27(12):42-48.

[4]陈旭.考虑期权合同供应链的零售商订货研究[J].管理科学学报,2006,9(3):17-23.

[5]简志宏,李楚霖.柔性产品组合最优切换的实物期权方法研究[J].管理科学学报,2006,9(1):14-19.

[6]张念,李会鹏,蹇洁,等.价格折扣下后悔预期对供应链成员企业定价决策的影响[J].计算机集成制造系统,2021,27(8):2437-2447.

[7]高文军,陈菊红.基于CVaR的闭环供应链优化与协调决策研究[J].控制与决策,2011,26(4):489-500.

[8]李绩才,刘燕飞,楼婷渊,等.带有网络直销的双渠道制造商供应链中的定价和广告决策[J].计算机集成制造系统,2021,27(8):2448-2460.

[9]罗春林,柳键,李杰.风险厌恶因子不确定的二阶供应链的定价与订货策略[J].控制与决策,2011,26(1):142-144.

[10]谭春桥,李波,周丽.考虑企业社会责任的物流服务供应链定价决策[J].计算机集成制造系统,2021,27(8):2461-2475.

[11]董景峰,高珊,高贵晨,等.顾客感知价值和回收质量不确定下的闭环供应链定价决策[J].计算机集成制造系统,2021,27(8):2476-2490.

[12]叶飞,林强,李怡娜.基于CVaR的“公司+农户”型订单农业供应链协调契约机

制[J].系统工程理论与实践,2011,31(3):450-460.

[13]于春云,赵希南,彭艳东,等.基于条件风险值理论的供应链优化与协调模型研究[J].中国管理科学,2007,15(3):31-39.

[14]张雪梅,周根贵,曹柬.考虑政府规制和供应链协调的再制造微分博弈模型[J].计算机集成制造系统,2021,27(7):2095-2111.

[15]叶飞,李怡娜.具有风险规避者加盟的供应链协作回购契约机制研究[J].工业工程与管理,2006,11(2):1-4.

[16]许明辉,于刚,张汉勤.带有缺货惩罚的报童模型中的CVaR研究[J].系统工程理论与实践,2006,26(10):1-8.

[17]刘珩,潘景铭,唐小我.基于损失厌恶型零售商的易逝品供应链价格补贴契约研究[J].控制与决策,2010,25(8):1149-1154.

[18]郭羽含,于俊宇,刘万军,等.制造业可持续供应链网络建模及求解[J].计算机集成制造系统,2021,27(7):2112-2133.

[19]邹亚丽,雷全胜.供应链采购中的组合合同方法研究[J].铁路采购与物流,2009,4(12):43-44.

[20]胡盛强,程硕,王新林.考虑产出随机的采购策略选择与供应链协调[J].计算机集成制造系统,2021,27(7):2156-2170.

[21]王婧,陈旭.考虑流通损耗的生鲜农产品零售商期权订货策略[J].系统工程理论与实践,2012,32(7):1408-1414.

[22]孙晋怡,周岩,曲箫宇.考虑质量和延保服务的多产品供应链网络均衡[J].计算机集成制造系统,2021,27(6):1833-1842.

[23]何丽娜,王国涛,刘珏.基于犹豫模糊DEMATEL与风险屋的供应链风险管理[J].计算机集成制造系统,2021,27(5):1459-1468.

[24]戚佛兰,周岩.考虑渠道公平的双渠道二层供应链网络均衡策略[J].计算机集成制造系统,2021,27(5):1469-1482.

[25]肖婷婷,聂福海.店中店模式下资金约束双渠道供应链库存决策研究[J].管理工程学报,2023,37(4):179-187.

[26]王忠伟,尹谦,庞燕,等.再制造闭环供应链回收问题研究进展[J].计算机集成制造系统,2021,27(4):1201-1210.

[27]喻鸣谦,骆建文.基于零售商过度自信的资金约束供应链融资与运营决策[J].工程管理科技前沿,2022,41(6):8-16.

[28]蔡建湖,张玉洁,徐芳,等.交货时间不确定环境下两级供应链库存决策与契约设计[J].计算机集成制造系统,2021,27(4):1211-1225.

[29]谭乐平,宋平,杨琦峰.风险规避下基于双向期权的供应链融资与协调[J].计算机集成制造系统,2021,27(3):912-923.

[30]杨双鹏，马丽，王永明.多重行为偏好下的供应链契约及协调研究[J].工业工程，2022，25(3):58-65.

[31]於少臣.市场信息不对称背景下中小物流企业农产品物流发展策略研究[J].湖北农业科学，2022，61(18):216-221.

[32]聂福海，李电生，肖婷婷.考虑外源融资的资金约束供应链物流策略[J].计算机集成制造系统，2021，27(3):924-932.

二、外文文献

[1] AILAWADI K L. The retail power-performance conundrum: what have we learned[J].Journal of Retailing,2001,77(3):299-318.

[2] MAS H, LIN Y, CHEN Z X. Supply chain management [M]. Beijing: China Machine Press,2000.

[3] AGRAWAL V, SESHADRI S. Risk intermediation in supply chains [J]. IIE Transactions,2000,34(5):819-831.

[4] AUGHERY P J, PITTMAN P H. Utilization of time-based strategies: creating distribution flexibility/responsiveness[J]. International Journal of Operations & Production Management,1995,15(2):54-60.

[5] ANAND K, MENDELSON H. Information and organization for horizontal multi-market coordination[J].Management Science,1997,43(12):1609-1627.

[6] CACHON G P. The Allocation of inventory risk in a supply chain: push, pull, and advance-purchase discount contracts[J].Management Science,2004,50(2):222-238.

[7] SU X M, ZHANG F Q. Strategic customer behavior, commitment, and supply chain perform[J].Management Science,2008,54(10):1759-1773.

[8] KAMRAD B, SIDDIQUE A. Supply contracts, profit sharing, switching, and reaction options[J].Management Science,2004,50(1):64-82.

[9] CHEN X,SIM M,SIMCHI-LEVI D,et al.Risk aversionin inventory management[J].Operations Research,2007,55(5):828-842.

[10] CHOI T M, LI D, YAN H M. Mean-variance analysis of a single supplier and retailer supply chain under a re-turns policy[J].European Journal of Operational Research,2008,184(1):356-376.

[11] CHOI T M, LI D, YAN H. Channel coordination in supply chains with agents having mean-variance objectives[J].Omega,2008,36(4):565-576.

[12] TSAY A. Risk sensitivity in distribution channel partnerships: implications for manufacturer return policies[J].Journal of Retailing,2002,78(2):147-160.

[13] WU J, LI J, WANG S Y, et al. Mean-variance analysis of the newsvendor model

with stockout cost[J].Omega,2009,37(3):724-730.

[14]GAN X,SETHI S,YAN H.Channel coordination with a risk-neutral supplier and a downside-risk-averse retailer[J].Production and Operations Management,2005,14(1):80-89.

[15]ARTZNER P,DELBAEN F,EBER J M,et al.Coherent measures of risk[J].Mathematical Finance,1999,9(3):203-228.

[16] ROCKAFELLAR R T,URYASEV S.Optimization of conditional value-at-risk[J].Journal of Risk,2000,2(3):21-42.

[17]ROCKAFELLAR R T,URYASEV S.Conditional value-at-risk for general loss distribution[J].Journal of Banking and Finance,2002,26(7):1443-1471.

[18]EECKHOUDT L,GOLLIER C,SCHLESINGER H.Risk averse (and prudent) Newsboy[J].Management Science,1995,41(5):786-794.

[19] CHEN F,FEDERGRUEN A.Mean-variance analysis of basic inventory models[R].New York:Columbia University,2000.

[20]WANG C X,WEBSTER S.Channel coordination for a supply chain with a risk-neutral manufacture and a loss-averse retailer[J].Decision Sciences,2007,38(3):361-389.

[21] YANG L,XU M,YU G,et al.Supply chain coordinationwith CVaR criterion[J].Asia-Pacific Journal of Operation Research,2009,26(1):135-160.

[22] GAN X,SETHI S,YAN H.Coordination of supply chains with risk-averse agents[J].Production and Operations Management,2004,13(2):135-149.